U0552665

赵剑英　主编
Zhao Jianying　Editor

理解中国丛书
Understanding China Series

The Chinese Political Wisdom

中国人的政治智慧

林存光　主编
Edited by　Lin Cunguang

中国社会科学出版社
CHINA SOCIAL SCIENCES PRESS

图书在版编目(CIP)数据

中国人的政治智慧／林存光主编． —北京：中国社会科学出版社，2023.1（2023.12重印）

（理解中国丛书）

ISBN 978-7-5227-0182-0

Ⅰ.①中… Ⅱ.①林… Ⅲ.①政治—研究—中国 Ⅳ.①D6

中国版本图书馆CIP数据核字（2022）第081809号

出 版 人	赵剑英
项目统筹	王　茵
责任编辑	韩国茹
责任校对	谢　静
责任印制	王　超
出　　版	中国社会科学出版社
社　　址	北京鼓楼西大街甲158号
邮　　编	100720
网　　址	http://www.csspw.cn
发 行 部	010-84083685
门 市 部	010-84029450
经　　销	新华书店及其他书店
印刷装订	北京君升印刷有限公司
版　　次	2023年1月第1版
印　　次	2023年12月第2次印刷
开　　本	710×1000　1/16
印　　张	22
字　　数	275千字
定　　价	89.00元

凡购买中国社会科学出版社图书，如有质量问题请与本社营销中心联系调换

电话：010-84083683

版权所有　侵权必究

《理解中国》丛书编委会

编委会主任： 王伟光

编委会副主任： 李 扬 李培林 蔡 昉

编委会成员（以拼音字母为序）：

卜宪群 蔡 昉 高培勇 郝时远 黄 平
金 碚 李 林 李培林 李 扬 马 援
王 镭 王 巍 王伟光 杨 义 赵剑英
周 弘 卓新平

主编： 赵剑英

编辑部主任： 王 茵

编辑部成员： 孙 萍 朱华彬 李凯凯

出版前言

自鸦片战争之始的近代中国，遭受落后挨打欺凌的命运使大多数中国人形成了这样一种文化心理：技不如人，制度不如人，文化不如人，改变"西强我弱"和重振中华雄风需要从文化批判和文化革新开始。于是，中国人"睁眼看世界"，学习日本、学习欧美以至学习苏俄。我们一直处于迫切改变落后挨打、积贫积弱，急于赶超这些西方列强的紧张与焦虑之中。可以说，在一百多年来强国梦、复兴梦的追寻中，我们注重的是了解他人、学习他人，而很少甚至没有去让人家了解自身、理解自身。这种情形事实上到了1978年中国改革开放后的现代化历史进程中亦无明显变化。20世纪八九十年代大量西方著作的译介就是很好的例证。这就是近代以来中国人对"中国与世界"关系的认识历史。

但与此并行的一面，就是近代以来中国人在强国梦、中华复兴梦的追求中，通过"物质（技术）批判""制度批判""文化批判"一直苦苦寻求着挽救亡国灭种、实现富国强民之"道"，这个"道"当然首先是一种思想，是旗帜，是灵魂。关键是什么样的思想、什么样的旗帜、什么样的灵魂可以救国、富国、强国。一百多年来，中国人民在屈辱、失败、焦虑中不断探索、反复尝试，历经"中学为体，西学为用"、君主立宪实践的失败，西方资本主义政治道路的破产，"文化大革命"的严重错误以及20世纪90年代初世界社会主义的重大挫折，终于走出了中国革命胜利、民族独立解放之路，特别是将科学社会主义理论逻辑与中国社会发展历史逻辑结合在一起，走出了一条中国社会主义现代化之路——中国特色社会主义道路。经过最近三十多年的改革开放，中国社会主义市场经济快速发展，经济、政治、文化和社会建设取得伟大成就，综合国力、文化软实力和国际影响力大幅提升，中国特色社会主义取得了巨大成功，虽然还不完善，但可以说其体制制度基本成型。百年追梦的中国，正以更加坚定的道路自信、理论自信和制度自信的姿态，崛起于世界民族之林。

与此同时，我们应当看到，长期以来形成的认知、学习西方的文化心理习惯使我们在中国已然崛起、成为当今世界大国的现实状况下，还很少积极主动向世界各国人民展示自己——"历史的中国"和"当今现实的中国"。而西方人士和民族也深受中西文化交往中"西强中弱"的习惯性历史模式的影响，很少具备关于中国历史与当今发展的一般性认识，更谈不上对中国发展道路的了解，以及"中国理论""中国制度"对于中国的科学性、有效性及其对于人类文明的独特价值与贡献这样深层次问题的认知与理解。"自我认识展示"的缺位，也就使一些别有用心的不同政见人士抛出的"中国崩溃论""中国威胁论""中国国家资本主义"等甚嚣尘上。

可以说，在"摸着石头过河"的发展过程中，我们把更多的精力花在学习西方和认识世界上，并习惯用西方的经验和话语认识自己，而忽略了"自我认知"和"让别人认识自己"。我们以更加宽容、友好的心态融入世界时，自己却没有被客观真实地理解。因此，将中国特色社会主义的成功之"道"总结出来，讲好中国故事，讲述中国经验，用好国际表达，告诉世界一个真实的中国，让世界民众认识到，西方现代化模式并非人类历史进化的终点，中国特色社会主义亦是人类思想的宝贵财富，无疑是有正义感和责任心的学术文化研究者的一个十分重要的担当。

为此，中国社会科学出版社组织一流专家学者编撰了《理解中国》丛书。这套丛书既有对中国道路、中国理论和中国制度总的梳理和介绍，又有从政治制度、人权、法治，经济体制、财经、金融，社会治理、社会保障、人口政策，价值观、宗教信仰、民族政策，农村问题、城镇化、工业化、生态建设，以及古代文明、哲学、文学、艺术等方面对当今中国发展和中国历史文化的客观描述与阐释，使中国具象呈现。

期待这套丛书的出版，不仅可以使国内读者更加正确地理解100多年中国现代化的发展历程，更加理性地看待当前面临的难题，增强全面深化改革的紧迫性和民族自信，凝聚改革发展的共识与力量，也可以增进国外读者对中国的了解与理解，为中国发展营造更好的国际环境。

中国社会科学出版社社长 赵剑英

2014年1月9日

序

中国共产党已经走过了95年艰苦卓绝、成就辉煌的奋斗历程，作为执政党治理当今世界上最大的社会主义国家也已经67年。

中国共产党人是坚定的马克思主义者，同时也是中华优秀传统文化的忠实继承者和弘扬者。毛泽东、习近平等中共领导人都深知"明镜所以照形，古事所以知今"的道理，清楚地意识到今天的中国是从昨天和前天的中国发展而来的，历史的发展既有变革性的一面，也有继承性、连续性的一面，要治理好今天的中国，需要对我国的历史和传统文化有深入的了解，也需要对我国古代治国理政的探索和智慧进行积极总结，为提高执政党的治理能力提供历史镜鉴。毛泽东读"鉴于往事，有资于治道"的《资治通鉴》就读了十七遍，可见他对中国古代治国理政的历史经验是多么重视，又熟悉到了何等程度。比毛泽东晚诞生一个甲子的中共新一代领导人习近平，也十分重视学习和借鉴历史经验。2014年10月13日，他在中共中央政治局第十八次集体学习时指出，一个国家的治理体系和治理能力是与这个国家的历史传承和文化传统密切相关的，解决中国的问题只能在中国大地上探寻适合自己的道路和办法。在漫长的历史进程中，中华民族创造了独树一帜的灿烂文化，积累了丰富的治国理政经验，其中既包括升平之世社会发展进步的成功经验，也有衰乱之世社会动荡的深刻教训。我国古代主张民惟邦本、政得其民，礼法合治、德主刑辅，为政之要莫先于得人、治国先治吏，为政以德、正己修身，居安思危、改易更化，等等，这些都能给人们以重要启示。对于古代的成功经验，我们要本着择其善者而从之、其不善者而去之的科学态度，牢记历史经验、牢记历史教训、牢记历史警示，为推进国家治理体系和治理能力现代化提供有益借鉴。

礼法合治、德主刑辅是中国古代治国理政的基本经验，也可以说是其精髓要旨之所在。在如何处理礼与法、德与刑的关系问题上，中国古代政治家、思想家经过长期探索、争论和实践，形成了一套比较成熟的、普遍践行的治理理论，就是礼法合治、德主刑辅。以孔子为代表的儒家认为："道之以政，齐之以刑，民免而无耻；道之以德，齐之以礼，有耻且格。"他们提出了一套崇尚礼乐教化、仁政王道、以德治国、省刑慎罚的政治学说。法家则打出了明法贵公的旗帜，主张"不别亲疏，不殊贵贱，一断于法"。儒法两家虽然长期争论不休，但是德礼与刑法作为封建统治者对待、驾驭臣民的软硬两手，历来在国家和社会治理中是同时并用或交替使用的，这就是所谓"阳儒阴法""霸王道杂之"，毛泽东讲"百代都行秦政法"也是讲的这个历史事实。汉武帝虽然号称"独尊儒术"，实际上采取的是董仲舒所制定的德主刑辅、先德后刑的统治策略。《唐律疏议》开篇就说"德礼为政教之本，刑罚为政教之用"，《大明律》要求"明礼以导民，定律以绳顽"。所谓"礼者禁于将然之前，而法者禁于已然之后"，是说德礼与刑法的作用不同，惩戒于已然的刑法只能治标，而防患于未然的德礼可以治本。只有礼法合治、德主刑辅才能标本兼治，二者相辅相成、相得益彰。

今天执政党与人民群众的关系、干群关系以及上下级关系已经与封建时代根本不同，但是历史上礼法合治、德主刑辅的思想和经验仍能给我们以重要启示，或提供有益借鉴。习近平同志多次引用郑板桥的诗："衙斋卧听萧萧竹，疑是民间疾苦声。些小吾曹州县吏，一枝一叶总关情。"即旨在告诫共产党的干部，我们对人民群众的疾苦亦应有这样的情怀，要有仁爱之心、关爱之情，更多地关心困难群众，不断提高全体人民的生活水平。2013年11月26日，他在山东菏泽召开座谈会时，还给市、县委书记们念了河南省内乡县衙三省堂前的一副对联："吃百姓之饭，穿百姓之衣，莫道百姓可欺，自己也是百姓；得一官不荣，失一官不辱，勿说一官无用，地方全靠一官。"这副对联是清康熙年间内乡知县高以永写的，他把这副对联挂在自己办公室的门口，就是时刻提醒自己要做个善待百姓、为民造福的好官。习近平同志说，封建时代的官吏尚且能有这样的认识，全心全意为人民服务的共产党人应该比这个思想境界高得多。也就是说，为政以德首先要提高共产党人立党为公、执政为民的觉悟、修养和境界，做一个像白求恩、张思德那样的高尚的人、纯粹的人、脱离了低级趣味的人。

党的十八届四中全会专门研究了依法治国的问题，在此前后习近平同志也曾多次引证中国古代思想家关于法治的论述，为建设中国特色社会主义法治理论、法治体系和法治国家，全面推进依法治国、厉行法治提供历史经验与借鉴。比如他引证《韩非子·有度》中的话："国无常强，无常弱。奉法者强则国强，奉法者弱则国弱"，和王符《潜夫论·述赦》中的话："法令行则国治，法令弛则国乱"，来说明是否"奉法"即实行法治是国家强弱、治乱的关键。又如引证《淮南子·泰族训》中的话："有道以统之，法虽少，足以化矣；无道以行之，法虽众，足以乱矣"，来说明全面推进依法治国，方向要正确，政治保证要坚强，也就是要"以道统法"，社会主义法治必须坚持党的领导。他还引证张居正的话："天下之事，不难于立法，而难于法之必行"，即强调法律的生命力在于实施，法律的权威也在于实施。如果有了法律而不实施、束之高阁，或者实施不力、做表面文章，那么制定再多的法律也无济于事。因此，全面推进依法治国的重点应该是保证法律严格实施，做到如王勃讲的"法立，有犯而必施；令出，唯行而不返"（《上刘右相书》）。这些都是他善于学习古人的智慧来为今天治国理政提供启示和借鉴的范例。

中国古代治国理政智慧包含着十分丰富的内容。林存光教授主编的这本大著，以非常专业化而又深入浅出、通俗易懂的形式，将其概括为天下为公、法天合德，民惟邦本、本固邦宁，道法自然、无为而治，为政以德、王道仁政，纳言听谏、君道天职，选贤与能、科举取士，礼法合治、德主刑辅，公正廉明、官品政德，以史为鉴、居安思危，持中贵和、有容乃大，文明以止、天下大同十一个方面，追本溯源，鉴往知来，为读者提供了这方面系统而深入、具体的知识。作者把握住了中国思想史上儒、墨、道、法等各家"皆务为治也"这个特点，即注意到各家虽然都仅"得一察焉"，但都为治国理政贡献出了自己的智慧，所以不是只关注一家一派，而是把各家的智慧都总结提炼出来，集中起来，这样才能全面展现中华民族政治思维和治理学说的历史成就。比如，它不仅重视总结儒法两家为政以德、礼法合治的历史经验，而且也注意研究道家"无为而治"思想、墨家"兼爱""非攻""尚贤"思想在中国政治思想史中的作用与影响。对于中国古代治国理政智慧，作者不仅正面肯定其积极价值，而且也指出其为封建统治阶级服务的局限性。就其内容来说，把"文明以止"当作一种治国理政的大智慧提揭出来，这是本书作者的卓见特识，前人鲜有言之者。我们在《习近平谈治国理政》一书中看到，他对生态文明、绿色发展是多么重视，在国际关系中反对霸权主义和文明冲突论，大力提倡文明交流互鉴和人类命运共同体观念，其所体现的就是与西方"以动力横决天下"的发展观根本不同的"文明以止"这一中华民族理性的文明发展观。党的十八届五中全会提出的"创新、协调、绿色、开放、共享"五大发展理念，也是"文明以止"发展观的现代延伸，谁说这不是一种治国理政的大智慧？

总之，我认为这是一本"以道统之"的非常有特点的著作，相信读者能够从中得到诸多有益启示。

方克立

2016 年 8 月 2 日

目 录

导　言 …………………………………………………………… (1)
　（一）投隙抵时、应事无方的中国智慧 ……………………… (1)
　（二）中国政治智慧的多维向度、综合特色与基本教诲 …… (5)

一　天下为公，法天合德
　　——中国人的大公政制理想与公共性政治智慧 ………… (13)
　（一）天下不治，人主不德 …………………………………… (13)
　（二）城邦与天下：中西政治思维理路的差异 ……………… (15)
　（三）"天下"观念的基本内涵 ………………………………… (17)
　（四）天下为公：中国人的大公政制理想 …………………… (19)
　（五）法天合德：中国人的公共性政治智慧 ………………… (23)
　（六）谁之天下？谁是盗贼？ ………………………………… (27)

二 民惟邦本，本固邦宁
　　——中国人的民本政治信念 …………………………（31）
（一）天下治安与民生安危 …………………………………（31）
（二）民本思想的先声 ………………………………………（34）
（三）先秦儒、墨两家的民本思想 …………………………（38）
（四）回声与反响：民本思想的传承与延续 ………………（51）
（五）民本思想的实质与启示 ………………………………（56）

三 道法自然，无为而治
　　——中国人的自然观念与无为政治理念 …………（59）
（一）"浑沌"之死 ……………………………………………（60）
（二）天人关系思想的萌发 …………………………………（60）
（三）时代的变乱与自然无为思想的演生发展 ……………（63）
（四）无为思想的政治实践与现代启示 ……………………（80）

四 为政以德，王道仁政
　　——中国人修德为政的德政思想与内圣外王的政治信念……（89）
（一）国家之宝，在德不在险 ………………………………（90）
（二）中国传统德政思想的发端与起源 ……………………（91）
（三）先秦儒家对德治仁政思想的系统阐发 ………………（93）
（四）儒家德政思想统治地位的确立 ………………………（113）
（五）历代对德政思想的实践 ………………………………（115）

五 纳言听谏，君道天职

——中国人崇尚谏议的政治传统、理论与制度 …………（120）

（一）进谏受赏，战胜于朝廷 …………………………（121）

（二）人人可谏：上古三代的政治遗风 ………………（123）

（三）中国古代的谏议理论 ……………………………（126）

（四）谏议的制度化及其对治国理政的作用和影响 …（135）

（五）受谏则治，拒谏则乱 ……………………………（137）

六 选贤与能，科举取士

——中国人重视教育的文教理想与尊重人才的

  优良传统 …………………………………………（141）

（一）贤士能臣才是国之重宝 …………………………（142）

（二）上古三代的选贤授能制与尚贤观念的雏形 ……（143）

（三）先秦儒、墨两家的尚贤思想 ……………………（148）

（四）科举取士：中国人的"第五大发明" ……………（154）

七 礼法合治，德主刑辅

——中国人治国理政的综合治道思维和政教理念 …（166）

（一）教化不行，闭门思过 ……………………………（167）

（二）礼乐教化的核心传统 ……………………………（168）

（三）法辅礼治：重法贵公的法制理念 ………………（178）

（四）礼法合治：教善惩恶的综合治理之道 …………（190）

八 公正廉明，官品政德

——中国历史上的廉政文化与为官之道……………………（194）

（一）畏四知，去三惑 ……………………………………（195）

（二）中国廉政文化的思想渊源 …………………………（196）

（三）中国廉政文化的官箴政德与为官之道 ……………（198）

（四）中国廉政文化的制度建设 …………………………（220）

九 以史为鉴，居安思危

——中国人的历史智慧与政治忧患意识…………………（224）

（一）创业难，守成更难 …………………………………（225）

（二）中国源远流长的史官文化 …………………………（226）

（三）中国人居安思危的政治忧患意识 …………………（235）

（四）中国历史上以史为鉴、居安思危的史例 …………（241）

十 持中贵和，有容乃大

——中国人中正不偏、宽大包容的政治文化精神…………（254）

（一）礼以制中，谦和辞让 ………………………………（255）

（二）以和为贵、允执厥中的古老传统 …………………（257）

（三）和而不同、执两用中的儒家智慧 …………………（259）

（四）敷教在宽、有容乃大的政治精神 …………………（268）

（五）中华民族共同体的追寻与创建 ……………………（277）

十一 文明以止，天下大同
——中国人的文明理念与社会政治理想追求 …………（287）
（一）什么是真正的文明 ……………………………………（288）
（二）"文明以止"：中华文明的精神特性 …………………（290）
（三）贵和尚文：中华文明的价值理念 ……………………（294）
（四）协和万邦、天下大同：中华文明的社会政治

理想追求 ………………………………………………（304）

参考文献 ……………………………………………………（312）

索　引 ……………………………………………………（320）

后　记 ……………………………………………………（329）

导　言

◇（一）投隙抵时、应事无方的中国智慧

像世界上其他古老而伟大的民族一样，中华民族也有着同样源远流长的文明历史和博大精深的文化传统，但近百年来，由于遭遇到另一种"以动力横决天下"的更加强势的西方文明及其文化的冲击和挑战，以及由此孳生出的令人困惑和纠结的种种矛盾心理和这样那样的文化偏见，它遭受到了从未经历过的轻忽和蔑弃。然而，凤凰涅槃，浴火重生，在中华民族饱受磨难和屈辱，经历了近百年不断疏离和蔑弃自身历史发展道路和文化传统的革命风雨的洗礼之后，今天中国人民又重新发现和寻回了对自身文明发展道路和文化传统自觉自信的认同意识。

然而，重新发现和寻回对自身文明发展道路和文化传统自觉自信的认同意识，绝不意味着就要盲目地、不分青红皂白地一味崇古、好古和复古，更不意味着就要重新回到一种闭关锁国、夜郎自大的排外状态。相反，对自己所曾经走过和隶属的独特文明道路和优秀文化传

统的充分领会，并致力于对它的创造性转化和创新性发展，向世界的充分开放以及不同文明间的交流互鉴，特别是对人类文化和文明中一切有益成分和优良资源的充分包容和吸取，必将使中华文明和中国文化与日俱新，重新充满自身的活力和世界的亲和力，必将使中华民族和古老中国被重新塑造成一个具有自身独特文化异彩和文明优点的伟大民族和美丽国家。

为了这样一个美好的愿望和梦想，我们需要回顾历史，不断重新审视拥有自身独特发展道路和社会历史特点的中华文明何以能够源远流长、绵延久远，中华文化何以能够博大精深、可大可久，这其中尤其值得我们深思和探讨的就是，在中华民族的历史发展进程中，以及在对中国这样一个古老而幅员辽阔的庞大统一国家治理秩序的维持中，究竟孕育和贯穿了一种什么样的政治智慧？

一个人要想成就一番事业，过好自己的生活乃至过上一种特别富有价值和意义的生活，无疑需要拥有一种洞察人生的智慧。同样，一个国家要想成就一番伟业，一个国家的领袖和政治家要想将国家治理好，使人民过上一种安乐和幸福的生活，更加需要拥有一种治国理政的大智慧。智慧决定成败，这是一条早已被历史经验证实了的千古不易的真理。下面这个有趣的故事便告诉了我们这一点。

根据中国的一部历史文献《列子·说符》篇的记述：

东周列国纷争的时期，地处中国山东半岛的齐国是当时东方的大国，紧靠着它的西南临国是中国圣人孔子（名丘，字仲尼，鲁国人，公元前551—前479年）的父母之邦鲁国，鲁国西临相对弱小的卫国，卫国西临当时的中原大国晋国，在晋国的西方是当时的西方大国秦国，另外还有南方大国楚国。

据说，鲁国有两户人家比邻而居，一家姓施，一家姓孟。施氏家有两个儿子，一个儿子喜好儒学，一个儿子喜好兵法。喜好儒学的儿子学成之后来到东方大国齐国，以儒学游说齐国国君，赢得了齐国国君的信任，于是任命他为公子们的老师。喜好兵法的儿子学成之后来到南方大国楚国，以兵法游说楚国国王，楚国国王非常高兴，于是任命他为军事长官。就这样，施家两个儿子获得了高官厚禄，他们的成功，既使他们的家庭过上了富裕的生活，也为他们的父母赢得了极高的荣誉。

施家的邻居孟氏家里，同样也有两个儿子，他们的学业也和施家的儿子相同，一个儿子喜好儒学，一个儿子喜好兵法，但一直生活得非常困窘贫苦。因为羡慕施家儿子的成功，于是就向施家请教成功的秘方。施家的两个儿子将自己的成功经历如实告诉了孟氏。

像施家的儿子一样，于是孟家的两个儿子也到其他国家寻求成功的机会。喜好儒学的儿子来到了西方的大国秦国，以儒家仁义之学游说秦国国王，秦国国王生气地说："当今列国竞争之时，诸侯各国之间正以军事实力相互攻伐，治国的要务在于富国强兵而已。假如运用仁义道德来治理我的国家，那是自取灭亡之道。"于是给他施以宫刑（古代一种阉割男性生殖器的残酷刑罚），然后放走了他。喜好兵法的儿子来到了弱小的卫国，以兵法游说卫国国君，卫国国君生气地说："我的国家只是一个弱小的国家，夹在大国之间。对大国我要善加服事，对小国我要善加安抚，这才是寻求和保证我国安宁的最好方法。像我国这样的弱小国家，假如倚赖军事实力逞强好胜，离灭亡也就不远了。如果让你全身而退，安全地把你放走，你跑到其他的国家，教他们兵法的话，必定会对我国构成不小的军事威胁和战争祸患。"于是给他施以刖刑（古代一种把脚砍掉的残酷刑罚），然后把他送回了鲁国。

孟家的两个儿子回到鲁国之后，孟家父子伤心地拍打着胸口，跑去责备施家。

施氏对孟家父子说："凡是能够赢得时机者才会昌盛和成功，一旦错失了时机就会灭亡和失败。（'凡得时者昌，失时者亡。'）你家的两个儿子所学的道术和我家的两个儿子所学的道术是一样的，而功效和成败却不同，主要原因在于错失了时机，而不是因为行为上的谬误。而且，天下的道理没有什么是绝对正确的，天下的事物也没有什么是绝对错误的。过去人们所运用的东西，今天或许已被抛弃；今天人们所抛弃的东西，未来或许又会被重新运用。是用还是不用，并无固定或绝对的是非对错。把握机会，顺应时势，因应事务，随机应变，并无固定的方法，这属于智慧。（'投隙抵时，应事无方，属乎智。'）一个人如果缺乏智慧，即使是如圣人孔子那样学识渊博，即使是如谋略家吕尚（姜太公）那样拥有权术，又怎么能不常常陷于穷困当中呢？"

孟氏父子听了这一番道理，心中的恼怒和怨气一下子便涣然冰释了，并说道："我们明白了，你不用再多说了！"

这是一个非常富有教益的有趣的中国故事，一个有关智慧的中国故事。这个故事的宗旨和目的就是要告诉人们智慧对于人生事业之成败的决定性意义，当然，我们还可以从这个有趣的故事中体会和领悟出更深一层的道理，那就是即使是关乎道德修养和国家生存的最重要的两门学问——仁义之学和兵法之道，也只有找到合适的机会、找对合适的对象，才能充分发挥其应有的功能和作用。正所谓文武之道，一张一弛，运用之妙，存乎一心。这个故事也可以说是一个有关中国智慧的有趣故事，是对中国智慧的一种最好诠释。

◇（二）中国政治智慧的多维向度、综合特色与基本教诲

可以毫不夸张地讲，在五千年文明史的演进历程中，中华民族创造和积累了丰富而深具重要启示意义的治国理政经验和独树一帜而极具思想魅力的政治智慧。在本书中，我们将分十一个专题对此进行一些初步的梳理和探讨、总结和论述，尝试运用深入浅出和通俗易懂的方式向读者充分展示和呈现这些极具中国特色和思想魅力的政治智慧，并深切希望本书的主题能够引起人们普遍的关注和兴趣以及进一步深入的思考。

在历史上，中国先哲提出了各种各样成熟而系统的治国理政的政治思想主张，学术流派众多，思想多元，异彩纷呈，最重要的便是人们所熟知的儒、墨、道、法等各家，恰当、综合而平衡地运用各家各派的治国理念，正是一种最具中国特色的政治智慧。总的来说，中国人的政治智慧不仅深具一种丰富的多维向度，而且富有这样一些综合特色：既富有包容而博大的政治情怀，追求协和万邦、天下和平和世界大同的高远社会理想目标，又不乏注重现实的务实精神和实用理性；既持久一贯地奉行以仁义为本、崇尚道德教化的道德政治信念，又富有贵中尚和、与时偕行、因应时变的灵活性；既强调以士人君子和圣贤人物为政治的主体，又重视统治者的责任并倡导以民为本的政治理念；既在天人关系的观念框架下思考和探究代天理民之政治事务的代理性质和公共功能，又在通古今之变的思维方式下涵养和培育以史为鉴的深厚历史认知和居安思危的政治忧患意识。

当然，毋庸讳言的是，在我们的政治思想与政治实践传统中也确

乎存在一些固有的弱点和缺陷，比如它始终没有超越君主政体的历史局限，只是近代以来在西方政治思潮的影响下才有所突破；尽管它也一直试图以天命、道德和祖宗之法要求和限制君主的专断权力，但成效并不显著，乃至使国家长期处于君主专制的统治支配之下；内部的腐败和外部的威胁，世袭君主制的弊端和外戚、宦官、后妃、重臣的专权对正常政治秩序和国家治理的不良干扰和破坏，不能很好地处理和维持集权与分权的平衡之道；以及自然经济的脆弱性和国家应对自然灾害的措施不得力或不得其法等种种因素，常常使国家陷入动荡不安的局面，乃至造成周期性的革命和王朝更替，这些都始终困扰着中国传统政治，而没有得到令人满意的解决。它山之石，可以攻玉，所有这些正是我们需要向他人虚心学习的方面。不过，全面总结和反思中国政治智慧正反两面的历史经验教训并非本书的目的，我们的目的在于抛砖引玉，希望人们对于中国人的政治智慧能够首先有一个初步的了解，希望人们能够首先正视并认真对待中国人的政治智慧。

而且，我们也深知，要想讲清楚人类历史中所蕴含着的丰富智慧，其实绝非易事，因为历史本身便是一个充满变幻莫测、波荡诡谲的风云迷雾而变动不居的动态过程，而政治智慧又广泛蕴藏于人们错综复杂的思想观念、思想家富于理想的理论构想、政治家讲求现实的治国理念和为政方略，以及国家实际的制度运作与政策设计中。更为严重的是，人类常常陷入不可理喻的各种误区，历史的进程也常常走向难以逆转的迷途。然而，正因为如此，我们才更有必要去梳理和总结人类在历史的奋斗过程中不断积累的智慧，以便让它们帮助我们拨云见日，摆脱和走出历史的阴霾，并指引我们前进的方向和道路，带给我们未来的启示和希望。

在人类的各种智慧当中，有关政治方面的智慧尤其弥足珍贵，因为我们是有组织的、生活在政治共同体中的群居性社会动物。正如美国著名学者乔治·萨拜因所言,"群居的生活和组织乃是生物生存的基本手段",而人类尤其如此,因为"人类不像海龟那样有着坚韧的甲壳,也不像豪猪那样有一身刺毛",为了维持自身的生存,人类必须过群居生活,并有效地组织自身的群居生活,而政治智慧就蕴含和体现在"人类为了有意识地理解和解决其群体生活和组织中的各种问题而做出的种种努力"当中。①

早在先秦时期,中国的圣哲先贤们就早已充分自觉地认识到了这一点,认识到了我们人类在所有生物中虽然是心智最为灵秀的智慧生物,但并不像生活在自然环境中的其他动物那样,有着天生的坚牙利爪、鳞甲羽毛以及快速奔跑的能力,以便守卫自身的安全,防御寒暑的侵袭,满足生存的嗜欲,逃避可能的伤害。那么,人类究竟靠什么来维持自身的生存呢?面对各种生存的难题,人类不仅具有事先预防和准备的能力,最主要的还是依靠群聚合作的力量。② 而人类要组织和协调自身的行为,过一种不单纯依靠自身体力以求生存的协作性的群体生活,又必须依靠自身仁爱的德性和理性的智慧。③ 因此,说到

---

① [美] 乔治·萨拜因:《政治学说史》(第四版)上卷,托马斯·索尔森修订,邓正来译,上海人民出版社2008年版,第11—12页。

② 《吕氏春秋·恃君览》曰:"凡人之性,爪牙不足以自守卫,肌肤不足以捍寒暑,筋骨不足以从利辟害,勇敢不足以却猛禁悍,然且犹裁万物,制禽兽,服狡虫,寒暑燥湿弗能害,不唯先有其备,而以群聚邪!群之可聚也,相与利之也。利之出于群也,君道立也。故君道立则利出于群,而人备可完矣。"

③ 《汉书·刑法志》曰:"夫人宵天地之貌,怀五常之性,聪明精粹,有生之灵者也。爪牙不足以供耆欲,趋走不足以避利害,无毛羽以御寒暑,必将役物以为养,用仁智而不特力,此其所以为贵也。故不仁爱则不能群,不能群则不胜物,不胜物则养不足。群而不足,争心将作,上圣卓然先行敬让博爱之德者,众心说而从之。从之成群,是为君矣;归而往之,是为王矣。"

底，人类必须靠自身的德性和理性而生存。

相对来讲，中国古代的哲人一般较为重视人的德性，常常将人的德性置于优先考虑的首要地位，而西方古希腊的哲人一般较为重视人的理性，总是将人的理性置于优先考虑的核心地位。当然，他们也都希望在德性的培养与理性的发展两者之间最好能够实现一种协调与平衡，只是侧重点有所不同而已。大体而言，自古希腊以来，西方哲人便致力于探求知识性的真理，对最佳政制的知识探究从而构成了西方古典政治哲学的核心问题意识[①]，而自先秦以来，中国哲人就从事于追寻智慧性的道，对最佳治道的智慧追寻从而构成了中国古典政治哲学的核心问题意识。对西方哲人来说，真理就是知识，而对中国哲人来说，道就是智慧。西方古典的政治哲学围绕着不同性质的政府类型或政体制度而展开，中国古典的政治哲学则围绕着统治者的道德修养和不同性质的治国理政的方式方法而展开。

在古希腊有一个关于巨吉斯戒指的神话，"这个戒指可以让戴上它的人隐身，结果就是所有人在能逃避惩罚的条件下都会行不义之事"。对此，美国学者詹姆斯·罗德之评论道："这个神话要比想象的更为现实。政治权力就好比巨吉斯的戒指，因为它经常使其拥有者不可见和免于惩罚，而拥有政治权力的人不会都保持自己的手脚干净的。……见好就偷，见爱就抢，随意杀人。这一道德上无可救药的政治邪恶已经深植其灵魂之中。"[②]

其实，中国的思想家同样面临着上述由政治权力所带来的"无可

[①] [美]施特劳斯：《什么是政治哲学》，李世祥等译，华夏出版社2011年版，第25页。

[②] [美]詹姆斯·罗德之：《柏拉图的政治理论，以及施特劳斯与沃格林的阐释》，张新刚译，上海三联书店2012年版，第25页。

救药的政治邪恶"问题。这不禁让我们想起了《孟子·梁惠王下》篇中所记载的发生在孟子和齐宣王之间的两次著名对话，较之上述神话故事更加精彩有趣而耐人寻味。

一次，齐宣王问孟子："和邻国交往有需要遵循的原则和方法吗？"

孟子回答说："当然有。只有有仁德的人才能够以大国的身份来服事小国，只有有智慧的人才能够以小国的身份服事大国。能以大国身份服事小国的，是乐天知命者；能以小国身份服事大国的，是敬畏天命者。乐天知命的人可以安定天下，敬畏天命的人可以保全自己的国家。"

宣王说："您讲的话很有道理呀！不过，我有个毛病，我喜好勇武，恐怕不能够服事别的国家。"

孟子答道："希望大王不要喜好小勇。那种手抚按刀剑、瞪着眼睛说：'他怎么敢抵挡我呢！'这只是匹夫之勇，只能抵得住一个人。希望大王能把勇扩大！像周文王、武王的勇那样，周文王一发怒就平息了侵略他国的战乱而使天下的百姓都得到安定，周武王也是一发怒就推翻了暴君的统治而使天下的人民都得到安定。现在，如果大王也一发怒就使天下的人民都得到安定的话，天下的人民唯恐大王不喜好勇武呢！"

还有一次，孟子与齐宣王谈论实行王政的问题。

孟子曰："年老而没有妻子的人叫作鳏夫，年老而没有丈夫的人叫作寡妇，年老而没有子嗣的人叫作孤独者，年幼而没有父亲的人叫作孤儿。这四种人，是天下穷苦百姓中没有依靠的人。文王实行仁政，一定最先考虑照顾他们。"

宣王说："您讲得真好呀！"

孟子说："大王如果认为好，为什么不去实行呢？"

宣王说:"我有个毛病,我喜好钱财。"

孟子答道:"大王如果喜好钱财,能与百姓共同享有充裕富足的物质生活,实行王政又有什么困难的呢?"

宣王又说:"我还有个毛病,我喜好女色。"

孟子答道:"大王如果喜好女色,能与百姓共同享有幸福美满的家庭生活,实行王政又有什么困难的呢?"

上面齐宣王与孟子之间的对话,其实就像古希腊巨吉斯戒指的神话所告诉人们的一样,掌握了政治权力的统治者常常好勇黩武,而随意杀人;常常好货贪婪,而见好就偷;常常好色纵淫,而见爱就抢。

那么,如何才能防止和化解这种政治邪恶呢?西方政治哲人希望通过外在客观的制度来制约和限制统治者对政治权力的滥用,而中国政治哲人如孟子则希望转化和提升统治者的人生境界,以便使统治者通过加强自身的道德修养而为政以德,乃至与人民共享安乐与福祉。也许我们可以说,这属于两种不同类型的政治智慧,但不管怎样,他们似乎都将政治看作"人类试图改善生活并创造美好社会的活动"[①],而用中国古人的说法讲就是"道洽政治,泽润生民"(《尚书·毕命》)。

众所周知,在人类历史的发展演化和变迁过程中,一个国家的政治制度和社会结构,以及一个民族的思想观念和生活方式,既可能呈现出一种显著的连续性,有时也会发生剧烈的变动,而不管怎样,政治智慧可以说就是在人类自觉或不自觉地应对自身生活环境的过程中发展演生而来的,历史上国家治乱的经验教训、激烈权力斗争和政治现实的残酷考验、治国理政实践的磨砺以及对社会政治理想目标和人类未来美好生活愿景的向往与追求,从中所展现出来的人类的心智水

---

① [英]安德鲁·海伍德:《政治学》(第二版),张立鹏译,中国人民大学出版社2006年版,第3页。

平，特别是一个国家的人民和统治者关于是非好坏的价值判断及其行善去恶的道德品格与行为能力，洞察几微和预知未来发展趋势的清醒理智、远见卓识与深刻悟性，以及追求良法善治的政治理性精神，足以揭示和说明这个国家的人民和统治者是否具备和拥有足够的政治智慧来治理好自己的国家。

按照中国政治哲学的主流观点，有关治国理政之道的政治智慧应该教导人们正己修身、追求道义、践行仁德、体认天理、守护良知、造福生民；作为"天地之心""万物之灵"的智慧生物，人类不能依恃自己的心智和灵性来宰制自然、支配同类、操纵他人、役使人民，而是应顺应自然、关爱同类、推己及人、保障民生。在中国人的政治智慧中，从来就不缺乏道德的精神、博大的情怀、崇高的境界、远大的理想、开阔的视野、深邃的意涵、辩证的思维、开明的理性、包容的心态、文明的理念等，然而，智慧与智慧的具体运用不同，智慧在于洞察而明见事理，智慧的运用则既要有胆识又要能明断，而且须措置得当而施行合宜。正如魏晋思想家嵇康《明胆论》所言："明以见物，胆以决断；专明无胆，虽见不断；专胆无明，则违理失机。"明而无胆则无以决断，胆而无明则无以见物，明与胆相资为用，方能使智慧在治国理政的具体运用中真正发挥其积极建设性的作用。

《周易·象传》曰："天行健，君子以自强不息。""地势坤，君子以厚德载物。"汤之《盘铭》曰："苟日新，日日新，又日新。"（《大学》）《诗经·大雅·文王》曰："周虽旧邦，其命维新。"由此可见，中国人自古便追求天人合德的精神境界，以涵养自己自强不息和厚德载物的君子品格，自古就推崇不断追求自我更新的人生目标，而且深信自己的国家虽然只是一个古国旧邦，但它却承受、担负着新的天命或新的历史使命。今天，我们身处古今中西文化的交汇处，为了完成和实现天命中国的新的历史使命，也许我们应该并能够像明清之际思想家方以智所说的那样，"坐集千古之智，折中其间"，通过创造性转化与创新性发展的方式而将贯穿千古的中国精神和中国智慧更加发扬光大，乃至不断开创、拓展、推进和深化治国理政的新理念、新实践、新境界。而贯通古今、融会中西，我们或许可以说，中国人的政治智慧所能昭示和带给我们的最为重要而有益的教诲就是，所谓国之大者，必在于其能文明以止、协和万邦；政之优者，必在于其能天下为公、持中贵和；治之善者，必在于其能法天合德、与民一体。

一

天下为公，法天合德

——中国人的大公政制理想与公共性政治智慧

在中国的思想脉络和文化语境中，有两个非常重要的政治观念，迄今仍然值得我们给予高度重视和认真对待，那就是天下为公和法天合德。就其字面含义来讲，天下之为天下，乃是指人类全体以及其生息繁衍其上、无远弗届的所有地理疆域范围。不可否认，由于古人知识和视野方面的历史限制，中国先人所谓的天下可能主要还局限于以中国为中心，仅包括周边地区、国家和民族在内的有限地理范围。然而，天下的概念，其政治的含义也许更为重要，也更值得我们关注和重视。从政治的意义上来讲，天下之为天下，更主要的是古来中国先哲政治思考的对象，换言之，自先秦以来，中国的政治哲人思考和谈论"政治"问题，就无不以天下为对象，其最高政治理想便是天下为公和法天合德。

◇（一）天下不治，人主不德

据史书记载，公元前178年，也就是西汉文帝二年，这一年十一月的晦日（最后一天），发生了日食，在古人看来，这是一个异常而重大的天文现象。它象征和意味着人世间的政治事务和国家治理出现了严重的问题，上天降下自然灾异以示谴责和警告。因此，异常天象的发生要求统治者必须及时作出回应，对自己政治上的过失进行认真的自我反省，并积极采取各种措施、调整政策以便安抚人民、重新稳定国家的治理秩序。

于是，文帝颁布诏书，他在诏书中首先宣称的便是："朕闻之，天生民，为之置君以养治之。人主不德，布政不均，则天示之灾以戒不治。"意即，我听说，上天化生繁育人民，并为他们置立君主，置立君主的目的就是要让他担负保护、养育和治理人民的职责。如果君主不修养自己的德性，施政不均平，那么，上天就会降下灾异以示警戒。

文帝在诏书中接着说："既然朕身为天子，就应当担负起天下治乱的责任。而朕却不能治理、养育人民百姓，以至于发生日食而导致日月星辰失去光明，朕之不德实在是太大了。作为朕的辅佐和股肱，执政大臣们都应反思朕的过失，以及朕知见不及之处，并直言不讳地告诉朕。另外，举荐贤良方正和直言极谏之士，以便辅助、匡正朕政治上的不足。而且，务必要减省徭役费用以便利民生。"（《史记·孝文本纪》《汉书·文帝纪》）

文帝的这一诏书可以说开启了汉家帝王重日食而下罪己之诏的先例，在今人看来，这种在天象与人事之间建立起密切的交互关联性的政治思维方式不过体现了古人的一种幼稚和迷信，然而，它背后的思想脉络和义理信念却是需要我们认真对待和特别关注的。文帝诏书宣示了中国人的一种古老的义理信念和政治信仰，即君主的统治权力及其政治合法性来自上天或天命，君主担负着治理天下或代天养民治民的公共而神圣的政治职责，为此君主必须加强自身的道德修养，应法天修德而施政均平，并主动为天灾人祸承担罪责，即天下不治乃是人主失德所致。

说到底，古人是在以天的神圣名义或借由神圣性的天命信仰，来彰显君主治理天下的公共性政治职能。在古来中国人的思想脉络和政治话语中，天、天下、人民、君德、君职等都是至关重要的核心概念或关键词汇，中国人的政治思考或政治话语正是围绕着这些核心概念或关键词汇而展开和形成的，而我们只有深切体会和领悟了这些核心概念和关键词汇的深层意涵，才能透彻地了解中国人独到而殊异的政治智慧。

◇（二）城邦与天下：中西政治思维理路的差异

自古以来，中国人就形成了自身独具特色的政治思考的方式与传统，与古希腊哲人所创立和发展出的西方政治思考方式和传统两相比较，其特色将显得更加独特而鲜明。

由为数众多、政体各异的城邦所形成的政治背景，为古希腊政治哲人对城邦的各种政体进行系统的比较分析提供了最佳的便利条件，诚如英国学者麦克里兰在其所著《西方政治思想史》一书中所言："一趟古希腊之旅，就是上一堂比较政府课的好机会。"[①] 古希腊哲人苏格拉底、柏拉图和亚里士多德孜孜不倦地考察和反思城邦的政体问题，比较论究各种政体的优劣，不仅深切关注什么是城邦最好的政治

---

① ［英］约翰·麦克里兰：《西方政治思想史》，彭淮栋译，海南出版社2003年版，第19页。

制度，还认真探索城邦的最佳规模问题，这无疑展现了古希腊乃至整个西方政治学说中一个最为独特的方面。

与之不同，在中国春秋战国时期（公元前770—前221年）列国纷争、战乱不断的时代背景下，不仅社会政治领域经历了一场前所未有的大变革，思想文化领域也发生了一场震古烁今的大争鸣，当时哲人辈出，思想自由，诸子蜂起，百家争鸣，形成了中国历史上思想最富原创性和最为多元、开放、活跃的"黄金时代"。在这个时代，产生了中国学术思想的各种流派——儒家、墨家、道家、法家等，他们无不深切关注并积极探讨和思考政治的问题。尽管他们提出了各种各样不同的救世方案和政治主张，但他们殊途同归而在政治见解上形成了一个基本共识，那就是要从根本上化解和走出列国纷争的混乱失序状态，就必须重建整个天下的政治秩序。所以他们认为，最根本、最重要和最大的政治问题是整个天下的安平治理问题，而不仅仅是维持一国一家一族的治理秩序问题。对天下问题的政治关切，可以说最集中而鲜明地彰显了古来中国政治哲人最独具特色的问题意识与政治情怀。

要而言之，城邦与天下是中西政治哲人所关注的两种性质极为不同的对象，它们亦寄托着中西政治哲人不同的政治理想与最高目的追求，正是由此而演生出了中西不同的政治思维理路。其不同主要表现在，古希腊政治哲人主要关注和思考的是城邦的政体与正义问题，认为政体的好坏优劣关乎着国家的治乱安危，而中国政治哲人所主要关注和思考的则是天下的治与乱、有道与无道以及"统治"的公正无私与否的问题，而且与强调城邦政体的重要性不同，他们更主要的是认为统治者个人的德性修养和品行的好坏善恶决定着天下国家的治乱兴亡。

◇（三）"天下"观念的基本内涵

天下之为天下，既为古来中国政治哲人政治思考与政治关切的对象，而平治天下或重建天下秩序又为其追求实现的最高政治目标，因此，天下的观念实寄托了或体现着中国政治哲人最崇高的政治理想、情怀与信仰。那么，中国政治哲人何以会具有这样一种政治理想、情怀和信仰呢？其实质性的意涵究竟意味着什么？我们可以从以下几方面来加以理解和认识。

首先，中国古人所谓的"天下"，仅就其字义来讲，它指的就是"天之下"。在中国古人的观念中，天为至高无上者，天是世间万物中最伟大的存在，如孔子曰"唯天为大"（《论语·泰伯》），意即只有天是最伟大的。因此，在中国古人的心目中，所谓的"天"，乃是指那最崇高和博大者，而由上天所覆盖和由大地所承载的"天下"，也就具有了最广大普遍和涵盖一切（人类全体和自然万物）的意味了。

其次，天下观念亦与中国古人对"天"的信仰密切相关。古代中国有一种可以追溯到上古三代的、源远流长的本土宗教信仰，那就是对上帝或天的崇拜和信仰，尤其是西周（公元前1046—前771年）以来，对天的信仰可以说占据了中国人传统宗教信仰的主导地位，而且，这种传统的宗教信仰具有强烈而鲜明的政治性。一方面，周人深信人类由上天所生；而另一方面，周人亦认为皇天（或昊天）上帝乃是主宰和支配世间一切的至上神，其意志和命令决定着天下王朝的兴亡更替。天下的统治者或王朝之天子乃是上天所生的"元子"，元子受天所命而统治天下，然而，王朝统治者应以"德"配天受命，统治者一旦失德，皇天上帝便会更换"元子"，更命有德。问题的关键在于，天命不是永远固定不变的，上天只将天子之位和统治天下的正当权力与资格授予那些有德之人，天子失德，天命便会发生转移。正是因为这样一种对天命的敬畏和信仰，使周初的统治者产生了一种关切民生疾苦的政治忧患意识，这一政治忧患意识以敬德保民或明德慎罚为其核心理念，成为后来占据中国传统统治思想之主流地位的儒家德治主义和民本主义的滥觞或源头。

第三，降至东周列国，也就是春秋战国之世，周天子权威衰落，周代建立在血缘宗法分封制基础上的政治秩序及其礼乐文明趋于解体和崩坏，在此历史背景、趋势和条件下，诸子百家之学术思想勃然兴起，蔚为大观，虽然各家主张不同，但其兴起的原因和目的都在于要挽救其所处时代的政治乱局和社会面临的各种危难祸患。为了这一目的，他们说古论今，探究天人关系，而被置于天人古今观念框架之核心地位的正是"天下"。

第四，中国古人所谓的天，具有各种不同的含义，它有时指主宰世间万物和人类命运的至上神，有时指人间道德义理的本源，有时指化生万物并具有自身运行法则的自然过程，有时指客观性的物质存在和物理现象。但不管怎样，中国传统诸子各家的学术思想流派却有一个相当一致的通见共识，即包括人类在内的世间万物生息繁衍、共生共存于天地之间，无不受到上天的无私覆盖和大地的无私持载，天地运行不息，化育万物，具有无限博大、包容、无私的特性和品格，人间的统治者治理天下理应像天地那样博大包容和公正无私。

最后，仅就其政治含义而言，中国古人的天下观念，其含义实

"略近欧洲中世初期之世界帝国"①，而与古希腊的城邦理念与近代民族国家的观念都极为不同。在历史上，笼统模糊的天下观念也许造成了中国人"缺乏国际观念"和"民族思想发育不良"等问题②，然而，把它放到今日全球化的时代背景中加以重新审视，我们也不难发现作为一种政治信仰的天下观，它所包含的公正无私之根本政治价值诉求及其所蕴含的大同主义、普世主义或世界主义之普遍性的社会政治理想和人类主义情怀，无疑又具有十分可贵的合理价值。诚如熊十力先生所说，由中国人视"中国"或"天下"为一"最高的文化团体"这样一种"爱和平，贵礼让"的"国家"观念扩充出去，乃至"人类都依着至诚、至信、至公、至善的方向去努力，可使全世界成一个最高的文化团体"③，个中意味，的确值得我们深长思之。

◇（四）天下为公：中国人的大公政制理想

如上所言，中国古代哲人政治思考的对象与范围，在其问题意识的最高层次上乃是以天下为单位的，而不是仅仅局限于以国家为单位，这充分说明并体现了中国古代哲人的政治价值观蕴含着一种最具普世性意义的政治诉求与公共理性精神。对他们来讲，天下治平的根本目标便是建立一种和谐统一的世界秩序，这是一个包括所有人在内的天下一家的伦理共同体。这样一种政治信念，从根本上必然要求超

---

① 萧公权：《中国政治思想史》，新星出版社 2005 年版，第 9 页。
② 萧公权：《中国政治思想史》，新星出版社 2005 年版，第 9—10 页。
③ 熊十力：《中国历史讲话　中国哲学与西洋科学》，上海书店出版社 2008 年版，第 27 页。

越以家庭和国家为中心的狭隘自私的人类情感与生活习惯，追求实现一种世界大同的理想愿景。当然，中国人历来就十分重视家庭宗族生活及亲人之间的血缘伦理亲情，中国古代哲人也一直重视和强调家庭生活和伦理关系的根本重要性，将家庭视作整个社会的基本组成单元和天下国家秩序的重要根基，同时也不否认国家在维持社会治理秩序上能够发挥强大而有益的政治功能与作用。然而，他们亦清醒地认识到，狭隘的家庭和国家观念在迄今为止的人类历史上也引发了无穷的人与人之间的利益纷争、暴君污吏对人民的残暴统治和国与国之间的战争灾难。早在两千多年前，正是这后一种认识激发了古来中国人对天下和平统一的政治秩序和天下为公的大同社会理想的永恒追求和向往。

"天下为公"一语出自儒家经典文献《礼记·礼运》篇。所谓"天下为公"，一是指天下为全体人民所公有，意即天下应为天下所有人所共有共享，所谓"天下非一人之天下也，天下之天下也"（《吕氏春秋·贵公》）；二是指天子之权位属于一种公共性的职位，应通过禅让的方式授予具备圣德之人，而不是自私地传授与自己的子孙，意即治理天下的统治者（天子）应通过选贤任能的方式来产生，并通过和平禅让（禅位让贤）的方式来实现统治者（天子）及其权位的更替与接续。"天下为公"是与"天下为家"相对而言的，与"天下为公"正相反，"天下为家"是指将天下视为一家一姓的私有之物，所以统治者也只将天子的权位传授给自己的子孙，而不是有贤德和能力的人。在古来中国人的历史记忆中，这样一种禅位让贤的政治理想与制度安排，在上古圣王尧、舜、禹等统治的时代确曾实行过。禹之后，中国历史进入了"天下为家"的时代。

根据中国的上古传说，在尧的时候，天下曾经发生过一场大洪水。那时，洪水泛滥，草木繁茂，鸟兽众多，但天下人民饱受洪水之害，无法过上安定的生活。这让尧深感忧虑，于是他寻访天下的贤能之人，发现并把舜选拔了出来，让舜担当起治理天下的职责。舜担当起治理天下的重任后，选拔任命禹领导人民开掘、疏通了九条大河，使洪水得到疏导和治理，为此禹一连八年在外奔走，三次经过自己的家门都不进去，最后终于平治了天下的水土。舜又让后稷教百姓种植庄稼，栽培谷物，等人民过上了温饱安逸的生活，又派契教导人们人与人正确交往与和睦相处的道理和行为准则，其中最主要的便是五种伦理关系及其交往相处之道，即父子之间要相亲相爱，君臣之间要有礼有义，夫妇之间要男女有别，长幼之间要尊卑有序，朋友之间要讲求信用。因为蛮夷侵扰，盗窃乱贼、奸宄不法之徒时有发生，于是舜又命皋陶掌管刑法以治理犯罪行为。就这样，在这些圣贤人物的治理下，人们终于在古老广袤的中原大地上过上了幸福安乐而富有伦理教养的生活。

因为舜治理天下功德卓著，尧在晚年便主动把天子的位子让给了舜；因为禹平治水土有功，舜晚年又把天子的位子让给了禹，这就是中国历史上有名的尧舜禅让的故事。后来，禹建立了夏王朝，契的后代建立了商王朝，后稷的后代建立了周王朝，这就是所谓的夏、商、周三代，自此中国历史进入了天子权位世袭传子而不传贤的"天下为家"的时代。夏、商、周三个王朝各自延续了数百年的历史，夏朝的最后一位君主是桀，商朝的最后一位君主是纣，是中国历史上两位有名的暴君，他们的统治分别被商汤和周武王用武力征伐的方式所推翻，史称"汤武革命"。在古来中国人的政治观念中，尧舜禅让乃是一种最合乎理想的通过和平方式来实现政权更迭的途径，然而，这一方式和途径只适用于圣贤统治的情况，历史上总难免会出现暴君统治的局面，一旦出现这样的政治局面，中国的先人亦承认圣人领导人民反抗暴政、通过革命的方式推翻暴君统治的正当性和合理性。除了禅让和革命，古来中国人在某一个王朝的统治长期延续的正常情况下，也会接受和承认最高统治者将天子权位传给子孙即天子权位世袭的权威合法性，但其统治的方式必须要合乎道义。

圣人孔子曾经盛赞尧之为君的伟大说："大哉尧之为君也！巍巍乎！唯天为大，唯尧则之。"（《论语·泰伯》）意思是说，尧之为君真是伟大呀！高大呀！只有天能那么高大，只有尧能学习效法天。作为天下之君，尧的伟大正在于他能够则（效法）天而治，天的伟大在于其博大、公正而无私，尧的伟大也在于他能够选贤任能而治天下，尤其是他能够不贪求垄断天子权位，乃至占天下为私有而独享专断的权力，而是能够在自己身体和智力衰惰的晚年将天子的权位主动禅让授予富有贤德和治理能力的舜，正所谓"古有行大公者，帝尧是也。贵为天子，富有天下，得舜而传之，不私于其子孙也"（《说苑·至公》）。意即，古代能够实行大公政制的人，就是帝尧，他贵为天子、富有天下，发现有贤德的舜并将天子之位传授给他，而不是把天下私传给自己的子孙。后来，舜又将天子的权位主动禅让给了禹。总之，就天子权位的和平禅让而言，它一方面体现了禅位者的博大、公正与无私，另一方面则要求受禅者必须是一位具备受任天子之位的正当资格的有德者。

对于天子权位的非暴力的和平禅让方式，孔子是明确抱持一种充分肯定和赞赏的政治立场和态度的。继孔子之后，亚圣孟子（名轲，邹国人，约公元前371—前289年）对于尧舜禅让的问题又提出了自己独到的看法。他认为，对于尧舜之间天子权位的更替转移问题，不能从纯粹个人之间私相授予的角度来理解，而必须从"天与人归"

（天意授予和民心归往）的正当性和合法性角度来解释。也就是说，尧舜之间天子权位的更替转移需要在尧让舜担任治理天下之责而其能力又确能经受住天意民心的实际考验之后，才具有其正当性和合法性。事实上，这给天子权位更替转移的和平方式又增加了一个严格的限制条件，所谓的"天与人归"是根据担任治理天下之责的人的道德表现和实际政治作为来评价和判定的。因为治理天下的根本职责，乃在于为天下人谋福祉，应献身于天下的公共利益而不是谋求一己之私利，这也正是中国古代先哲所明确提出的"天下为公"的崇高政制理想和政治信念的题中应有之义。历代中国人之所以汲汲于追求和向往上古尧舜三代之治，其根本用意即在于推崇和强调统治者的这一根本性的公共政治职责，他们认为正是尧舜三代的统治者为此树立了一种永恒的道德典范和政治榜样。

◇（五）法天合德：中国人的公共性政治智慧

在中国人的历史记忆中，禅位让贤的政制理想只是在尧、舜、禹的时代才真正实现过，这究竟是历史事实还是一种历史虚构其实并不重要，问题的关键在于它充分透露出了古人对于政治的一种根本看法，也是古人对政治本质的最朴素、最平正、最基本的看法，那就是政治事务的性质在于其公共性的目的——为人群大众的共同福祉而服务，而不是为了谋求特权阶级的私人利益；政治之为政治，绝不是暴力支持下的强权统治，而是造福人类、实现社会公平正义之治的神圣事业。禅位让贤的权力和平交接方式，正是最符合这一公共性政治理念的一种政制安排。

"天下为公"的政治理念，不仅体现了古来中国人对于禅位让贤之大公（至公）政制理想的向往和追求，更为重要的是它还在历史上持续不断地激发了古来中国人对于天下共有、共享和实现社会公平治理目标的渴望和追求。无论是禅位让贤的政制理想，还是对社会公平治理目标的追求，事实上都不过是"天下为公"之崇高理想与信念的具体体现，而所有这些又最终根源于古来中国人对于天之博大、高明、公正、无私的信仰，对天的这样一种信仰也正构成了古来中国人政治正当性信念的终极根源。因此，中国古人常常将对天的终极信仰与人间的政治生活紧密结合起来，由此而形成了一个非常重要的政治观念——法天合德，如《管子·版法》篇曰："法天合德，象地无亲。"它将人类的政治活动及其正当性和合理性置于天人关系的框架下来加以审视和反省，认为只有效法上天之博大、高明而具备公正、无私之德性的统治者才最适合来做治理天下的王者，其统治才具有政治上的正当合理性。

当然，天之为天，其最主要的含义，一是指有感觉、有情绪、有意志的"人格神"意义的宗教之天，二是指包含着万事万物和人类社会之当然理法的自然化和义理化意义的哲学之天。大体而言，前一种含义在夏、商、周三代的主流信仰中占据着支配性的地位，后一种含义在先秦儒、道两家的思想观念中逐渐取得了主导的地位，而墨家所信奉的天更主要的是前一种含义的天，汉代儒家学者董仲舒则致力于复兴三代天命的信仰并使前一种含义的天重新取得了中国人主流信仰中的长期支配地位，到宋明时期自然天理的信念又重新流行起来。对天的信仰不管如何变化，中国人关于政治正当性的信念却具有一种持久一贯的特点，即始终认为政治的正当性来源于天，来源于天的博大、高明、公正、无私，来源于上天生生不息的好生之德，统治者只有奉行天命天志、效法天道天德、遵循天理天则，其统治才具有政治上的正当性与合理性。

毋庸讳言，中国古代哲人从来没有在君主体制之外进行其他政体制度安排的设计和构想，但他们从来没有丧失掉对于法天合德式的公共性政治智慧的追求和向往。在古来中国人的心目中，尧为后世统治者树立了学习效法天之高明博大而治理天下的永恒道德典范，汉代人曾经这样来描述尧的德行："尧专心一意地治理天下，关切穷苦百姓的生活，对百姓遭受苦难深感痛心，担忧芸芸众生不能顺利成长。有一人遭受饥饿，他就说：'这是我使他饥饿的。'有一人遭受寒冷，他就说：'这是我使他受冻的。'有人犯了罪，他就说：'这是我陷他于不义的。'尧向天下昭示他的仁爱之心，为天下树立正确的行为准则，它的德行博厚广大、恩泽感化深广而普遍，所以不用奖赏，人民也会努力修德向善，不用施加刑罚，人民也会治理良好。他总是推己及人、设身处地地首先为他人着想，然后再施行道德教化、加以正确引导，这就是尧治理天下的方法啊！"（《说苑·君道》）在我们看来，这可以说是对法天合德的为君之道和治理天下方法的最好诠释和注解。

对后世中国人来讲，夏、商、周三代之治也为历代统治者树立了法天合德、优良治理的政治模范。孔子的弟子子夏就曾经向孔子请教过这样一个问题，他问道："夏、商、周三代圣王的德性，足以配天地而为三。请问，怎么样才可以称作是德配天地而为三呢？"孔子是这样回答的："要遵循、奉行三无私的精神来勤勉地为天下人民服务。"子夏又问道："请问什么叫作三无私呢？"孔子回答说："上天无私地覆盖万物，大地无私地承载万物，日月无私地光照万物，遵奉这三种无私的精神来勤勉地为天下人民服务，就叫作三无私。"（《礼记·孔子闲居》）

墨家同样认为，天的德行广大而无私，施恩深厚而不自以为德，光明悠久而永不衰竭，因此圣王应该效法上天而治理天下。(《墨子·法仪》)

道家庄子也认为，上天无私地覆盖万物，大地无私地承载万物，统治者应该顺应事物的自然本性而不用私心私意，这样天下就可以治理好了。(《庄子·大宗师》、《应帝王》)

法家也认为，天地公平而无私，无论物之大小美恶，无不覆盖持载，真正有德的统治者理应效法天地之道，抚育万民，使贤能和不肖之人皆能各得其用。(《管子·形势解》)

总之，中国哲学的各个流派儒、墨、道、法各家一致认为，法天合德而治理天下的统治者应具备的首要德性便是公正或无私，只有公正无私才能使天下得以治平，正所谓"昔先圣王之治天下也，必先公，公则天下平矣"(《吕氏春秋·贵公》)。更进而言之，统治者不仅应担负起服务人民的公共政治职责，甚至还应担负起参赞天地、化育万物的生态政治使命。所以，《周易大传·乾文言》说："夫大人者，与天地合其德，与日月合其明，与四时合其序，与鬼神合其吉凶。"意思就是，身居高位的大人，应像天地之德那样，使所有人民都能够安其生、得其养；像日月之明那样，能够明察普照一切事物；遵循四时的顺序来施行政令；像鬼神福善祸淫那样赏善罚恶。儒家的另一部经典文献《中庸》更有言曰：天地之道可以用一句话概括尽了，天地化生万物，至诚不贰，生生不息，它广博、深厚、广大、光明、悠长、久远。圣人之道，发育万物，高明博大亦上达天德。所有这些都向我们传达了这样一个深刻的道理，人类社会是天地间自然秩序的一部分，统治者肩负着上天赋予他的治理天下的政治使命，这要求他必须能够像天地一样博大、高明、公正和无私。由此可见，在古来中国人的观念中，上天是比人类更伟大的存在，对天的敬畏和信仰，不仅将人类的整体存在提升到一个更高的存在高度，而且使人们对政治的理解和认识也富有一种超越性的伟大维度。天地为人类树立了一个崇高的标尺，天地之道更为人类政治事业树立了一种永恒效法的典范，因此，在中国古代哲人的理想政治论中，因为统治者只是被赋予了一种代天理民的政治角色，所以他们一向看重的是统治者应担负的道德责任和政治职责，即天下的治平和人民的安乐与福祉，这也是政治的真正目的和国家存在的正当理由所在，相反，他们总是极力反对将国家单纯视为刑法强制的统治机器或暴力机关，反对统治阶级借助国家统治机器或暴力机关来谋求个人的私利。

◇（六）谁之天下？谁是盗贼？

战国时期，中国有七个强大的诸侯国——秦、楚、齐、燕、韩、赵、魏，凭借军事实力彼此之间相互攻伐征战不已，最后秦王嬴政吞灭其他六国、统一了天下，建立了中国历史上第一个大一统的强大帝国——秦王朝（公元前221—前207年），他自己也成为中国历史上第一位皇帝——秦始皇。

秦始皇兼并统一了天下之后，便召集群臣商议王位传承方式或政权交接的制度安排问题。他说："古代五帝传位让贤，夏、商、周三王世袭传子，哪一种做法是正确的呢？我将选择采用它。"

其中有一个叫鲍白令之的大臣回答道："天下公有，禅位让贤就是正确的；天下私有，世袭传子就是正确的。所以五帝以天下为公有，三王以天下为私有。"

秦始皇仰天长叹说:"我的德运出自五帝,我将以天下为公有,谁将来可以接替我来治理天下呢?"

鲍白令之回答说:"陛下奉行的是暴君桀、纣的治国之道,却想要像五帝那样禅位让贤,不是陛下您所能做到的。"

始皇一听,勃然大怒,厉声呵斥道:"你上前来!你凭什么说我奉行的是暴君桀、纣的治国之道?赶快解释清楚,不然就处死你!"

鲍白令之回答说:"请求陛下允许我解释一下。陛下修筑楼台上接云霄,宫殿连绵五里,铸造重达千石的大钟和重达万石的钟鼓架。后宫嫔妃上百,歌舞艺人上千。又兴建骊山宫室,一直到咸阳(秦朝首都)雍门连绵不断。为了自己的享乐,耗尽天下的资财,穷尽全国的民力。这样偏狭自私而完全不顾及他人。陛下是所谓自谋营业仅能自我保全的君主,怎么能与五帝媲美道德,而竟然想要实行公有天下的禅位让贤之法呢?"

秦始皇听后,沉默不语,无话应对,面带惭愧之色。默然良久之后,他才说道:"令之的这番话,是让众人羞辱我。"

在这一番对白之后,始皇停止商议,并放弃了原来的计划,再也不提禅位让贤的想法了。(《说苑·至公》)

自秦之后,中国历史进入了一个实行君主专制政体长达两千多年的帝制时代。帝位世袭传子成为政制的常例,王朝政权的更替主要是靠武力打天下的方式来实现,其间虽然也曾出现过通过禅位让贤的和平方式改朝换代的极少数成功事例,但更常见的情况却是禅位让贤往往成为政治野心家和阴谋家盗窃篡夺旧王朝政权而建立新王朝的一种缘饰性政治借口。可以说,在后世君主专制的现实政制架构下,禅位让贤的政制理想没有也不可能被专制君主所真正实行,就像秦始皇放弃了禅位让贤的想法那样,在君主专制的时代,天下为君主一家一姓所私有，他们的真实想法只能是将私有的天下传给他们的子孙，甚至希望子子孙孙一直传承下去，乃至传至万世。然而，事与愿违，占天下为私有的专制君主恰恰会成为天下祸乱的最终根源，他们往往不能法天合德，以私心占有天下，而不能以公心治理天下，最终必然导致民心的背叛和自己一家一姓王朝的土崩瓦解，正所谓"私者，乱天下者也"（《管子·心术下》）。

究竟是天下为公还是天下为私，究竟是禅位让贤还是世袭传子，这是古来中国人所关注、思考和讨论的具有根本重要性意义的政治价值主题。历史上富有道德良知和远见卓识的政治家和思想家，诚挚地一贯坚持前一种政治立场和思想观点，他们认为天下为天下人的天下，统治者理应是有贤德和能力的圣贤人物，他们法天合德，出于一片赤诚之公心担负起治理天下的责任，在需要的时候会主动地禅位让贤。

从思想家"天下为公"的政治立场和角度讲，那些占天下为私有、窃夺国家政权、为了牟取个人私利而滥用权力恣意妄为的人，正是世间最大的盗贼。儒家孟子将这些人称为暴君污吏、独夫民贼，道家老子将这些人称为"盗夸"（强盗头子），庄子则讥斥之为"窃国"之大盗。

相反，那些贪求一己之权位、自私自利的专制君主，他们用武力夺取了天下，便以为整个天下就是他们一人私有的天下，或者是他们一家一姓的私有之物，一心想着怎么样把天下传给自己的子孙，让自己的子孙永享天下的荣华富贵。因此，从专制君主"天下为私"的政治立场和角度讲，那些谋逆造反、胆敢反抗自己专制统治的人，才是世间最可恶的盗贼或乱臣贼子。

历史上的专制君主常常在政治上压制和排斥人们"天下为公"的

想法，然而，终究压制不住"天下为公"的念头时不时在思想家的内心深处激荡乃至迸发出激动人心的思想火花，乃至重新激活世人对于政治上公平正义之治的理想愿景的热切追求和无限向往。正是因为重新受到"天下为公"或"公天下"理想的激励和鼓荡，17世纪正值明清易代之际，出现了一批深刻反省君主专制之弊害的思想家，他们发出了"为天下之大害者，君而已矣"（黄宗羲《明夷待访录·原君》）和"自秦以来，凡为帝王者皆贼也"（唐甄《潜书·室语》）的激烈批评之声，可谓震古烁今。

近世以来，西方民主革命、立宪共和思想又重新激活了中国古圣先贤"天下为公"的道德理想和政治信念，中国民主主义革命的先行者孙中山正是以"天下为公"相号召，领导辛亥革命最终推翻了延续长达两千多年的专制君主政制，建立了亚洲第一个民主共和国。

抚今追昔，从历史的长远视角来加以审视，也许我们可以说，"天下为公"一语最集中而鲜明地彰显了古来中国人最为博大高明的政治想象力和公共性的政治智慧，它犹如政治的指南针，为公共生活提供了一个审视反思和明辨区分为公抑或为私的是非判准和价值标尺，它赋予中国人一种向往全体人民公有、公享的治理目标和追求政治公正的理想情怀，进而言之，"天下为公"的信念更为人们追求实现世界大同、建立人类命运共同体的理想目标提供了永不衰竭的精神动力。

二

民惟邦本，本固邦宁

——中国人的民本政治信念

中国民本思想的传统源远流长。"民惟邦本，本固邦宁"（《尚书·五子之歌》）一语，最集中而鲜明地表达了古来中国人的这一思想传统与政治信念，是中国民本政治信念的经典表达与源头活水。它的意思是，人民才是国家的根本，只有根本稳固了国家才能安宁，正是基于这样一种思想传统与政治信念，中国历代的思想家和政治家大多把政治看作固本安邦的神圣事业，把国家看作为了人民的福祉和民生利益的根本目的而存在的政治共同体。在中国历史上，这一思想传统与政治信念不仅有着久远深厚的历史根基与文化渊源，更有着极为广大深远的持久传衍与政治影响，乃至在中国历史上形成了一股"不时涌现的民本思想之巨流"[①]。

◇（一）天下治安与民生安危

贾谊（公元前200—前168年），洛阳人，主要活动于西汉文帝

---

① 金耀基：《中国民本思想史》，法律出版社2008年版，第7页。

朝，为汉初最著名的政论家和思想家。贾谊是一位年少而才高、特别关心时势政事的政论家和思想家，为后世留下了多篇杰出的政论性的鸿文名篇，如《过秦论》《治安策》和《论积贮疏》等，被收录于《史记》和《汉书》中。

贾谊在上疏文帝的《治安策》中，历数汉家所面临的国家治理中的各种潜在的政治危险与令人痛心疾首的事势。在他看来，必须解决内部诸侯尾大不掉和外部匈奴侵辱的倒悬之势，必须以德教礼治来移风易俗，才能实现富安天下乃至维持国家长治久安的目标。

耐人寻味的是，贾谊在他的上疏陈辞中用"可为痛哭者""可为流涕者"和"可为长太息者"来形容当时的形势，可谓用语痛切、情感真挚，反映了他对天下治安问题的深刻关注与系统反思。

在另一篇上文帝的奏疏《论积贮疏》中，贾谊更是提出一项重要建议，就是实施重农抑末的政策以改善民生，他说："管子曰：'仓廪实而知礼节。'民不足而可治者，自古及今，未之尝闻。古之人曰：'一夫不耕，或受之饥；一女不织，或受之寒。'生之有时，而用之亡度，则物力必屈。"（《汉书·食货志上》）意思是，管子曾经说："仓廪里的粮食充实，人民生活富足，才能懂得礼节教养。"人民生活不富足而社会能够治理良好的，从古到今从未听说过。古人说："一个男子不耕作，就会有人遭受饥饿；一个女子不织布，就会有人遭受寒冷。"生产活动是有时间季节限制的，而使用起来却没有节度限制，那么物资劳力就必然会穷竭用尽。这是希望统治者能够爱惜民力，重视改善民生问题，实施促进和鼓励农业生产的政策，以便使人民首先能够过上富足的生活。

贾谊生当西汉王朝由建立之始而逐渐走向治安之际，他所提出的如何使天下治安和民生富足的治安之策充分体现了一个政论家和思想家的远见卓识。

鲍宣是西汉时期的另一位政论家，是哀帝时的谏大夫。此时的西汉王朝已由盛而衰，逐渐走向穷途末路而问题丛生。鲍宣身为谏大夫，上书谏诤，直言抨击时政而毫无忌讳，他历数条陈当时足以使人民陷于失业流亡甚至死亡境地的种种危局乱象，比如阴阳不和，发生水旱灾害；官府加重赋税负担，贪官污吏不断索取和收受贿赂；地方上的豪强大姓侵夺蚕食无度；暴虐苛吏滥征徭役使人民错失农桑时节，以及盗贼劫掠，酷吏治狱深刻、冤枉陷害无辜、草菅人命，冤仇相互残杀，发生饥荒和疾病瘟疫流行等等，指出："民有七亡而无一得，要想国家治安，那是很困难的；民有七死而无一生，要想刑罚措置不用，那是很困难的。"并对哀帝说："天下乃皇天之天下也"，"治天下者当用天下之心为心，不得自专快意而已也"，"夫官爵非陛下之官爵，乃天下之官爵也。陛下取非其官，官非其人，而望天说民服，岂不难哉！"（《汉书·鲍宣传》）

上述西汉时期的两位政论家的言论，前后相互映照，形成了一种鲜明的对比，由于生活在不同的时代环境，面临着不同的政治情势，他们所提出的建言献策也具有极为不同的宗旨和目的，一是着意于探求天下治安之策，一是忧愤于人民的危亡境况。然而，天下的治安与民生的安危又是密切相关的，两者实是一而二、二而一的问题，因此，更有一种共同的精神和情怀贯穿在两位政论家的建言献策之中，那就是直言极谏、"上书无忌讳"的政治精神和关切社会治乱、民生安危的政治情怀，无论是前者，还是后者，又都源自自古中国人就重视民生、以民为本的政治思想信念。下面，我们就系统阐述一下中国民本思想的基本渊源脉络。

◇（二）民本思想的先声

在中国人久远的有关上古圣王统治的历史传说和记忆中，在中国早期关于夏、商、周三代较为可信的历史文献记载中，始终贯穿着这样一种浓厚的政治信念，即天下和国家的统治者承担着一种上天赋予的神圣政治使命和公共政治职责，那就是统治者必须为了人民的安乐和福祉而尽心尽力、立功立德，只有这样的统治者才是人们心目中理想的圣王，就像我们前面讲到的尧、舜、禹那样。比尧、舜、禹更久远古老的还有伏羲、神农、黄帝，比他们稍晚些的是商朝的建立者汤、周朝的创建者文王和武王等。

在古来中国人的心目中，那些远古圣王可以说是人类卓越理性的化身和心智能力的杰出代表，他们仰观天象、俯察地理，深刻领会和体悟天地阴阳自然变化运行的法则，并将其创造性地运用到人类自身文明生活的规划和实践当中，不仅在政治上成就了一番功德事业，更重要的是他们创立制作了人类文明生活所必需的各种器具、礼仪规范和政治制度，譬如渔佃用的网罟、耕作用的耒耜、交易用的货币、交通用的舟楫、日常生活用的臼杵、威敌制胜用的弧矢，以及衣裳、宫室、棺椁、书契、百官之制等，满足了人类在器具物质生活方面的民生日用需求，乃至逐渐引领人民不断脱离野蛮生存状态而走向了高度文明化的生活道路。可以说，人类的生活实践、民生的日用需求，乃是上古圣王最根本的政治关切所在，古来中国人之所以推崇他们，正因为他们有着"吉凶与民同患"的政治忧患意识和经世济民的民本情怀，为后世统治者树立了在政治上努力成就有利于天下人民的广大功德事业的卓越典范。

正是在上古圣王功德事业的激励、感召和引领下，在夏、商、周三代逐渐形成了一种以民为本的政治价值信念和敬德保民的优良政治传统。据说，夏禹曾经留给子孙一条训诫，就是："民可近，不可下。民惟邦本，本固邦宁。"（《尚书·五子之歌》）意思是说，对人民，只可亲近，而不可疏远。人民是国家的根本，只有根本稳固，国家才能安宁。这也就是说，统治者能否亲民、安民、惠民决定了民心的向背，而民心的向背反过来也决定了国家的安危以及君主的统治是否正当。在当时人的心目中，人民之为人民，成了一个考量和评判君主统治好坏的最根本和最重要的政治标尺。如果说统治者肩负着上天赋予他的神圣政治使命（天命）的话，那么天命所在，也就意味着民心所向，反之亦然。因此，统治者能否赢得天命或者说天命是否发生转移，其实最终都取决于民心的向背。这可以说是一条千古不变的政治真理。

上述政治真理，不仅早就被中国古人所深刻领悟和认识到，而且是被历史经验所反复证实了的。在历史上，那些违背这一政治真理，耽于逸乐，荒淫无度，凭借着手中的强权滥施虐政，仗势欺压人民的统治者，最终都被人民所推翻。反之，那些遵循这一政治真理，深切明白和懂得自己政治职责和使命的统治者，他们会敬畏上天之命，谨慎地修养自己的德性，关切民生疾苦，并致力于善政良治，以使人民过上安乐幸福的生活，这样的统治者才能真正赢得人民的支持和民心的爱戴。夏、商、周三代兴亡更替的历史便证明了这一点。夏朝最后一位君主桀的暴虐统治被商汤所推翻，商朝最后一位君主纣的暴虐统治被周武王所推翻，史称"汤武革命"。

相传，周武王推翻暴君商纣的统治、建立了周朝之后，曾经向辅佐他灭商的最重要的一位谋士姜太公咨询"治国之道"的问题。太公非常简洁明了地回答道："治国之道，爱民而已。"这说明在古来中国人的政治信念中，爱民为治国之大道，为政之要务，是治国理政的根本原则和永恒追求。

治国理政当以爱民为先，这是一条最富有中国文化特色异彩的政治原则与理想信念。问题的关键在于，如何去具体奉行和落实这一原则性的政治信条和理想信念。因此，接下来，武王和太公更进一步探讨和交流了具体实践爱民的方式方法问题。

太公明确向武王建议道：维护人民的利益而不使之受到损害，成就人民的事业而不使之遭受失败，生养而不杀戮，给予而不剥夺，使人民安乐而不受痛苦，使人民喜悦而不生怨怒，这就是治国爱民的根本方法和原则。反之，使人民失其所务而无以为业，丧其农时而无以为生，对有罪者只知加重惩罚，乃至繁兴徭役、无节制地增加人民的赋税负担，所有这些都是对人民的损伤、祸害、刑杀、掠夺，只会使人民痛苦不堪、心生怨恨愤怒。

因此，太公最后说：真正善于治国理政的人，对待人民应如父母爱护子女、兄长爱护弟弟一样，听说他们遭受饥寒就为之哀戚伤心，看到他们劳作辛苦就为之悲痛不已。（《说苑·政理》）

很可惜，武王灭商两年后便不幸病逝了。不过，武王的弟弟周公旦继承了武王的事业，他辅佐年幼即位的成王治理天下，经过多年艰苦卓绝的努力，最终稳固地奠定了周王朝数百年的政治基业。其中，最值得我们重视的是，周公是一位非常善于总结历史经验教训的卓越政治家，他从小邦周取代大邦商的历史沧桑巨变中吸取经验教训，提出了敬天保民、明德慎罚等一系列非常深刻而有见地的政治理念。

在周公和周初人的宗教信仰与政治信念中，天命仍然是最高统治者实施其正当统治的最终依据，然而，上天只将统治天下的正当资格与合法权力授予那些在德行上拥有超凡魅力的统治者，或者只有那些在德行上拥有超凡魅力的统治者才能赢得上承天命而统治天下的正当资格与合法权力。但是，天命并不是永远固定不变的，一旦统治者丧失掉自己的德行，他也就会丧失掉自己的天命，天命的转移意味着最高统治者丧失掉了自己统治天下的正当资格与合法权力。

那么，人们怎样才能真实地了解、洞悉上天的授命和意向呢？天命天意是通过民情民意来体现的，因此，通过考察民情和民意，便可以了解和洞悉天命天意。夏朝统治者之所以丧失掉自己的天命而被商取代，商朝统治者之所以丧失掉自己的天命而被周取代，无不证明了这一点。就这样，周公合理地解释了王朝更替和周取代商的政治正当性。而为了更好地秉承上天赋予周朝统治者的神圣使命，长期稳定地维持周王朝的政治统治，周公认为，周的统治者必须以敬畏和谨慎的态度来对待天命、修养和彰明自己光明的德性，必须小心勤勉地治国理政，要体察民情，重视民生，了解人民的疾苦和稼穑的艰难，把人民的苦痛看成是自己的苦痛一般，切记不要贪图享乐，更不要恣意妄为，要谨慎地使用刑罚。这就是所谓的敬天保民、明德慎罚。

另外，周公还明确提出："人无于水监，当于民监。"（《尚书·酒诰》）这一至理名言意在告诫那些担负着治国理政之责的统治者，一定要把人民当作自己的一面镜子，时不时地照察一下自己的形象、自己的所作所为。只有这样，才能真正了解自己治国理政的得失成败，并知道怎样去改正过失，赢得民心。

上述古圣先贤在政治上所建立的不朽功德、留传给后人的训诰警戒，以及其深刻而卓越的政治见识、道德信念和民本情怀，在中国的政治思想史上发生了历久而弥新的深远影响。尤其是，作为民本思想的先声和范例,在中国历史上激励和引导着那些富有政治理想和抱负的政治家与思想家不断去追求和探寻一切为了人民的治国理政之道。

❖（三）先秦儒、墨两家的民本思想

大约在公元前770年之后,西周王朝也不可避免地走向了衰落,中国历史进入了一个列国纷争的时代,直到公元前221年才最终结束战乱,重新建立了统一的国家。史称东周列国时代,或者是春秋战国时代。这是一个战争频繁、动荡不安的时代,也是一个思想自由、哲人辈出的时代。在这一时代,中国在社会政治领域正经历着前所未有的一场深刻转型的大变革,在思想文化领域也正发生着震古烁今的一场诸子百家的大争鸣。当时,私人讲学逐渐形成一种时代性的风气,诸子百家,学派林立,异说蜂起,大放异彩,是中国历史上思想最活跃也最富有原创性的一个"全盛时代"或"黄金时代"。

正是在这个时代,儒、墨、道、法等各家思想家纷纷提出了他们各自的政治纲领和治国主张,他们有的站在维护君主权力和国家利益的立场和观点上来探究刑法、权术和统治者如何维持自己权势地位的问题,有的站在顺应人民意愿和维护人民利益的立场和观点上来论述重民、贵民和统治者如何赢得民心的问题。法家是前一种政治立场和思想观点的主要代表,儒家和墨家则是后一种政治立场和思想观点的主要代表。法家将君主专制主义的思想推向了顶峰,相反,儒家和墨家则将民本主义的思想发挥到了极致。

1. 以民为天和以民为本

事实上,在诸子百家异说兴起之前,春秋时期出现了一批开明的政治家，他们继承和延续了上古三代的圣贤智慧和政治传统，格外强调和重视治国理政应关切和改善民生、以民为本的问题，齐国的两位政治家——管仲和晏婴便是其中最著名的代表人物。

春秋时期，列国当中先后出现了五位霸主，即齐桓公、晋文公、秦穆公、宋襄公、楚庄王①，管仲便是辅佐齐桓公成为春秋第一霸主的著名政治家。他注重发展工商业，并特别强调治国理政应以顺应民心为原则，如《管子·牧民》曰："政之所兴，在顺民心；政之所废，在逆民心。"管仲还讲过一句影响深远的千古名言，就是"仓廪实而知礼节，衣食足而知荣辱"（《史记·管晏列传》），意思是说，人民只有过上了粮仓充实、丰衣足食的物质生活后，才能在道德和精神生活上懂得人际交往的文明礼节、知道什么才是真正的品格荣辱。

据说，有一次，齐桓公问过管仲这样一个问题："做君王的应该把什么看得最尊贵和重要？"

管仲回答道："应该把天看得最尊贵和重要。"

于是，桓公抬起头来仰望天空。

管仲知道桓公没有真正理解他话的意思，便解释说："我所说的天，不是指头上苍莽高远的天空，而是说做君王的应该把老百姓当作自己的天。这是因为老百姓亲附他，他的国家就会安宁；老百姓辅助他，他的国家就会强盛；老百姓指责他，他的国家就会危险；老百姓背叛他，他的国家就会灭亡。居住在一方的人民，如果都怨恨他们的长上和君王，国家还不灭亡的，历史上还从未有过这样的事！"（《韩诗外传》卷四、《说苑·建本》）

一个国家的君王应该以百姓和人民为天，这一看法最充分而鲜明

---

① 一说"五霸"为：齐桓公、晋文公、秦穆公、楚庄王、越王勾践。

地凸显了百姓和人民在政治生活中的根本重要性,也体现了百姓和人民在古代政治家心目中所占据的崇高地位和无以比拟的分量。

当然,还有另一种更常见的说法,就是"以民为本"。相传,"以民为本"的说法便出自齐国另一位政治家晏婴之口。所谓的"以民为本",意即应将人民看作国家的根本,这是治国的根本大道所在,也是政治上正确行为的指南针。那么,如何以民为本呢?说到底,也就是勤政爱民,努力使人民过上安乐幸福的生活。在政治上,没有什么比这更高尚的用心和更博厚的德行了。相反,那些苛刻掠夺人民的统治者,其毒害万倍于蛇蝎,其罪恶万倍于虎狼,其品行卑下贱劣而令人不齿。(《晏子春秋》卷四《内篇问下第四》)

2. 孔、墨的重民爱民思想

继管仲、晏婴之后,孔子和墨子(名翟,鲁国人,一说宋国人,约公元前479—前381年)在春秋晚期和战国初期相继兴起,率先倡导私人讲学之风,而且,他们追寻、祖述尧、舜、禹等古圣先王的事业,虽然生活在乱世当中,却极力主张为政爱民之道。当然,所不同的是,孔子向往、推崇并热衷于兴复周代的礼乐文化传统,而墨子则要极力继承和恢复古代尊天鬼、夏禹尚节俭、重功利的文化传统。

孔子认为,统治者应"为政以德"(《论语·为政》),也就是说统治者应注重修养自己的德性,应以正确的道德行为来引领人民、治理国家;一个君子应该以恭敬的态度来修养自己的德性,以便使他人和百姓过上安乐的生活。

孔子希望受过教育、具有高尚道德修养的君子能够参与政治,来治国理政。同时,他也希望那些实际的执政当权者能够按照君子的道德标准来要求自己,正己以正人。不管怎样,对于孔子来讲,一个人道德修养的不断完善和提升，并不仅仅意味着其个体人生价值的自我实现，而且意味着其社会责任心和政治使命感的不断充实与扩展。

在孔子看来，政治的根本目的就是要富民和教民，使人民过上富足而有教养的生活。据说，孔子最为关心和重视的便是人民、粮食、丧礼和祭祀这四件事。首先，孔子特别关切人民的利益需求、重视民生问题。在当时，人民面临的最大难题便是物质生活方面的民生保障与改善问题，因此，治国理政的第一要务便应解决人民的衣食问题，使人民有粮食吃，有衣服穿，这是民生第一需要，所以孔子主张统治者应"因民之所利而利之"而实行爱民惠民之政。当然，所谓的民生需要，并不限于穿衣吃饭的问题，还要解决人生意义的归属问题，要引导人民过一种合乎礼仪的生活，其中最重要的就是能够使人们从生到死都可以得到他人的礼遇和尊重，或者使人们能够礼貌地尊重和对待他人，而丧礼和祭祀便具有使人尊重死者或事死如事生的重要文化功能，乃至可以培养人民淳厚的德性，因此，孔子还格外重视丧礼和祭祀以及对人民进行道德教化和礼义引导的问题。

除了重视人民、粮食、丧礼和祭祀以及主张先富后教之外，孔子还特别强调治国理政应取信于民的问题，而反对用杀戮和刑政强制的办法来对付人民，反对单纯地使用军事武力来维持国家的安全和生存。

有一次，孔子的学生子贡向他请教治国理政的问题，孔子回答说："首先充足粮食，然后充实军备，人民对政府就会有信任感了。"

子贡继而问道："如果遇到迫不得已的情况，在粮食、军备和人民的信任三者之中一定要去掉一项，应该先去掉哪一项呢？"

孔子说："去掉军备。"

子贡又问："如果再遇到迫不得已的情况，在粮食和人民的信任二者之中一定要去掉一项，应该先去掉哪一项呢？"

孔子回答说:"去掉粮食。没有了粮食,不过死亡而已。自古以来,没有人可以免去死亡。但如果人民对政府失去了信任,那么国家是不可能屹立不倒的。"(《论语·颜渊》)

由上可见,孔子论政,首先重视的便是满足和保障人民对于衣食等生活必需品的需求问题,他希望在人民过上物质富足的生活基础上,再进一步对人民施行道德礼义的教化和引导,以便使人民最终过上富有文明教养的社群伦理生活。这是在正常情况下就政治的根本目的而言的。不过,在遇到不得已的情况下,即必须对粮食、军备和人民对政府的信任三者作出选择取舍时,孔子最优先考虑和重视的是人民对政府的信任,其次是粮食,最后是军备。军备对于维护自身的安全固然重要,但失去了粮食和人民的信任,仅有充足的军备又有什么用处呢?粮食对于维持人民的生存固然重要,但失去了人民的信任,政府和国家都难以存立,仅有充足的粮食又有什么用处呢?所以,反过来讲,与其失去人民的信任,还不如失去粮食;与其失去粮食,还不如失去军备。可以说,孔子论政,极力主张富而教之,这是处常之道;而在粮食、军备和人民的信任三者之间的轻重取舍,则属于临变之策。[①] 但不管怎样,孔子是一位特别重视民生、关切人民的安乐、福祉和疾苦的思想家。

与孔子一样,墨子也是一位格外关切和重视民生疾苦的思想家,而且,有着比孔子更加强烈的入世情怀和苦行救世的人道精神。孔子曾经周游列国,墨子的足迹亦曾遍及鲁、宋、齐、卫、楚等诸国,他们上说下教,栖栖遑遑,席不暇暖,不惧艰难险阻,遭遇各种耻辱和困厄,目的并不是要谋求和贪图什么高官厚禄,而是要为天下万民兴

[①] 钱穆:《论语新解》,生活·读书·新知三联书店2002年版,第311页。

利除害。

墨子是一位崇尚和爱好和平的思想家，他极力反对攻伐他人国家的侵略战争。据说，楚国欲攻打宋国，公输般为楚国制造云梯等攻城器械，墨子听说后，急忙从齐（一说鲁）地出发，日夜兼程，奔赴楚国首都郢，一路奔波，整整走了十天十夜，脚上磨出了厚厚的茧子也不休息，把衣裳撕裂裹上脚继续前行，到了郢之后，反复劝说，最后终于说服楚王和公输般放弃了攻打宋国的图谋。

在非攻反战的同时，墨子积极倡导"兼相爱、交相利"的思想主张。他认为，人世间的混乱无序，诸如攻伐、盗贼、祸篡、欺诈与怨恨等种种现象的发生，都是由人与人不相爱乃至一心想着亏人而自利引起的。那么，怎样才能挽救和治理这样混乱的世道人心呢？墨子提出，必须以"兼相爱、交相利之法"来加以挽救和治理。所谓"兼相爱、交相利之法"，就是说人们都把他人的国家看作自己的国家一样，把他人的家庭看作自己的家庭一样，把他人的生命看作自己的生命一样，这样，人们也就不会再相互攻伐、杀戮、欺诈和伤害了。

像孔子一样，墨子也深切地认识到，"衣食者，人之生利也"（《墨子·节葬下》），意即衣服和食物是人们生存的利益需求所在，而统治者的职责就是要首先保障人民衣食方面的生存需求和物质生活的利益要求。然而，在墨子所生活的时代，情况恰恰是统治者使众多的劳动人民丧失了起码的衣食之利，以至于饥饿者得不到食物，寒冷者得不到衣服，劳动者得不到休息，墨子认为这是当时人们所面临和遭受到的三种巨大的祸患。因此，他大声疾呼，不遗余力地抨击统治者腐朽堕落、奢华浪费、"厚作敛于百姓"的强盗行径，强烈要求统治者应给人民以衣、食、息的条件，极力主张统治者应节用、节葬。

墨子认为，凡是财物都应尽其功用，不可糟蹋和浪费，每个人都应遵守珍惜财物、尽其所用的原则,而且还要从实际效用出发,用财、用物都应获得实际利益,收效应超过支出;统治者取之于民,还应用之于民、"反中民之利",一切支出都必须考虑到实际效果如何以及对人民是否有利,否则,就是有害的,应加以制止。

综上所述,孔子和墨子可谓中国思想史上两位最富有政治理想、道德良知和民本情怀的思想家,他们重视民生,力主为政爱民,为了变天下无道为天下有道而四处奔走呼告,他们希望消除人世间的攻伐和战争,希望人与人、家与家、国与国能够彼此友善、相互关爱、守望相助、和平共处,努力构建一个和平、安乐、富足、文明的和谐社会与和谐世界。他们的思想犹如精神的灯塔或路标,永远照耀和指引着后来者。

3. 民贵君轻和与民同乐

继孔、墨之后,战国中期儒家学派的著名思想家孟子对于人民在政治上的重要性进行了更为精彩的论述,他将中国古老的"民惟邦本"政治观念和重民爱民保民思想发展到了一个全新的理论高度,人民的重要性被提升到了一个不同寻常的历史高度。我们甚至可以说,"民"的因素始终处于孟子政治思考的中心地位,孟子的政治学即是民本学,孟子的王道仁政思想也就是他的民本思想。

所谓的"王道仁政",具体讲就是,要"以德服人",而不是"以力服人",要"以德行仁",而不是"以力假仁"(《孟子·公孙丑上》),意即要以道德的力量使人心悦诚服,而不是依仗强力使人屈服,要以道德的力量施行仁政,而不是依仗强力假借仁的名义推行霸道;而实行仁政,就是要保障人民的物质生活,尤其要使鳏、寡、孤、独这些属于社会弱势群体的穷苦无依之人优先得到政府的照顾和抚恤，乃至使所有家庭都能够拥有一定数量的赖以为生的固定产业（如百亩之田、五亩之宅等），能够过上不饥不寒、养生丧死都无遗憾的生活，然后还要教导人民孝悌礼义之道。

在孟子看来，像中国历史上的夏、商、周三代，它们之间更替兴亡的最主要原因便在于其统治者是否拥有仁德，有仁德者便能得到天下，无仁德者便会失去天下；一个国家的兴起和衰败、生存和灭亡也是同样的道理。也就是说，统治者是不是拥有仁德或能否实行王道仁政，决定着天下的得失兴亡、国家的存废盛衰。而说到底，那还是因为实行王道仁政可以赢得民心，背离王道仁政则会失去民心。所以孟子说：夏桀和纣王之所以失掉了天下，其根本的原因就在于他们失去了人民的支持，他们失掉了民心的缘故。正因为如此，商汤和周武王才能战胜他们，赢得了天下。因此，正是人民的力量或民心的向背决定着一个王朝或天下国家的盛衰和兴亡。孟子说："得乎丘民而为天子"（《孟子·尽心下》），正所谓"得民心者得天下，失民心者失天下"，这就是孟子教给世人的一个颠扑不破的深刻道理。

从夏、商、周三代兴亡的历史经验教训中，孟子深刻地认识到人民或民心的力量及其重要性，而在现实生活中，孟子更是深切地体会到蕴藏在人民中间的一种反抗暴政的伟大力量，凡是对待人民残酷暴虐的，人民就会起来反抗，推翻他的统治，在人民的反抗中，君主本人会被杀死，国家也会灭亡。孟子常常以此来警告各国的统治者，甚至认为人民对暴政的反抗是合情合理的，所以他才奉劝统治者们最好是实行他的"王道仁政"主张，只有这样，人民才会心悦诚服地支持和拥戴你。

正是基于上述历史的反思和现实的切身感受，孟子发出了一个振聋发聩、震古烁今的呼声："民为贵，社稷次之，君为轻。"（《孟子·

尽心下》）意思是说，在人民、社稷和君主三者当中，人民是最重要的，社稷（土谷）之神还要放在其次的位置，而国君则是分量最轻的。那是因为赢得人民或民心的支持就可以得到整个天下，社稷之神只是守护一方的神灵，而受命于天子的诸侯国君如果危及社稷国家的话则是可以变置改立的。

既然人民或民心是如此的重要，那么，究竟应如何才能赢得人民的支持，成为民心所向呢？

除了"王道仁政"的主张外，孟子还提出了一种更为简洁而明快的赢得民心的办法，他是这样说的："获得天下的方法是：赢得人民的支持，从而获得天下。获得人民支持的方法是：赢得民心，从而获得人民的支持。获得民心的方法是：民心有好恶，人民所喜好和欲求的，就给予他们或替他们聚集起来；人民所讨厌和憎恶的，就不要强加给他们。"事实上，这样一种办法，说到底就是从民心好恶的角度向统治者明确提出了一种顺应民心的政治要求。儒家的经典文献《大学》所说的"民之所好好之，民之所恶恶之"，讲的也是同样的道理。

关于统治者如何才能赢得民心的问题，孟子还提出了另外一种更加有趣且极富独到创见的说法，即如果统治者能够做到"与民同乐"的话，那么，人民自然也会心甘情愿地与他站在一起共同分享快乐。

据说，在魏国的时候，孟子与梁惠王相见，常常谈论和畅想"王道仁政"的政治理想和美好愿景，在与梁惠王的一次交流会谈中，孟子首次提出了"与民偕乐"的重要政治命题。

一天，孟子去见梁惠王，惠王正在宫内花园的池塘边散步，只见麋鹿双双，白鹤翩翩，看着这眼前的美景，惠王感到心旷神怡，于是高兴地问孟子说:"有德的贤人享受着眼前的美景,也同样会感到高兴快乐吧?"

孟子环顾四周,微微一笑,颔首答道:"只有有德的贤人与民偕乐,才能享有眼前这样的美景,而且感到由衷地快乐;而缺乏贤德的人纵使享有眼前这样的美景,他也不会快乐。"(《孟子·梁惠王上》)

上面的话顿时让梁惠王陷入了深思。

后来,孟子离开魏国,来到了齐国。那时,齐国的君主齐宣王正雄心勃勃地一心想着怎么样扩张疆土、威服诸侯、雄霸天下,孟子到齐国后与宣王君臣谈论得最多的就是他那"王道仁政"的政治理想与主张,而且,孟子更是向宣王君臣反复陈述他那"与民同乐"的卓越见解。

一天,齐宣王在他的一个叫作雪宫的离宫别墅中召见孟子。像梁惠王一样,齐宣王也问孟子:"有德的贤人也有这样的快乐吗?"

孟子非常直接而坦诚地回答说:"像这样的快乐,人们得不到,是肯定会埋怨、非议国君的。得不到就埋怨和非议,这当然是不对的;但是,作为一国之君,高高在上,有快乐却不与人民一同享受,这肯定也是不对的。凡是以老百姓的快乐为快乐的,老百姓也会以他的快乐为快乐;凡是以老百姓的忧虑为忧虑的,老百姓也会以他的忧虑为忧虑。能够和全天下的人休戚与共、一同忧乐,然而还是不能称王天下、不能使天下心悦诚服地归服于他的,这是从来没有过的事。"

"乐民之乐者,民亦乐其乐;忧民之忧者,民亦忧其忧。"(《孟子·梁惠王下》)这就是孟子留给后世的千古名言。凡是能够以人民的忧乐为忧乐的,人民自然也会作出积极的回应,快乐着他的快乐,忧愁着他的忧愁!这道理说起来似乎非常简单明了,然而,统治者却并不容易做得到。为什么呢?因为他们手握大权,有着太多的私心和贪欲。

有一次，孟子与齐宣王谈论王道仁政，齐宣王说："你讲得很好！"孟子就问他："既然大王觉得很好，为什么不去实行呢？"

宣王回答说："我有个毛病，我喜好财货。"

孟子便劝说道："这有什么关系呢？过去，周朝的始祖公刘创业的时候，也很喜好财货。《诗经》上说他的粮食特别多，堆满了粮仓；他率领的军队，包裹里装满了干粮。所以，留在家里的人有粮吃，军队的将士们也不会饿肚子，这样他才能率领军队上前线。大王如果真的喜欢财货，并能像公刘那样和老百姓共同享用，那实行王道仁政又有什么困难的呢？"

宣王又回答说："我有个毛病，我喜好美色。"

孟子又劝说道："这有什么关系呢？过去，周朝的太王（古公亶父）也很好色，喜欢他美丽的妃子。根据《诗经》里的记载，古公亶父常常带着自己美丽的妻子姜氏女，一大清早骑着马沿着漆水河来到岐山之下，视察那里的人民的住处和生活。在那个时候，成年的男女都能够正常结婚，过着幸福的家庭生活，既没有找不到丈夫的女子，也没有找不到妻子的男子。大王如果真的好色，并能像古公亶父那样，让老百姓都和自己一样过上幸福的家庭生活，以至于内无怨女、外无旷夫，那实行王道仁政又有什么困难的呢？"（《孟子·梁惠王下》）

由上可知，齐宣王算是中国历史上一位非常坦诚可爱的君主，他并不隐瞒自己的私心和贪欲，相比之下，孟子更是一位富有智慧、循循善诱的思想家，他并没有直接指责宣王说："你好货好色非常不好。"而是委婉而机智地诱导宣王说：喜好什么其实并没有关系，也没有什么不好，国君也是人，岂能没有一点什么喜好？不过，如果能将自己的喜好推广到老百姓的身上,那岂不更好吗?就这样,孟子只是因其所好,但他所希望的是一步一步地将齐宣王引导到实行"王道仁政"并与人民共同分享其成果即"与民同之"的光明正义的大道上来。可以说,在孟子的谈话艺术中,始终贯穿着一种激发人的道德良知而催人上进的道义的力量。

总之,在孟子的心目中,人民或民心在政治生活中的位置是最重要的,民心所向决定着天下的兴亡、国家的治乱。因此,最大的政治问题或政治的根本问题便是如何赢得民心的问题。统治者必须尊重民意,顺应民心,实行王道仁政,乃至与人民同忧共乐,好人民之所好,恶人民之所恶,统治者只有做到了这一点,他才配做"民之父母"而为人君上;统治者只有做到了这一点,民心所归也就会像水向下流和兽向旷野处奔走一样而不可遏止,正所谓"仁者无敌"(《孟子·梁惠王上》),"国君好仁,天下无敌"(《孟子·离娄上》);统治者只有让人民生活安定和富足、感到满意和幸福,他们自己的身家性命才会安全而有保障,乃至统一天下的目标才能得以达成,平治天下的愿望才能得以实现。

4. 立君为民和君舟民水

战国后期儒家学派的另一位著名思想家荀子(名况,赵国人,约公元前298—前238年)对儒家的民本思想作了进一步的理论阐发和深刻论述。

众所周知,在中国人古老而悠久的政治思想传统中,一直流传着这样一种政治神学的观念,那就是人类都是上天所生,上天有好生之德,有爱民之意,而由于人民需要治理,所以上天便为他们确立了一位君主来统治他们,以保障人民过上一种富足而有教养的生活,这体现了上天爱民之意。所以，上天立君绝不是要使君主一人骑在人民头上作威作福而肆意妄为，反之，君主之作为君主，应担负起代天牧民的重大政治责任，而君主尽其对人民的责任实际上也就意味着是在尽他对上天的责任。荀子就持有这样一种观点和看法，所以他说："天之生民，非为君也。天之立君，以为民也。"（《荀子·大略》）

所谓的立君为民，像孔、孟一样，荀子的意思也同样是希望统治者能够实行王道政治，而王道政治的两个基本方面就是富民和教民，正所谓"不富无以养民情，不教无以理民性"（《荀子·大略》），也就是说，富民和教民的目的在于养民情和理民性而使之能够弃恶而向善。具体而言，所谓"王者富民"，就是应保障每家有五亩的宅院和一百亩的耕田，使人民能够安心务其本业，应"轻田野之税"，不要侵夺或违背农时而擅兴力役，统治者自身还应节制用度等，这就是富民之道；在富民的基础上，再从中央到地方兴办各级学校，修明礼教，引导和教育人民识书达礼，这就是教民之道。可见，荀子所谓的富民、教民之道要解决的也是饮食民生和人民的道德教养问题。

除了讲富民和教民之外，像孟子一样，荀子也特别强调统治者应敬畏民力的问题，即人民的反抗性力量可以推翻君主的统治，这一点足可引起统治者的深刻反省和高度警觉，也会让统治者真正懂得民力民心的向背决定着国家治乱、天下兴亡的道理。所以，荀子说，能够得到百姓尽力支持的，国家才会富裕；能够得到百姓以死效命的，国家才会强大；能够得到百姓倾心赞誉的，国家才会尊荣。这三者具备，天下的人心就会归服；这三者失去，天下的人心也就会失掉。天下人心归服，这就叫作"王"；天下人心丧失，这就叫作"亡"。

另外，在荀子看来，如果君民之间的关系用一个最生动形象而富有深刻寓意的说法来表达的话，那就是君和民之间就像舟和水的关系一样，水既可以承载舟，也可以打翻舟，所以，荀子说："君者，舟也；庶人者，水也。水则载舟，水则覆舟。"（《荀子·王制》、《哀公》）这一君舟民水论的提出，是与他立君为民的观念相一致的，且更为深刻而富有创见，它一方面指出了人民是君主统治赖以存在的基础，另一方面又承认人民的力量能够推翻君主的统治。特别是后一方面的认识，其意义更为深远，影响也更为深刻，常常能够激发起统治者居安思危的政治忧患意识，譬如唐太宗君臣常常能引此以为诫，故而才会有"贞观之治"的盛世出现。

综上所述，中国春秋战国时代的政治家和思想家，尤其是儒、墨两家的思想家，他们生活在因战乱而民不聊生的时代环境中，旗帜鲜明地站在人民的立场和观点上，提出了以民为本、顺应民心、尊重民意、民贵君轻、与民同乐、立君为民、君舟民水等一系列深刻的政治思想命题，阐发了重民、爱民、贵民、富民和教民等一系列重要的政治思想主张。这些政治思想观念、命题和主张，可以说既渊源有自，而又影响深远，体现了中国政治文化中优良的道德人文精神和民本政治传统。

◇（四）回声与反响：民本思想的传承与延续

自秦、汉以后，直至清朝末年，在长达两千多年的历史中，中国在政治上一直实行的是官僚君主制，而且，君主专制制度不断得到加强和巩固。然而，人民的安乐、福祉和苦难，始终是压在富有道德良知和政治理想的思想家与政治家肩膀和心灵上的重担，他们矢志不渝地坚守着自己的道德良知和政治责任，持久一贯地认同和坚持着中国民本思想的传统与血脉，从而使中国民本思想的传统得以顽强地传承和延续了下来。

1. 民力可畏与察吏于民

汉初儒家学者贾谊是极力坚持和倡导民本思想的一位杰出思想家，他说："人民是一切政治事务的根本，国家应以民为本，君主应以民为本，官吏应以民为本，这是因为国家的安危取决于人民，君主的荣辱取决于人民，官吏的贵贱取决于人民。人民是一切政治事务的命脉，国家应以人民为命脉，君主应以人民为命脉，官吏应以人民为命脉，这是因为国家的存亡取决于人民，君主的明暗取决于人民，官吏的贤不肖取决于人民。人民是一切政治事务的功业所在，国家应以人民为功业，君主应以人民为功业，官吏应以人民为功业，这是因为国家的兴衰取决于人民，君主的强弱取决于人民，官吏的能不能取决于人民。人民是一切政治事务的力量所在，国家应以人民为力量，君主应以人民为力量，官吏应以人民为力量。"（《新书·大政上》）

贾谊的这段话，可以说已经将民的重要性强调到了无以复加的地位，对于国家、君主和官吏来讲，民是根本，是命脉，是功业，是力量，是"万世之本"，因为民决定着国家的安危、君主的荣辱和官吏的贵贱，决定着国家的存亡、君主的昏明和官吏的贤不肖，决定着国家的兴衰、君主的强弱和官吏的能不能，而且，还是国家、君主和官吏的力量后盾之所在。总而言之，国家、君主和官吏的灾祸与福祉，并非纯粹取决于天时，而又取决于士民的志愿。不仅如此，更为重要的是，民众是一种不可战胜的集体力量，凡是与人民为敌为仇者，或迟或速，人民最终都会战胜他。

不可与民为敌，这是贾谊向统治者发出的劝诫和警告，劝诫与警告的目的便是要统治者能够以民为本，而说到底，所谓的以民为本，不外是要求统治者应该以爱民、富民、安民为其根本政治关怀与职责所在，正所谓"牧民之道，务在安之而已"（《过秦论》）。所以，贾谊特别重申孟子的民本理念，即"忧民之忧者，民必忧其忧；乐民之乐者，民亦乐其乐"（《新书·礼》）。然而，在君主制的政治架构之下，民本思想的实现事实上有赖于君仁臣贤以及官僚制度的良性运作，因此，在这种情形之下，除了君主本人应加强自身道德修养之外，最重要的就是要尊贤使能，使俊杰在位，能够让富有道德修养的仁人君子参政治国。关于如何选拔任用治国理政人才的问题，孟子曾经提出应向国人（居住在国都中的居民）咨询的问题，而贾谊更明确主张要"察吏于民"，他说："民众虽然愚昧和卑贱，但明智的君上选拔官吏，必须使民众参与其事。如果一个人受到士人和民众的称誉，明智的君上考察之后，发现他确实受到民众爱戴和拥护的就加以任用；如果一个人使士人和民众感到痛苦，明智的君上考察之后，发现他确实受到民众指责和抱怨的就将其废黜。这样，君王选拔任用官吏，务必倾听和顺应民众的呼声与意愿，才不会任意妄为而犯错误。因此，民众，是考察、评价和衡量官吏好坏的标准和尺度。"（《新书·大政下》）

总之，在贾谊看来，人民虽然"至贱""至愚"，却是不可怠慢、欺侮的，人民是最值得统治者敬畏的一种伟大力量；人民之为人民，乃是评价和衡量君主及其官吏智愚、功罪、明暗的最为重要的一把政治价值标尺。

2. 民本思想的正统化与官学化

自汉武帝"罢黜百家，独尊儒术"之后，中国历史迈入了尊崇圣人孔子和儒家学说的儒教中国时代，儒家的民本思想也因此而被正统化和官学化，即成为一种正统思想和官方学术性质的政治思想观念。汉代以后，历朝历代的统治者、政治家、思想家和学者不断重申以民为本或民为国本的思想传统。综合他们的相关言论，可以将其观点扼要概述如下。

第一，人民是国家和君主的根基或根本，正所谓"国主之有民也，犹城之有基，木之有根，根深则本固，基美则上宁"（《淮南子·泰族训》）。意思是说，国君之有人民，犹如城墙之有基，树木之有根，根基越深厚国本就越牢固，基础越美善君上就越安宁。正因为如此，治国为政之道，当"以民为本""以民为务"而为之兴利除害（《吕氏春秋·爱类》）。

第二，上天生养人民，不是为了君王，而上天确立君王，是为了人民。因此，君王之德行足以使人民生活安乐的，上天就授予其天命；君王之恶行足以使人民遭受戕贼祸害的，上天就夺去其天命。不仅上天生民而为之立君如此，君主"张官置吏"也是为了人民，这是因为民贵君轻、民为邦本乃古今政治上的"大义正理"。因此，无论是君主，还是官吏，都理应是人民的仆役，应该以实行仁政、为人民服务为天职。

第三，统治者应把人民看作自己的同胞手足，视人民之困苦荼毒，犹如疾痛之切于己身。治国为政务须固本安民，而"安民之本，在于足用"（《淮南子·诠言训》），或者"安民之道，在于足衣食"（宋儒程颐《上仁宗皇帝书》）。换言之，统治者必须上承天命以养民，正所谓"为民立君，所以养之也"，而养民之道，则在于爱惜民力。不管怎样，只有人民过上富足安乐的生活，国家和君主才能稳定安宁。

第四，在现实政治生活中，虽然君主拥有至尊无上的地位和权力,但是从天下为公或民为邦本的政治立场、信念和理想来讲,天下应为人民所共有共享,人民利益和福祉高于一切,而君主不过是代天理民的过客而已。因此,整个天下的治乱问题,并不在于一家一姓王朝政权的兴亡,而在于天下万民的忧乐。

毋庸讳言,在君主专制的时代,上述思想观念无疑是很难在现实政治生活中得到彻底贯彻和全面落实的,而只能部分地得到实现。但我们却不能因此而否认这些思想观念的价值和意义。事实上,翻开历史,我们也会发现在不同历史时期特别是政治清明之际,确曾出现过一些杰出的政治家和地方官吏,甚至个别开明的君主,他们之所以能够勤政爱民,关切民生疾苦,实施了一些有利于改善国计民生的政策和措施,正是受到了上述思想观念的深刻影响。尤其是在地方治理上,一些秉持儒家仁爱观念和民本思想的循良之吏(奉职循理的好官吏),他们特别注重发展地方经济和兴办教育事业,致力于实施一些"为民兴利"、富而教之的良政善举,乃至于"凡有利于民者,为之无不力"(《清史稿·循吏列传》),意即凡是对人民有利的,无不尽心尽力地去做,正因为如此,他们在生前身后都能够赢得地方人民的普遍尊敬和爱戴。这样的循良之吏,可以说是儒家文化教养下的"独特产品"①,在中国历史上,正是他们树立了一种品德和政绩均属优良的官员典范和榜样,树立了一种用以评判官员好坏、善恶、功过和是非的理想标准。清代大诗人郑板桥在其任职山东省潍县县令时曾经写过这样一首诗:"衙斋卧听萧萧竹,疑是民间疾苦声;些小吾曹州县吏,一枝一叶总关情。"这首诗正是对地方循良之吏情系民生之心声的最真切鲜明和生动形象的写照。

---

① [美]余英时:《士与中国文化》,上海人民出版社2003年版,第182页。

◇（五）民本思想的实质与启示

作为一种起源久远的古老思想传统，民本思想一直在不同历史时期、不同社会形态和政治制度下得以持续传衍和流行，这本身便是一件非常值得我们深思的问题。它既然发端于上古原始氏族民主制时代，而且逐渐发展成熟并能够长期流传于君权神授的王权时代、宗法封建制的贵族分权时代、郡县官僚制和中央集权的君主专制时代，那么，作为一种具有普适性的流动理想，它也一定能够在政治民主的当今时代得到更好的实现或更加得到发扬光大。问题的关键在于，我们必须正确地理解和认清民本思想的内涵实质及其政治价值意义。

不可否认，在民本思想中，人民虽然被承认在无法容忍的最终意义上拥有集体反抗暴君统治或政府苛政的正当权利，但总的来讲，人民在政治上只是一种缺乏参政权、处于消极被动地位的政治角色，因此，在历史上，尤其是君主专制的时代，民本思想其实很容易被专制君主工具性地利用来维护其政治统治。正因为如此，民本思想自有其思维方式上的特定缺陷或历史局限性，正如梁启超先生所指出的："我先民极知民意之当尊重。惟民意如何而始能实现，则始终未尝当作一问题以从事研究。故执政若违反民意，除却到恶贯满盈群起革命外，在平时更无相当的制裁之法。此吾国政治思想中之最大缺点也。"[①]

尽管如此，同样难以否认的是，民本思想中其实又确乎包含着极为丰富的政治智慧和政治理性、极为有益的政治理想和政治信念。要

---

① 梁启超：《先秦政治思想史》，东方出版社2012年版，第45页。

而言之，它主要能够给我们带来如下重要启示：天和民可以说代表着中国传统政治思维的两大最为重要的政治价值维度。如果说对天的信仰和对天命的敬畏，催迫着古来中国人立足于从超越人类的视界来审视和思考人间秩序的合理安排和公正治理的问题的话，那么，对民的重视和对民心民意的尊重，则促使着古来中国人必须从民为邦本的立场来审视和思考政治共同体的正确治理之道和权力行使的正当性问题。民本思想中蕴含着一种深刻的共同体理念和政治智慧，民为邦本的命题意味着统治者和人民共同构成了一个休戚与共、痛痒相关、血脉命运密切相连的政治共同体，二者一损俱损，一荣共荣，因此，正确的治国理政之道便必须本着民为邦本的信念而致力于保障和改善民生，统治者必须担负起"执政为民"的政治职责和应尽义务，必须将人民的利益和福祉置于个人和统治集团的利益考虑之上。说到底，从民为邦本的意义上讲，政治的真正目的不是别的，而是人民大众的安乐和福祉，国家存在的正当理由在于它理应是"一项协作性的事业"[①]，而不是单纯依靠刑法政令的强制手段来控制人民的统治机器或暴力机关，政治事务的根本性质就在于做人民的仆役而为人民服务，而不是为个人和统治集团谋取不为人民所享有的特权私利。

正是基于上述对政治事务性质和政治正当性问题的思考和理解，古来中国人论政，主要强调的便是统治者的职责，正如钱穆先生所说："西方人讲政治，一定先要讲'主权'。他们的政治思想，很多是建立在主权观念上。所以西方有神权、王权、民权的分法。到现在便是国家主权在民众。中国讲政治，一向不讨论主权在那里。……中国人讲政治，一向看重在'职责'。只论政府该做些什么事？它的责

[①] ［美］顾立雅：《孔子与中国之道》，高专诚译，大象出版社2000年版，第179页。

任该是些什么？它尽了职没有？而并不讲主权在那里。……这是双方政治思想上一绝大的歧异。"① 不过，为了人民的安乐和福祉，为了更好地践行和实现民为邦本的政治价值信念，中国人民是乐于将"人民主权"或"治权在民"的政治价值原则和理想信念借鉴、吸收进自己的思想观念和政治智慧当中去的。因为，无论民为邦本，还是治权在民，它们所强调和遵循的政治共同体的根本价值信念都是合作而不是冲突，是相互协作而不是相互对立，是人民本位而不是特权至上。

总之，人民是国家的根本，对古来中国人来讲，这可以说是一条政治上的不朽信条。"民惟邦本，本固邦宁"，这也是一条被历史经验所反复证实了的千古真理。民本思想无疑留下了一份值得我们加以珍视的强调"负责制政府"的重要精神遗产，它内含着极为丰富的政治智慧和高度成熟的政治理性精神，它强调人民是政治的真正目的，要求统治者必须承担起理应担当的政治职责，必须对于人民的真正意愿和民生需求作出积极而负责任的回应，并承认人民拥有评判政府好坏和反抗暴政的最终的正当权利。民为邦本，让人民富足、安乐和幸福，懂得文明礼义，富有道德教养，这一民本思想的政治价值信念和目的理想，在历史上不断激励和鼓舞着人们追求实现由人民共有、共享的公共性、协作性的事业目标的政治热忱，它在今天同样可以激励和鼓舞我们追求中华民族伟大复兴这个伟大中国梦想的政治热忱。

---

① 钱穆：《中国历代政治得失》（新校本），九州出版社 2012 年版，第 139 页。

三

道法自然，无为而治

——中国人的自然观念与无为政治理念

大凡认真参观和细心游览过北京故宫的游客，都会对后三大殿之一的交泰殿印象深刻，一方面固然因为建筑规制严整、宏伟瑰丽；另一方面则因为殿内的匾额上只书写了"无为"二字，与乾清宫"正大光明"匾额、坤宁宫"日升月恒"匾额形成了鲜明对比，两厢煊赫繁华之间透着一股恬淡坦然的味道。宫殿匾额上的文字，无疑宣示了一个国家的治国理念和价值取向。"无为"二字能出现在紫禁城的主殿之中，显然正体现了清王朝对这一治国理念的看重。有清一朝帝制结束至今不过百余年，而"无为"的治国理念却可上溯数千年。在纷乱的春秋战国时期就已形成一种成熟的道家思想形态，而其滥觞则甚至可以远溯至圣王尧、舜、禹统治的中国远古先民时期，在中国古人的历史记忆中，在那时的治国理政方式中也能发现无为而治这一政治理念的因子。因此，可以说"无为"实是中华政治文明体系中发萌最古老、传流最悠久、影响最深远的理念之一。

◇（一）"浑沌"之死

《庄子·应帝王》篇中讲过一个发人深省的有关"浑沌"之死的寓言故事。故事是这样的：

南海的帝王叫儵，北海的帝王叫忽，中央的帝王叫浑沌。

儵和忽常常到浑沌那里去相聚会晤，浑沌待他们很好。

儵和忽想着怎么报答浑沌的恩德美意，商量说："每个人都有双耳、双目、一口、两鼻孔这七窍，用来看、听、饮食和呼吸，惟独浑沌没有，我们试着替他凿开吧。"

于是，儵和忽每天给浑沌凿开一窍，凿了七天之后浑沌就死了。

那么，这个故事究竟想告诉人们一个什么道理呢？

按照历代注疏家的解释，古语有"儵忽往来"的说法，儵（倏）与忽皆为迅疾神速之义，名之为儵、忽即取其敏捷有为的意思，此与"浑沌"正好相反。而所谓"浑沌"，意指纯朴自然。整个故事讲的就是"儵忽"的有为最终凿伤、破坏了"浑沌"的纯朴自然。

这个寓言故事，可以说非常形象而生动地表达了道家有关天人关系的独特观念及其自然无为的思想理念。对此，我们不妨把它放到自古以来中国人天人关系的思想发展脉络中来加以认识和理解。

◇（二）天人关系思想的萌发

黄仁宇先生在《中国大历史》一书中指出："易于耕种的纤细黄

土、能带来丰沛雨量的季候风,和时而润泽大地、时而泛滥成灾的黄河,是影响中国命运的三大因素。"[1] 中国远古先民在这片土地上繁衍生息,在踏入文明社会的前夜,一方面因为黄土纤细、黄河滋润,利用原始的农耕工具推动了农业的发展;另一方面则因为河水泛滥,非人力所能控制,而饱受洪患之苦。如何更多获得作物,更少受到洪水侵害,是先民们苦苦追求的生存目标。

《史记·五帝本纪》记载,帝尧时期"肇十有二州,决川","汤汤洪水滔天,浩浩怀山襄陵"。当时,泛滥的洪水淹没州土,包围山陵,帝尧听取群臣建议,任用大禹的父亲鲧来治理洪水,然而,鲧用了长达九年的时间也没有取得成功。鲧究竟是怎样治理洪水的呢?《山海经》中记载,"鲧窃帝之息壤以堙洪水",他用一种扔到水里能自己生长的神土试图挡住洪水,结果愈堵洪水的危害愈大。舜在请示帝尧之后,在羽山这个地方诛杀(一说流放)了鲧。鲧死后三年,尸体不腐,火神祝融用刀剖开他的尸身后,大禹从中诞生,并继续完成其父未竟的事业。

大禹治水走的是另外一条路子,他带领着伯益、后稷等一批助手,带着准绳规矩,走遍中原大地的山山水水,实地考察了解地理情况、水文形势。最后,大禹决定不再像他父亲那样想着怎么堵住洪水,而是通过测量地形高低,树立标杆,规划洪水泄流的水道,逢山开山、遇洼筑堤,经过十多年的艰苦奋斗,三过家门而不入,终于将洪水导入大海,得到百姓的认可,也赢得帝舜的青睐,后来帝舜便把天子之位禅让给了禹。故宫有一座玉山,号称全国最大,刻画的就是大禹建立的不世之功。

---

[1] [美]黄仁宇:《中国大历史》,生活·读书·新知三联书店2013年版,第26页。

上面大禹治水的故事尽管带有神话传说的色彩，但却说明了一个重要道理，就是人类必须顺应而不是违背自然规律来治理和营造自己的生存生活环境。

另据《史记·五帝本纪》中记载，尧帝除了任命大禹治水之外，还"命羲、和，敬顺昊天，法述日月星辰，敬授民时"，即授命羲、和观察天地日月星辰的运行，依照天时来安排百姓的生活和劳作。像这样的记载还有很多，尽管三皇五帝时代还是一片蒙昧洪荒，其事迹也端赖于口耳相传，但这样的传说多多少少反映了遥远时代先民的生活影像。

到了商朝，人们对自然有了更多的了解，并希望能够通过巫术的方式来事先预知和掌握自然现象的发生。很多殷商时期的甲骨文对天气现象的记载非常完整细致，包括降水、大风、云雾等天气状况。据一片甲骨记载：某天，商王准备打猎，于是进行了占卜预测，说上午无雨，商王就出发了，结果下午遇上了大雨。有的甲骨还记录了人工干预天气的例子——求雨，希望通过自己的虔诚能够感动上帝，调整天气降雨。尽管大多数时候都不怎么灵验，但从侧面反映了当时的人们已经模糊地认识到人的活动和自然之间的紧密关系。

降至周朝，人们对人与自然关系的认识越来越深刻，也遗留下了有关这方面更多的文献记载和文明痕迹。那时候，人们已经能通过自然现象预判后续发生的结果。比如《诗经·小雅·信南山》有句诗说"上天同云，雨雪雰雰"，意思是如果天上的云彩是红彤彤的，那就意味着要下雨或下雪。《诗经·邶风·谷风》则说"习习谷风，以阴以雨"，这是说和顺的东风往往能带来降雨。更重要的是，在这个时期，人们开始把自然现象和统治者的施政行为联系起来。《诗经·小雅·十月之交》说："烨烨震电，不宁不令。百川沸腾，山冢崒崩。高岸为谷，深谷为陵。哀矜之人，胡憯莫惩。"讲的是天上出现道道闪电，一丝也不停歇。河流水位暴涨，山丘崩塌。崖岸塌陷成为深谷，深谷隆起成为丘陵。可叹统治者还不知道施行善政，制止这些灾祸。《诗经·小雅·蓼萧》说："蓼彼萧斯，零露泥泥。既见君子，孔燕岂弟。宜兄宜弟，令德寿岂。"这是用艾蒿上的点点露珠来形容天下万民都受到周天子的恩泽。可见，当时的人们把风调雨顺看作上天对统治者施政得当的奖赏，反之，风雨不时则是对统治者行为失当的惩罚。

正是随着人们对自然的了解越来越深刻，逐渐形成了顺应自然、遵从规律的观念意识，并将这种观念意识积极地引入到国家治理中来。通过强调自然（上天或上帝）的无上权威，来对统治者的行为进行制约；通过解读各种自然现象在政治上的投射影像，来引导统治者的施政行为，力图降低暴政出现的可能，减轻百姓肩上的负担，在虚无缥缈处另外塑造一个新的权威，给人以依赖和希望。这种意识从萌发到现在一直绵延不断，对中国政治文化产生了深刻的影响。

◇（三）时代的变乱与自然无为思想的演生发展

当历史的车轮行进到公元前 1046 年时，殷商西伯侯姬昌的次子姬发正带领大军自陕西岐山东进殷商王朝都城朝歌。二月，大军在牧野列阵，商朝国君帝辛率军拒敌，尽管帝辛力大无比可以托梁换柱、倒曳九牛，但在士兵哗变倒戈之际只能仓皇逃上鹿台，身披珠玉自焚而亡。至此，姬发祷告上天，建立周朝。

当时，周朝周边还有犬戎、密须、耆国等部族，尚未完全平定。为了巩固统治，周朝采取了封建制度——周王分封自己的叔伯兄弟和王公大臣到各地，建立大大小小的诸侯国。其中，最有名的姜尚被封到营丘称齐国，兄弟周公旦被封到曲阜称鲁国。周王在各地封邦建国，诸侯王在自己的封国内再分封卿大夫。这样从上至下形成了一套完整的封建体系。在这个体系中，最高的是周天子，下面依次是诸侯王、卿大夫、士，等级鲜明。为了维护这样的等级体系，周朝统治者构建了一套具体详尽的行为规范和制度规则，称为礼制。简单地讲，就是什么等级的人能做什么样的事，和怎么来做的规则，一个人的所作所为和行事方式必须与其身份地位相符。比如，祭祀时候的鼎簋数量规定是，天子用九鼎八簋、诸侯用七鼎六簋等，依此类推，下一等级的人不得僭越使用上一等级人用的器物数量；另如，贵族享用的乐舞规定是，天子用的乐舞是八行八列，诸侯用的乐舞是六行六列，依此类推，下一等级的人不得僭越使用上一等级人用的乐舞数量。诸如此类的规定事无巨细，每个人都要严格遵守，不得稍有逾制，否则就是违反礼制，将受到惩罚，甚至会大祸临头。

在西周王朝的中前期，周天子对诸侯的控制还算有效，诸侯们觐见朝拜有条不紊。但是，随着诸侯国实力的增长，一些不太安分的诸侯开始做起以前想都不敢想的梦来，有意无意地破坏原来的礼制规定。及至东周，僭越礼制的现象越来越普遍，大家把周天子的权威和命令越来越不当回事。周定王元年（公元前606年），楚庄王领兵讨伐陆浑一带的允戎后，率领大军在国都洛阳城边列阵，狂妄地询问前来劳军的天子代表王孙满说："大禹铸造的九鼎是世上的重器，陈列在洛阳，九鼎究竟有多大有多重？"王孙满回答："治理国家靠的是德行，而不是占有这些大鼎。""问鼎中原"的成语典故就是从这个故事来的。据说，因为大禹治水成功后，铸造了九个大鼎用来作为国家的象征，也是天子尊严、权威的象征，臣子是不得过问相关信息的。

而这时候，楚庄王依仗武力，直接询问大鼎的规制，显然不把周王室放在眼里。既然当时的诸侯已不把周天子放在眼里，下面的卿大夫又何尝能够安分守己呢？于是，贵族之间内讧不断，晋国被赵、魏、韩三家瓜分，齐国被田姓家臣篡位，中国历史也就从春秋时代进入了战国时代。

三家分晋和田氏代齐标志着更加混乱、更加无序的战国时代的到来，这是一个天下变乱无道的时代。在这一时期，诸侯国之间战争频仍，百姓生活困顿不堪。面对世事危局，诸子各家学说勃然兴起，力图向诸侯国的统治者提供行之有效的治理措施，冀望能恢复秩序，实现社会稳定。中华文明谱系中思想最活跃、最原创的时代到来了。在这个时代，有主张兼爱非攻的墨家墨子，有主张严刑峻法的法家商鞅（卫国人，生年不详，卒于公元前338年）和韩非（韩国人，约公元前280—前233年），有主张积极入世、周游列国的儒家孔子和孟子，也有主张超凡脱俗、出世无为的道家老子（姓李名耳，字老聃，楚国苦县人，生卒年不详）和庄子（名周，宋国人，约公元前369—前286年）。

1. 老子的道法自然与无为而治思想

老子，是春秋晚期比孔子年岁稍早的一位著名思想家，道家学派的创始人。但其事迹湮没难考，现在人们熟知的不外乎他与孔子论礼和骑青牛西出函谷关的故事，并在他隐居之前留下了《道德经》这部五千余言的经典名著。据《史记》记载，老子是楚国苦县厉乡曲仁里人，曾经为东周的守藏史。老子的思想主张，主要见于《道德经》一书，该书又名《老子》。

（1）道法自然

"道"是老子思想体系中最高的范畴，是老子用来解释宇宙运行变化和万物生成之自然过程的最重要的一个哲学概念。老子曰："有物混成，先天地生。寂兮寥兮，独立而不改，周行而不殆，可以为天下母。吾不知其名，字之曰道，强为之名曰大。"（《老子·第25章》）也就是说，"道"在天地混沌的时候就已经存在了，它独立地存在，自我运行从不停歇，是天地万物的本源。老子所谓的道，也可以说是天地万物之所以生成的总原理，诚如冯友兰先生所说：老子"以为天地万物之生，必有其所以生之总原理，此总原理名之曰道"[①]。

不过，关于"道"，老子似乎并不十分关注它是什么的问题，而注重的是"道"的运行原则和作用方式，故曰："反者道之动，弱者道之用。"（《老子·第40章》）意即道的运行特点总是遵循物极必反、周而复始和返本复初的法则与规律，天下的事物也是在相反对立、相互依存、相互转化关系中存在和发生变化的，事物总是要返道归朴、回归道的最初的朴素状态。而柔弱胜刚强则是道的作用方式，柔弱的事物是最具有生命力的，就像水一样，水滴可以穿石，故老子说："天下莫柔弱于水，而攻坚强者莫之能胜。"（《老子·第78章》）

总之，在老子看来，道化生天地万物是自然而然的一种过程和方式，所谓"自然"，就是指没有任何人为因素参与其中的"自己如此"的意思。人类最理想的生存方式也就是符合自然之道的生存方式，人世间的各种祸患乱象乃是由人类自身有意作为造成的，所以老子说："人法地，地法天，天法道，道法自然。"（《老子·第25章》）人类应该学习效法自然之道，尽量减少造作妄为的人为因素，只有顺乎自然，人类才能更好地维持自己的生存。

[①] 冯友兰：《中国哲学史》，华东师范大学出版社2002年版，第135页。

(2) 无为而治

将"道法自然"的理念落实到治国理政上,老子提出的一个重要原则和政治思想主张就是清静无为或无为而治。老子说:"圣人处无为之事,行不言之教。"(《老子·第2章》)治国的圣人是"道"在人世间的体现、代表或化身,他们的突出特点就是能够领悟、顺应自然之"道"的要求,并将之运用到治国理政上,"辅万物之自然而不敢为"(《老子·第64章》)。

那么,究竟什么是清静无为或无为而治呢?老子有一个非常形象生动的说法,就是"治大国若烹小鲜"(《老子·第60章》),意思是治理国家就如同烹饪美味的小鱼一样,要把握好火候,不要胡乱翻动。在老子看来,个人的贪婪私欲是社会混乱、政治败坏的主要原因,相互争夺、贪图享乐是暴虐苛政兴起的根由,所以要消除为政者的私欲、使之复归于无欲无为的状态,这样才能天下大治。

老子认为,国家要想达到和实现"无为而治"的状态,还需要靠统治者和普通民众两方面共同的努力。一方面,无为而治要求统治者不要妄为,必须尽量减少有为的活动,也就是要"去甚、去奢、去泰"(《老子·第29章》),即遵循常道,顺乎自然,摒弃极端、夸奢、过度的行为。另外,应尽量不要兴师用兵,老子说:"以道佐人主者,不以兵强天下","师之所处,荆棘生焉,大军过后,必有凶年"(《老子·第30章》)。人主治理天下要遵从道的要求,不要以兵力逞强横行天下,一旦兴师用兵、发动战争,必然会破坏庄稼生长,导致荆棘丛生,发生凶年饥荒。老子还主张,统治者应实行轻徭薄赋,因为百姓的疾苦根源于赋税负担的沉重。在老子看来,统治者如果穿戴华丽、配饰精致、食物鲜美、财产富足,但是老百姓却生活艰难、田地荒芜、粮仓空虚,那么这样的统治者也就和强盗头子没什么差别。最后，无为而治还要求统治者应轻刑慎罚，正所谓"法令滋彰，盗贼多有"（《老子·第59章》），刑罚越多，产生的盗贼越多，法令繁多、禁网繁密只会导致与所期望的治理效果背道而驰。

另一方面，对于百姓而言，最好也要过一种符合自然之道而无知无欲的生活。那么，怎样才能做到这一点呢？老子主张，首先，统治者如果不崇尚贤能的话，就可以使人民不再相互争斗，这是因为"上之所好，下必甚焉"。比如，楚灵王在位之时，喜欢人们有纤细的腰身，朝中大臣投其所好，每天只吃一顿饭，勒紧腰带，展示自己纤细的身材，好多人脸色因此变得枯黄黑瘦。统治者的言行举止会成为臣民百姓效仿追随的对象。统治者崇尚贤能会引发百姓对声名的追求，大家都想加官晋爵，这与"道"的清静无为大相违背。其次，统治者如果不看重难以得到的物质财富的话，就可以使人民不去抢劫盗窃。对于身外之物，人们不应过分注重和追求。应该毁掉一切巧利之器，这样人民就不会因为争夺这些东西而去偷盗抢夺。最后，统治者如果不炫耀那些刺激人们欲望的东西，就可以使人民的心思不受扰乱。老子说："五色令人目盲；五音令人耳聋；五味令人口爽；驰骋畋猎，令人心发狂；难得之货，令人行妨。"（《老子·第12章》）五光十色令人眼花缭乱，音乐繁多使人耳朵发聋，美味太多使人失去味觉，骑马打猎使人心灵狂放，稀有之物使人行为败坏。绚烂的色彩、曼妙的音乐、佳肴美食、打猎行乐，这些只会让人与"道"越来越远，感知不到"道"的存在，因此，上述种种都要摒除弃绝。

正是从上述两方面着手，老子描绘了自己心中的理想国：这个国家规模很小、人口很少，人们尽管有各种便利的器具也不怎么使用，大家安土重迁，轻易不出远门，即使有车船也很少乘坐，有兵器也不轻易使用。人们结绳记事，对于自己粗淡的衣服食物、简陋的居住条件和淳朴的风俗习惯,感到恬淡安适、愉悦满足。国与国之间可以相互听见鸡鸣犬吠的声音,但是民众各安其居,很少往来。老子的这一小国寡民的社会理想,成为后世中国人所向往的世外桃源的模型。

(3) 处世之道

老子生活在一个混乱的年代,诸侯国间征伐不止,混战不歇,到处充斥着暴力、诈术。面对这样的现实,他阐述了另外一种为人处世的哲学。他认为,当时的世道是与"道"的要求相悖的,要复归于"道"就要与当时的时代反向而行。按照萧公权先生在《中国政治思想史》一书中的总结,老子的处世之道共包含五方面内容[①]:

一是濡弱。当时的社会崇尚强力,民众争强好胜会引发争斗,反而于人性命的保全无益。老子指出,天下最柔弱的莫过于水,而水能冲走一切坚强的东西;冬季寒风凛冽,挺直的杨树、松树更容易为劲风所吹折,相反,柔弱的柳树尽管随风起舞,但却不易折断,这些都是柔弱胜于刚强的例证。

二是谦下。江海所以能成为溪谷的归往之处,就在于它处在溪谷的下游,同样的道理,如果将谦下用之于政事,便可以安内和外,稳操必胜之券。

三是宽容。老子讲"圣人无常心,以百姓心为心。善者吾善之,不善者吾亦善之。信者吾信之,不信者吾亦信之"(《老子·第49章》)。对所有人都有一颗包容之心,才能成为圣贤之人。

四是知足。在对待和处理事物的量的方式上,老子提出了两条重要原则:一是不盈,一是去余。老子希望人们能够认识到天道循环、福祸相依转化的道理,当事物发展到达顶峰的时候往往就是要走下坡

---

① 萧公权:《中国政治思想史》,新星出版社2005年版,第111—114页。

路的开始，所以为了更好地维持自身的生存，应尽量保持不满，去除多余的状态，"大成若缺，其用不弊。大盈若冲，其用不穷"（《老子·第45章》）。

五是见微。老子讲"图难于其易，为大于其细；天下难事必作于易，天下大事必作于细"（《老子·第63章》），"合抱之木，生于毫末；九层之台，起于累土；千里之行，始于足下"（《老子·第64章》）。就是说，要处理难事须从容易的时候开始，要成就大事须从细小的事情着手。合抱粗的大树从一粒小种子开始长起；九层高的筑台从一小堆土开始垒砌；千里之远的路程从脚下开始，只要注重一点一滴的积累，天长日久就会产生巨大的成就。老子的这些教诲，可以说充满了人生的大智慧，体现了深刻的辩证思维。

综上可见，老子所谓的无为，并非指一种纯粹消极观望的态度，而主要是一种迂回式的行为方式、政治方略和处世智慧，他希望通过"无为"的方式而达到"无不为"的治理效果，或者实现以"柔弱胜刚强"的人生目的，充分体现了一种深邃玄妙、"大智若愚"的道家智慧。

2. 庄子天人合一的自然主义思想

庄子，是战国时期著名的隐士，道家杰出的思想家。庄子给后世留下了一部重要经典著作《庄子》，其中不仅讲述了无数蕴含深刻哲理的寓言故事，如螳螂捕蝉、黄雀在后，螳臂挡车，东施效颦，朝三暮四等，而且还有像《逍遥游》那样精彩绝伦、言辞瑰丽、汪洋恣肆而极富想象力的文学篇章，更为我们留下了一份击缶而歌、梦为蝴蝶、旷达超脱的自由精神的重要遗产。

（1）人性自然

对于人的本性，东西方的思想家都进行过深入讨论，庄子对人的本性也进行了富有独特意义的思考和探讨。

在庄子看来,所谓人性就是人自然生就的本质本能,从基本生存需要的角度讲,其实人性的需要是很简单的,就像"鹪鹩巢林,不过一枝;偃鼠饮河,不过满腹"(《庄子·逍遥游》),鹪鹩鸟在树上栖息所占也就一根树枝,鼹鼠喝水也就是装满肚皮。

他说:"人之生,气之聚也。聚则为生,散则为死。"(《庄子·知北游》)人完全是一种由气聚气散而生而死的自然产物,生是"天行",死是"物化",人的生老病死、传承繁衍都是自然而然的一个过程,是合乎自然之道、顺理成章的事情。因此,人们对于生死无须以喜生恶死的态度看待,一切顺其自然就好。人们不必喜生恶死,也正像庄周梦蝴蝶一样,庄周在梦中变成了蝴蝶,既然自己与蝴蝶在梦中已化为一体,便无须分辨是庄周做梦变成了蝴蝶,还是蝴蝶做梦变成了庄周。人们在世间生生死死,气聚而生,气散而死,如同春夏秋冬的变化一样自然而然,在领悟了这一人生的道理之后,庄子才会在妻子去世时,击缶而歌,而不再忧戚悲伤。

在庄子看来,人类和其他动物一样不过是众多生命形态之一,他们对于居处、食物和美色等的感知和偏好是截然不同的,这种不同并不存在性质上的正确和错误,只有适宜和不适宜,亦即是否合乎各自的自然本性的问题。依庄子之见,人类面对自然界中的众多生物,必须学会尊重差异,包容多样性,不能把自己的仪则或是非标准看作衡量和规约其他生物生存正当性的绝对正确的单一尺度,而是应努力恢复人类简单淳朴的自然本性、反归万物一体的生存状态,乃至回归自然而与万物同群族居、和谐共生。[①]

[①] 林存光:《政治的境界——中国古典政治哲学研究》,中国政法大学出版社2014年版,第266页。

(2) 摆脱束缚

既然人性的真谛是自然,那么对于现实生活中的一切非自然的约束就要完全摒弃,达到纯自然的生活状态。庄子将老子对人类文明历史进程的批评和反思大大推进和深化了一步,具体体现在以下几方面。

一是对人类心智和知识的批判。庄子认为,人们在原始状态下没有心机、没有知识,彼此都过着无忧无虑的和平生活。但自从黄帝、尧、舜等圣王出现之后,他们有意识的治理和作为导致了"举贤则民相轧,任知则民相盗"(《庄子·庚桑楚》),搅动了人心、挑起了情欲,使人们开始争名夺利,从而破坏了自然的秩序、扰乱了人们的心性。

二是对名利权势的批判。庄子认为,对名利的渴求与人的自然本性是相违背的。他把名利归纳为四个方面、二十四种表现,简称为"四六",即"贵、富、显、严、名、利,六者勃志也;容、动、色、理、气、意,六者谬心也;恶、欲、喜、怒、哀、乐,六者累德也;去、就、取、与、知、能,六者塞道也"(《庄子·庚桑楚》)。意思是,尊贵、富有、显耀、威严、声名、利禄,这六者扰乱人的意志;容貌、行动、美色、辞理、气调、情意,这六者束缚人的心灵;厌恶、欲求、欢喜、愤怒、哀伤、欢乐,这六者牵累人的道德;离别、靠拢、汲取、施与、智虑、技能,这六者堵塞大道。上述这些观念不除,人性就不能回归正道。

据说,庄子在濮水边上钓鱼,楚王曾命两位大夫去请他到楚国做国相,希望庄子能帮他治国理政。庄子拿着鱼竿看都不看他们一眼说:"我听说楚国有只神龟,死的时候已经三千岁了,楚王用锦缎把它包好供奉在庙堂之上。我问你们,神龟是愿意为了尊贵而死去,还是愿意在烂泥中爬行而生?"大夫答:"宁愿在烂泥中爬。"庄子说:"你们快回去吧,我就是宁愿在烂泥里爬行,不愿为了这些名利所累,损害了自己的本性。"(《庄子·秋水》)

三是对儒家、墨家是非争论的批判。儒家学派极力主张孝悌厚葬、宣传礼乐教化之道,而墨家学派则大力倡导兼爱薄葬、反对儒家的礼乐之教。两派号称是战国时代最有影响的两大"显学",但在庄子看来,不管这两大学派的具体主张如何,都是喜欢与自己意见一致的人而排斥与自己意见不同的人,都只是依据自己的成心偏见而各执一词、争论不已。庄子认为二者间的论战是毫无意义的是是非非的争吵。这种争吵只会遮蔽和破坏自然之道的天然本性。人们只要顺应万物自然的变化或因循自然均衡的道理,自然就不会再拘泥于儒家、墨家的是非争论了。

四是对忠孝仁义的批判。先秦诸家学派中数儒家对人伦关系最为注重,并形成了一套忠孝仁义的理论体系和实践准则,而庄子从自然本性的角度对忠孝仁义进行了严厉的批评。他说:"夫孝悌仁义,忠信贞廉,此皆自勉以役其德也,不足多也。""夫仁义憯然乃愤吾心,乱莫大焉。"(《庄子·天运》)在庄子看来,孝悌仁义、忠信贞廉这些儒家、墨家等学派提倡的伦理道德,只会对人淳朴本真的自然德性造成破坏和损害。对这些道德观念的推崇,既会引发群体之间阶层的划分,人为形成上下、长幼、君臣的分际,又会引导人们对道德名望的追逐和争夺,进而对人淳朴的自然本性产生伤害。

五是对贤圣帝王的批判。庄子认为,以黄帝统治天下为起点,开始用仁义来扰乱人的心性。到了尧舜,他们为了仁义、法度劳神苦思、殚精竭虑,但还是没有治理好天下,尧帝放逐讙兜、三苗、共工就是没有治理好天下的证明。到了夏商周三代,统治者从更多方面惊扰人民，上有夏桀、下有盗跖，治理措施越多，不安分的现象也就越多，所以一般人都认为圣贤之人有利于天下，其实不知道他们正是天下的大害。在庄子看来，正是这些逐物好知、标榜仁义、矫饰礼乐、刻意造作的古来贤圣帝王们，才是戕害人性、惑乱民心的真正的罪魁祸首。

（3）至德之世

庄子认为，人应该从社会关系的束缚中解脱出来，最主要的方法就是顺从自然。他明确地将天与人加以区分，"天"指的是天地万物的自然特性和变化过程，"人"指的是人为的作用或人有意识的主观能动性。比如，牛马自然天生而长有四条腿，这就叫作"天"；而人类为了驾驭控制牛马，便人为地给马套上辔头、用绳子穿上牛鼻子，这就叫作"人"。人为是对天然的一种破坏，必然会对自然之物造成伤害，譬如，"凫胫虽短，续之则忧；鹤胫虽长，断之则悲"（《庄子·骈拇》），野鸭和仙鹤有其自然本性，人为地加以改变只会造成伤害。

在庄子看来，"天在内，人在外"，"天人之行本乎天"，人不能对天有任何的违逆，因为"天而不人"，"物不胜天久矣"（《庄子·大宗师》），事物的变化不能超越天道。从治国理政的角度讲，顺应自然、"天而不人"就要求统治者顺乎民情。治理民众如同种植庄稼，需要顺其本性而仔细耕耘，否则只能带来报复。同时，像老子一样，庄子也主张君主应无为而治，并认为只有没有权力欲望的人，才可以将天下委托给他治理，争权夺利的人是不配做帝王的。正所谓"唯无以天下为者，可以托天下也"（《庄子·让王》）。

另外，庄子也着意刻画、描绘了他心目中的理想国，他名之为"至德之世""至治之世"或"无何有之乡"。在这个理想国中，山中没有路径隧道、河上没有舟船桥梁，鸟兽成群和人们混居在一起，没有君子小人之分，大家都朴素同一，逍遥自在地生活于自然之中。人们完全回归、融入大自然当中，只是顺"性之自为"即依循自己的自然本性而生活，或是基于常性同德的天然流露而过着一种与万物和谐共处、融为一体的生活，这是一种完全融合了天人之分际、化解了人际之隔膜、泯除了物我之封域的天人合一、万物一体的理想生活状态。

老子和庄子在混乱的时代中所提出的道法自然、顺应自然、无为而治等思想主张，以及所描绘的小国寡民、至德之世这样的理想国，在当时的时代环境下，并没有实现的可能，因为在列国纷争的残酷竞争环境下如何靠实力维护自身的生存才是统治者首先考虑的大事。但是，他们的道法自然和无为而治的思想主张，不仅为统治者提供了不同于其他各家积极有为的治国理政方略的另外一种选择方案，而且更为人们反思人类的贪婪欲望、反抗强权暴政及其对人民生活的僭妄干预提供了一种强有力的思想武器，为老百姓追求自然淳朴、和谐安乐、自由自在的生活状态提供了一种至美至好的理想愿景。

3. 自然无为思想的发展演化与日趋成熟

老、庄是道家思想的宗师，而继老、庄之后，道家的自然无为思想不断发展演化，像儒家和墨家学派一样，其内部也发生了一些思想分化，存在一定的认识差异，逐渐形成了各种不同的思想派别。他们有的仍然坚持消极无为的思想主张，像庄子那样将天（自然）与人（人为）完全对立起来；有的则积极主治，采取法天顺人的态度和立场，主张将清静无为的策略运用于国家的治理，并认为天与人、自然之道与人类创制的仁、义、礼、法等行为规范和社会制度并不是完全对立的，而是一脉相承和相辅相成的。道家当中对国家治理抱持最积极参与态度和立场的就是黄老学派，他们不仅推崇老子，也尊奉上古帝王黄帝为自己的祖师，而且，他们主张君主无为，但臣下应该有为。

无为的观念也并非道家所独有，譬如孔子和其他儒家学者也认为他们心目中理想的圣王舜就是一位奉行无为而治的理念来治国理政的典范，当然，儒家所谓的无为不同于老庄道家所谓的无为。在儒家眼中，舜的身上体现了许多儒家推崇的美德，比如他是一个儒家意义上的典型的孝子，而孔子之所以称赞他说："无为而治者，其舜也与！"（《论语·卫灵公》）主要是因为舜能够任贤使能以治理天下，而不是垄断权力独断专行。比较而言，老庄虽然对于统治者的权力专断意志抱持更加深切的批判和质疑的态度，但是他们却明确反对"尚贤"。所以儒道所谓的"无为"在内涵上是有很大差异的。

另外，法家深受老子自然无为思想的影响，但他们主要把"无为"发展改造成了一种君主驾驭臣下的权术。法家所倡导的君主驭臣之术，大多属于阴谋诡计一类，但也有一些值得肯定的方面，譬如，法家所讲的君主无为之术，其中一个内容就是要求君主不要去做臣下应该做的具体行政事务，君主应该善于选人用人，而且，选人用人不能根据个人的偏好喜恶，应依据客观、公正的能力标准，来考量、选拔适合的人才担任相应的官职。战国中期法家一位著名思想家慎到（赵国人，生卒年不详，大约与孟子同时）把这叫作"君无事而臣有事"之术，即具体的工作应该在"事断于法"的原则下，尽量交给大臣去做，君主只要驾驭好这些大臣，让他们各司其职即可。

"无为"的观念在汉代亦得到了进一步的发展并与"有为"的观念相互结合而日趋成熟。如所周知，在历经战国诸侯纷争、秦朝暴政和楚汉之争的战乱之苦后，汉初统治者试行黄老"无为政治"既造就了与民休息、使汉家渐趋稳定而繁荣的"文景之治",同时也带来了潜滋暗长而难以化解的种种政治危机。在这一历史过程中,汉初儒家代表人物陆贾明确提出了一种儒家意义上的即无为而有为或寓有为于无为的治道理念,所谓"无为也乃有为也"(《新语·无为》),而他之所以格外强调"道莫大于无为",其根本目的就是要极力反对并敦促汉初统治者能够矫正"举措太众、刑罚太极"的秦朝暴政,推崇和奉行儒家以道德之化、仁义之治为本的政术治道为"至德要道"。继之而起的另一位汉初儒家代表人物贾谊,既极力批评秦朝暴政的苛酷而又深刻反思汉初无为政治(其利在"与民休息"而致国富民殷,下节详述之)一味地消极不作为以致终流于放任不治的弊端,力倡汉家王朝应遵循儒家道德政治的轨道以便实现汉家的长治久安目标。至武帝朝,儒道竞进而儒家最终赢得了统治思想的地位。尽管如此,淮南王刘安在武帝即位之初向武帝所献《淮南子》一书,既偏重于道家又兼容儒、法,对"无为"观念的多维含义更作了极具创见的系统阐发和重新诠释,体现了一种高度成熟而富有远见卓识的政治智慧。

概括地讲,《淮南子》之所以致力于对"无为"观念作系统阐发和重新诠释,主要目的亦是上承老庄之旨而意在以"无为"观念来消弭和化解统治者的权势欲和占有欲。不过,更加重要的是,在《淮南子》的思想脉络和理论诠释中,"无为"观念被赋予了极为丰富而具体的政治内涵。首先,统治者应遵循顺应或"因"自然的原则,正所谓"万物固以自然,圣人又何事焉!"也就是说,天地万物自然形成的相互关系和秩序具有一种天然的合理性,统治者的任意妄为只会破坏这种天然合理的自然关系和秩序,反之,统治者唯其"无为""无事"而顺乎天地万物之自然,即"不先物为",才能"因物之所为"而"无不为",惟其"无事""无治"而"不易自然",才能"因物之相然"而"无不治"。(《淮南子·原道训》)其次,之所以应实行无为之治,乃是因为任何人仅仅依恃、凭借个人的聪明才智和能力品格是不可能或远不足以治理好整个天下的,因为对任何人来讲,源自个人耳目感性知觉的聪明才智及基于个体体能的勇力与行为品格都具有个人的局限性,所以说:"天下不可以智为也,不可以慧识也,不可以事治也,不可以仁附也,不可以强胜也。"(《淮南子·诠言训》)那么,靠什么才能治理好天下呢?那就是法天、体道、循理而治,落实在行动上便要求君主无为。正所谓:"君道者,非所以为也,所以无为也。何谓无为?智者不以位为事,勇者不以位为暴,仁者不以位为患('患'当作'惠'),可谓无为矣。"(《淮南子·诠言训》)换言之,所谓"无为",也就是君主不恃"人之美才"为治,即不假势位独任一己之智而多事,不假势位妄逞一己之勇而行暴,不假势位滥行一己之仁而施惠。最后,因循顺应自然并不意味着完全排斥"人事"之功,或者说,所谓"无为"绝不意味着一种纯粹消极的"无所事事",而是与寻求"人事"的积极治理实则可以相互贯通一致的,甚至可以说,寻求"人事"的积极治理正是"因任自然"所内在要求的,反之亦然。如《淮南子·泰族训》曰:"夫物有以自然,而后人事有治也。"也就是说,"人事"的治理必须是基于物之自然或因"民性"之自然"所有"而成就其"匠成"之功。另如《淮南子·修务训》篇一方面明确地反对纯粹消极的无所事事的无为观,认为圣人在自然之势的基础上必有所"事"、用其"智",才能使事成功立,而不能纯粹地放任自流;但,另一方面,他也明确反对与纯粹消极的"无为"相反对立、"用己而背自然"意义上的"有为",即并不简单地主张完全不顾自然地去积极地"有为"。问题的关键并不在于是实行"无为"还是"有为",而在于所谓的"无为"和"有为"的含义究竟指的是什么，就像神农、尧、舜、禹、汤那样的古圣王一样，他们"劳形尽虑"而"忧民"，"为民兴利除害而不懈"，并不能说他们是"无为"的，然而，为民生忧劳亦须遵循自然之势理，而绝不能"用己而背自然"，只有这样才能成就圣人之事功，而说到底，圣人之治应因自然之势理而成就人事之功。

总的来讲，《淮南子》一书在遵循和坚持老庄道家顺乎自然之"无为"观念的基础上，而又吸收儒、墨、法等其他各家的思想因素，融入、吸纳或补充进了许多重视"人事"、承认"人功"乃至因时变法的积极性的政治观念，极大地丰富或扩展了自然无为观念的思想内涵和意义维度。如果说对老庄道家顺乎自然的无为观念的遵循和坚持，旨在激励和引导统治者修明道术、进行精神境界的修养和提升，并从消极的方面警醒世人对统治者的恃才逞能、嗜欲无厌、贪于权势、以喜怒好憎为赏罚乃至恣意妄为的虐政暴行保持高度戒备意识的话，那么，为了丰富和扩展"无为"观念而对一些积极性观念的吸取和容纳，则为统治者的"积极有为"预留了极大的政治活动的自由空间。不过，在政治活动的领域，"自以为是"的"妄为"与完全放任而"不作为"的"无为"至少是同样有害的，因此，《淮南子》一书宁以"无为"的观念容纳"有为"的内涵，而不是相反。换言之，《淮南子》一书更偏向于"无为"而不是"有为"，而不管"无为"的观念中包含了多少"积极有为"的内涵，它始终要求统治者在对天下的统治或治理上的任何积极的事功或作为都必须最终"顺于天地""顺万物之宜"，或者是"反于无为""反之以清静为常，恬淡为本"，尽管讲法不同，但其内涵或精神实质却是完全一致的，那就是希望统治者能够以"无为"的精神去追求和实现"有为"的政治事功，反之，"不能无为者"则亦"不能有为"（《淮南子·说山训》）。

由上可见，自然无为的思想在先秦诸子中有着广泛的影响，其中道家对于自然无为的思想作了最深刻系统的理论阐发，产生了深远的历史影响。诸子各家之间既有思想上的对立和冲突，同时也相互影响，彼此之间不断吸取借鉴对方的思想以发展、丰富和完善自家的学说。特别是儒、道两家在后世长期延续并发挥其思想上的影响力，对于中国思想文化的发展演化都产生了难以估量的历史影响，尽管两家思想相互冲突和融合的历史过程错综复杂，但自然的观念和无为的思想却深深影响和塑造了中国人独特而鲜明的思想品格、文化精神和民族习性，即崇尚、热爱自然，为人恬淡、平和、清静、内敛，在出世和入世、有为和无为之间持守中和平衡之道等。

◇（四）无为思想的政治实践与现代启示

在中国历史上，"无为"的影响并不仅仅停留在思想观念的层面，它对实际的治国理政也产生过深刻而持久的影响。特别是在王朝更替的战乱之后，统治者往往有意识地采取和奉行道家"清静无为"的统治思想，实行"与民休息"的政策，以便恢复和发展遭到破坏的农业生产，建立和稳固国家长治久安的统治秩序。

1. 秦朝的暴政

老庄思想从观念走向实践还要从秦朝的统治说起。公元前221年，秦王嬴政在相继吞并韩、赵、魏、楚、燕、齐等战国诸雄后统一天下。这个原本属于中国西部边陲小国的国家终于成为华夏新的统治者。秦王嬴政变成了秦始皇，他实施了一系列具有开创性的制度安排，产生了深远的影响。但这些措施对当时的人们产生了很大的思想压制和政治压迫。

（1）思想上的钳制

思想上的压制来自"焚书"和"坑儒"两件事。"焚书"事件的发生是由于这样一件事：有一天，秦始皇在咸阳宫喝酒摆宴，有七十名博士为他祝寿，仆射周青臣恭维皇帝说："秦国过去不过方圆千里，靠皇帝陛下英明神武这才平定海内，东南西北都来臣服，从古到今都没有皇帝这么伟大的人。"始皇帝听了很高兴，但是有一位名叫淳于越的博士却批评周青臣，斥责他谄媚拍马，并说现在在全国推行的郡县制度远不如过去的封建制度好。丞相李斯却大不以为然，他不仅驳斥淳于越的观点，而且提出一项严厉可怕的建议，就是禁止私人讲学，不允许人们批评议论国家政治的得失好坏，凡不属于秦国的史书和不是博士官所掌管的私人藏书（包括儒家的经典和诸子百家的书）都必须烧毁，否则弃市杀头，甚至株连整个家族。始皇帝竟然同意和采纳了李斯的建议，于是大规模的烧书运动开始了。

"坑儒"这件事发生在烧书的第二年，始皇帝热衷于追求长生不老，手下豢养了一大批求仙炼丹的方士，还曾派遣齐人徐福带领三千童男童女到东海去找神仙，据说他们到了现在的日本，成为日本人的祖先。后来又准备派遣燕人卢生去寻找羡门、高誓这两位神仙，求取长生不老的仙药，卢生却和侯生私下议论始皇帝的人品，说他为人天性刚愎自用，吞并天下以后认为自古谁都不如他，对权势贪婪成性等，然后就逃走了。这件事不知如何被始皇帝知道了，他勃然大怒，于是派遣御史去抓捕、审讯诽谤自己的人，受审的儒生士人之间相互告发，最后始皇帝下令将被诬告牵连在内的四百六十多人都坑杀了。

通过"焚书""坑儒"这两件事，人们就不敢再乱发议论了。

（2）政治上的压迫

政治上的压迫来自浩大的工程建设和暴虐的严刑峻法。始皇帝吞灭六国的时候，每破一国，便将其宫室画成图样，在咸阳城仿造一座。后来又在渭南建造工程浩大的阿房宫，在骊山建造万年吉壤，单是阿房宫和骊山陵墓这两个大工程就要征发使用劳力七十万人。同时，他还要连年外出巡游，东到泰山、梁父山封禅，在全国建设直道，在南方开凿灵渠等，各种大型工程集中上马，搞得老百姓苦不堪言。

在治国理政方式上，秦始皇更奉行法家严刑峻法的理念，在全国推行实施连坐制度，五家为伍，十家为什，不准擅自迁徙，彼此相互监督，相互检举，发现有人犯罪若不揭发，十家连坐共同受罚。另外，秦律严格规定，被征发到远方服役的戍卒，如果不能按期到达，就要被全部杀头等。

在这样严酷的思想钳制和政治压迫下，人民实在难以忍受，因此，秦始皇去世后不久，在全国各地就爆发了大规模的农民起义，这些农民起义组织不断发展壮大，最后终于推翻了秦朝的暴政统治，由刘邦建立了西汉王朝。

2. 汉初无为政治的实践

据《史记·吕后本纪》记载，西汉建立之后，"黎民得离战国之苦，君臣俱欲休息乎无为"。这是说，当时的老百姓终于远离了战乱和暴政的苦难，汉家君臣都想着要休养生息，不想再像秦朝那样继续实行暴政统治，所以吸取借鉴秦王朝二世而亡的历史教训，决定采纳和奉行黄老无为而治的思想。于是统治者力求以清静无为的方式来治国理政，实行了一系列与民休息、顺应农时、鼓励农桑的政策措施，经过几代人的努力，很快恢复了社会元气，奠定了此后汉家走向强盛的基础。

在汉初奉行无为而治的帝王中，最为后世称道和赞赏的便是汉文帝。据《汉书》记载，文帝在位的二十三年间，宫室、别苑、车驾、服饰都没有增置新的。有一次，他想建造一座高台，匠人估算费用大概在一百金。文帝说："一百金，是十户中上等人家财产的总和，我住在先帝的宫室中已经感到很惶恐了，怎么可以再如此破费建造这样一座高台呢？"于是便放弃了建台的打算。文帝是一位非常节俭的皇帝，平时穿的都是黑色的粗衣，宠幸的妃子都不能穿拖在地上的长裙，所用帷帐上面没有纹饰，其目的在于为天下臣民做出简朴的榜样。在建造自己的陵寝霸陵时，里面用的陪葬品都是陶制的器皿，而不用金银铜锡，而且直接在山丘中开凿墓室，不再发动劳力人工堆砌巨大的封土。

按照吕思勉的归纳，文帝时期崇尚无为而治的施政措施主要有三个方面：一是减轻人民的负担。汉高祖初定天下，减轻田租到十五而税一，就是田地产出的十五分之一作为税赋。到了文帝十三年的时候，干脆就不收税了，一直持续到景帝三年，共十三年，这是中国古代历史上仅有的一次。文帝去世前曾留下遗诏曰："盖天下万物之萌生，靡不有死。死者天地之理，物之自然者，奚可甚哀！当今之时，世咸嘉生而恶死，厚葬以破业，重服以伤生，吾甚不取。"(《史记·孝文本纪》)这种顺乎自然而把生死只是达观地看作一种自然过程的人生观正符合道家的理念，难怪文帝在他统治期间能够始终诚挚地奉行道家无为而治的思想。同时，他临死时又下令，要求在自己死后，为他举办的丧葬之礼要一切从简，臣民百姓只需服孝三天，不要禁止婚丧嫁娶、祭祀、饮酒吃肉；负责丧仪的，不必赤脚，绖带不要超过三寸，不要用白布包裹车驾兵器，不要组织臣民到宫殿中哭丧等。可以说，文帝到去世之时还一直惦记着怎么减轻百姓的负担。

二是简省刑罚。汉家王朝建立之后，虽然形式上沿用秦法，然而实际上在断狱行刑方面是相当简省的，文帝和景帝统治期间，"又屡有减轻刑罚的举动"[1]。文帝认为，古圣先王治理天下，在朝堂上设立进善之旗、诽谤之木，所以政治清明、言路畅通，大臣敢进谏言。当时法令中沿袭秦律而规定有诽谤、妖言之罪，使臣民不敢畅所欲言，皇帝也就听不到自己的过失，也就不能招徕远方的贤者，因此文帝就废除了这些。文帝的另外一大贡献就是废除了残害人身体的肉刑。据《史记》记载，齐国太仓令淳于公犯了罪，被押解到长安，他悔恨自己没有儿子只有五个女儿，在这个时候不能帮他什么忙。可是，没想到他的小女儿缇萦毅然随他来到了长安，并且向文帝上书，陈述自己的父亲官声清明，如今犯法要受到惩罚。她伤感人死去不能复生、身体受到伤残不能复原，就是想改过自新也没有办法。她愿意当侍女来赎减父亲的罪责，让他改过自新。文帝看到上书之后大为感动，自责自己"德薄而教不明"，为了让罪犯能够有改过自新的机会，下令废除了肉刑，这可以说是文帝的一大德政。

三是在政治上持守无为主义。儒家学者贾谊曾劝文帝实施一系列改革措施，但文帝谦让而坚持无为而治的原则。当时，中国北部边境面临着匈奴的威胁和侵犯，文帝认为长久打仗，会让各方都不得安宁，不如与匈奴和亲，消弭战乱以拯救天下万民，于是采取了和亲的政策。但此后，匈奴还是不时入关抢掠，文帝下令让边关守将坚守即可，不用带兵深入匈奴腹地，徒增伤亡。南越王尉佗自立为帝，文帝不愿意兴兵讨伐，就召见并厚赐尉佗的兄弟，以德劝勉，尉佗后来便

---

[1] 吕思勉：《白话本国史》，上海古籍出版社2005年版，第188页。

自己去除封号而向汉称臣。张武等大臣收受贿赂，文帝发现以后从内府中拿出金钱赏赐给他们，让他们自己反省从而对自己的行为感到羞愧。出现旱涝、地震、特殊星象的时候，文帝首先自身反省，下诏罪己，并采取一系列措施以尽量减轻灾害的危害，如减少诸侯朝见上贡、废除禁入山林的法令、裁汰冗员、救济百姓等。所以西汉伟大史学家司马迁这样评价汉文帝说："（文帝）专务以德化民，是以海内殷富，兴于礼仪。"（《史记·孝文本纪》）

文帝去世以后，他的儿子景帝即位，在政策上基本遵循其父无为而治的原则和路线。从高祖到高后、再到文帝和景帝，四代相继，汉初奉行无为而治前后长达六十六年。这六十余年休养生息，宽厚治民，为其后汉武帝建立彪炳史册的文治武功奠定了坚实的基础。《史记·平准书》中记载，到汉武帝初年，汉家经过七十年的长治久安，国家未发生过大的事故。只要不遭遇水旱之灾，人民家家户户都能过上富足安定的生活。京师的钱币积累多达百千巨万，连穿钱币的线贯都朽坏而无法校理。太仓中的粮食谷物，陈陈相因，都溢满露出堆积到了外面，乃至腐败而无法食用。总之，全国上下一片繁荣的景象，无论是国家的官吏，还是人民百姓，都生活富足，人人自重自爱而不轻易犯法，行为端正合宜而富有羞耻心。

汉文帝的无为而治为后世树立了一个优良治理的典范，其后历朝历代的统治者只要想施行无为而治，大都从以上三方面入手，只是在具体的政策上有所不同。东汉光武帝的中兴之治、唐朝的贞观之治、明朝的宣德之治和清朝的康乾之治，都能看见道家"清静无为"或"无为而治"思想影响的影子。正唯如此，所以胡适在《中国古代政治思想史的一个新看法》一文中，曾经这样评论道："由于汉朝这七十年的有意实行的无为而治，才造成了四百年的汉帝国，才留下无为而治的规模,使我们中国两千多年来的政治思想,政治制度,政治行为都受了这'无为而治'的恩典。这是值得我们想想的。"

3. "无为而治"的现代启示

从先秦道家提出"道法自然,无为而治"的政治理念,一直到 20 世纪初清朝统治结束,在两千多年的中国古代政治史中,这个理念一直没有缺席。有的时候它表露在外,成为统治者明确宣示的一种治国方略;有的时候它隐藏在内,成为一种人们内心向往和追求的理想治国模式。不论是以何种形态存在,它都直接或间接地影响了统治者治国理政的方式,或多或少地软化或柔化了统治者独断专行、恣意妄为的权力意志,统治者循道而行、清静自守、无为而治在一定程度上也就减轻了老百姓身上的负担。

"无为而治"的观念不仅在历史上有其重要的影响和现实的意义,而且对于我们所处的时代同样具有深刻的启示意义。陈鼓应曾经对老子"自然无为"的观念和主张给予这样高度的评价:"老子'自然无为'的主张是有他的历史背景的,在上古'日出而作,日入而息,帝力于我何有哉'的安闲自足的社会,事实上政府的存在,在一般人民的生活中并不是一件有必要相关性的东西。十八世纪西方就流行着一句口号:'最懒惰的政府是最好的政府。'那时的政府,并没有什么重大的事情可做,主要的工作只是替人民修修道路而已。但是二十世纪的今天,情况就大变了,政府要统筹办理太多的事情,要做到'无为'已经是不可能的事。然而针对于减缩独裁政府政治的为祸而言,'无为'的观念,仍是空谷足音。今天,人民的生活走向合模化的趋势越来越厉害,这已经成为整个世界普遍可虑的现象。我们处处可看到权力支配个人的生命,处处可看到个人无助的情形;权力越来越强化，越来越集中。在这种情境下，老子'自然无为'的主张，仍有其时代的意义。"①

时至今日，对于生活在现代工业文明中的我们而言，"自然无为"的观念也许更加富有警醒世人的思想价值。人类理性的过度傲慢与自负及其一味征服自然的破坏性行为，使我们正"生活在文明的火山上"②，乃至于我们迟早会像泰坦尼克号一样遭遇撞上冰山的毁灭性灾难，而且，"等在我们前面的，不是一座冰山，而是有很多，且一座比一座险恶、危险。有金融的冰山：不受限制的货币投机，股票飙升到天价、高到让人不忍目睹时大量抛售以获利；有核武器的冰山：大约30个核国家，每一个都卷入了彼此之间的争吵与仇视，都预期在未来20年中能够发动一场核攻击；有生态的冰山：大气中大量二氧化碳，全球气温上升无法阻止，专家一致公认，数十个原子能反应堆迟早会发生爆炸，届时将造成全球范围的巨大灾难；最后，但并非最不重要的，社会的冰山：目前人口中预计有30亿人将成为冗余，他们在经济上完全不起作用。……与导致'泰坦尼克号'沉没的冰山相比，上述那些冰山的不同之处在于：轮到它们与船相撞时，不再会有人幸免于难以将事件拍成电影，也不再会有人幸免于难，将这些接踵而至的灾难谱写成史诗或挽歌。"③

不再会有人幸免于难，并为我们谱写史诗或挽歌，这听上去有些耸人听闻，却是我们当下最真实的生存境况。这一生存境况在意识和

---

① 陈鼓应：《老子哲学系统的形成》，见《老子注译及评介》，中华书局1984年版，第35页。
② [德] 乌尔里希·贝克：《风险社会》，何博闻译，译林出版社2004年版。
③ [英] 齐格蒙·鲍曼：《寻找政治》，洪涛、周顺、郭台辉译，上海人民出版社2006年版，第160页。

行为上引发了全世界范围内有识之士的深切忧虑和世人普遍的生态关注。从工业文明形态向生态文明形态的根本转型，无疑是人类文明谋求自身永续生存与发展的不二选择，为此，道家"道法自然，无为而治"的主张以及儒家"万物并育而不相害"（《中庸》）的观念，对于正在致力于寻求建设人与自然和谐共生之生态文明的我们来讲，无疑是最富有深刻启示意义的。

总而言之，以古鉴今，特别是反观现代工业文明社会的种种弊端和病症，自然环境破坏和水资源污染严重，核战争和生态灾难时刻威胁着人类和所有生物的生存，我们的地球家园无疑正面临着被毁灭的可怕危险。除此之外，一些国家和地区的人民也还仍然在遭受强权暴政的统治，人权被践踏，老百姓的生活总是饱受统治者行政权力干预和政绩工程瞎折腾之苦。所有这些都使我们更加重视和珍惜道家"道法自然，无为而治"的思想或顺乎自然、清静无为的理念，这些思想和理念所蕴含的深刻智慧或许能启发我们更加尊重和善待自然、遵从自然规律，更加克制和审慎地运用手中的权力，顺应人民自然淳朴的本性，任其自由自在、自然而然地生活而不妄加干涉，以便建设一个人与自然和谐相处、人与人和谐共生而深富生态文明意义的美好世界。正如庄子所说："夫明白天地之德者，此之谓大本大宗，与天和者也；所以均调天下，与人和者也。与人和者，谓之人乐；与天和者，谓之天乐。"（《庄子·天道》）遵从天地之道这个根本，调和天下，使百姓和乐，才是统治者应该追求的根本政治目标。

四

为政以德，王道仁政

——中国人修德为政的德政思想与内圣外王的政治信念

无论在什么样的时代，人们生活在什么样的社会形态和政治体制之下，政治正当性都是政治生活中最为关键或具有根本重要性的一大核心问题。正如德国著名社会学家马克斯·韦伯所说："达成团结一致的习俗、个人利益、纯粹的情感或理想动机，对于一种既定的支配来说，并不能构成足够可靠的基础。除了这些以外，通常还需要一个更深层的要素——对正当性的信仰。"[①] 但是，政治正当性也是一个富有争议性的问题，因为古今中外人们关于治国为政的方式及相关的制度安排有着极为不同的认识和理解，先秦诸子的时代就产生和形成了各种不同的政治思想流派，它们抱持着不同的道德信念，提出各自的政治纲领和治国方案，彼此展开了激烈的政治论争和哲学论辩。大体而言，代表性的观点主要有：道家主张道法自然、无为而治，墨家主张尊奉天鬼、兼爱尚同，法家主张立法建制、信赏必罚，而儒家主张为政以德、修己安人。其中，儒家认为，统治者必须不断修养和完

[①] [德] 马克斯·韦伯：《经济与社会》（第一卷），阎克文译，上海人民出版社2009年版，第319页。

善自己美好的德性,使自己成为身体力行道德规范的榜样和楷模,并依靠德行修明来治理天下、引领感化百姓,最终实现天下治平的目标。只有这样的统治者,才有资格赢得人民心悦诚服的广泛支持和普遍拥护,从而真正拥有治理国家、统治人民的政治正当性。相应地,如果一位君主既具有内在良好的道德修养,又能见之于外在行动而实施所谓的仁政或善政,那他就是中国古人心目中理想的仁君圣王了。这就是儒家式的内圣外王之道,也即修身、齐家、治国、平天下之道,这是古来中国人最崇高的政治理想和最具特色的政治信念,对中国人的政治思维和政治正当性信仰产生了极其深远广泛的历史影响。

◇(一)国家之宝,在德不在险

据《史记·吴起列传》记载,在战国初期的著名军事家吴起与魏国国君武侯之间曾经发生过一场有趣的对话。

魏武侯渡西河顺流而下,渡了一半,回头对随行的吴起说:"真壮美啊,河山是这样的险固!这是我们魏国的国家之宝呀!"

吴起回答说:"国家依靠的是德政而不是险要的山河地形。从前三苗氏左有洞庭湖右有彭蠡大泽,却不修德尚义,结果被大禹所灭亡。夏朝的末代暴君桀居住的地方,左有黄河、济水,右有太华山,伊阙山在他的南边,羊肠之险在他的北边,治国理政不讲求仁爱,最后被商汤所放逐。殷商末代暴君纣王的都城,左有孟门山,右有太行山,恒山在他的北边,黄河流经他的南边,治国理政不施恩修德,结果被周武王所诛灭。由此看来,国家的治乱兴亡,在于德政而不在于险要的山河地形。如果君王您不施行德政,那么,现在船上的这些人就都会变成您的敌人。"

魏武侯听了后说："讲得好！"

◇（二）中国传统德政思想的发端与起源

事实上，中国人重"德"的观念和"为政以德"的德政思想发端起源久远，可以上溯至上古圣王统治的时代，如《尚书·大禹谟》尝言："德惟善政，政在养民。"意谓统治者之德在于实行善政，而善政以养民为目的。先秦诸子时代的思想家，尤其是儒、墨两家，他们都格外推崇尧、舜、禹等上古圣王，因为在他们看来，这些上古圣王乃是"克明俊德"、实行善政的永恒典范，古圣先王所成就的功德卓著的政治事业是永远值得后人学习效法的。不过，道、法两家却对此持怀疑和批评的态度和观点，譬如法家最著名的理论家韩非虽然承认并说过这样的话："上古竞于道德"（《韩非子·五蠹》），但他却认为，在他所处的时代，仁义道德已经不再适合于用来治理国家，他相信法制、权术和权势对于国家的治理来说是更为有效的方式和手段，问题是这些有效的统治方式和强制手段主要是用来为实现富国强兵的目标和维护君主的专制统治服务的。而儒家则极力反对这样的统治方式和强制性手段，他们希望统治者能够以合乎仁义道德的方式治国理政，但这要求统治者必须首先修养自身的德行，端正自己的言行。儒家的这种想法并非空穴来风，而是渊源有自，其最直接而主要的思想源头便是西周时期所流传下来的尊礼尚德的政治文化传统。

据史载，殷商王朝末期，商纣王（帝辛）越来越昏庸暴虐，他自恃自己是天命天子，不听任何人的劝谏，并残忍地杀害了向他进谏的王子比干，把箕子也囚禁了起来。鉴于帝辛的残暴无道，周武王带领军车三百乘、虎贲兵三千人、铠甲兵士四万五千人讨伐殷商。四方诸侯汇集于孟津这个地方，表示全力支持武王伐纣。武王发布了一篇伐纣宣言，名叫《太誓》，作为征讨帝辛的战斗檄文。在《太誓》中，武王指责、历数殷王纣的昏虐暴行，譬如宠幸、听从妇人之言，自绝于上天，摧残正人君子，杀害叔父兄弟，荒怠先祖祭祀，沉湎于靡靡之音。武王宣称自己就是来代天惩罚帝辛的。最后，武王取得了胜利，诛杀了暴君商纣，建立了西周王朝，史称武王革命。所谓"革命"，是指武王接受了上天的命令，并服从、遵奉上天的命令，用武力征讨的方式推翻了暴君商纣的统治，革新、废除了殷商王朝的政权。

武王伐纣取得成功后不久就去世了，其子成王即位，成王因为年幼而由其叔父周公旦辅佐其治理国政。周公旦可以说是中国历史上最著名的政治思想家之一，他在辅佐成王期间颁布了一系列著名的诰命。其中有一篇名叫《梓材》，阐述了周公治理天下和如何对待过去殷商遗民的德政理念，大意是说，上天已经把国家的百姓和土地都托付给了先王，现今的王只有施行德政，来教导、感化殷商那些受到迷惑的百姓，完成先王的使命，才能保持王位到万年，子子孙孙得到殷民的拥戴。

在周公发布的一系列诰命中，提出许多影响深远的全新的政治理念和主张，如敬天保民、明德慎罚等，从中我们可以深切地感受到殷周王朝更替前后中国人以天或天命为核心的宗教信仰和政治思想文化所发生的时代性的深刻变革。

在殷商的观念中，帝或上帝是殷人的至上神，同时，殷人又信仰、崇拜祖先神，后来两者合一，殷人认为帝即是由自己的祖先去世后转化的,甚至把殷王看作帝在人间的代表。既然帝是祖先的化身,自然要保佑自己子孙的统治。据文献记载和殷墟考古发现,殷人无事不卜,人间的王总是通过占卜的方式来探究帝的意志,然后按照帝的指示来治理国家。因此,在殷商统治者的观念中,上帝和祖先神会保护、庇佑殷王在人间实施长久统治的。然而,这一观念在西周替代殷商后受到了极大的怀疑和挑战。周公的一大思想贡献就是提出了"天命转移"这一命题,从而为周朝讨伐、取代殷商找到合理的解释。

在西周人的观念中,"天"取代"帝"而成为一个能够赏善罚恶、具有人格神意义的至上神。在周初统治者看来,天命是一个王朝政权存在和统治正当性的依据和基础,然而,天命不会永远支持某一王朝,而是会发生更替和转移的。更为重要的是,他们认为,天命更替和转移的依据是统治者或王者的德。有德者才能够获得天命,而缺德者则会失去天命。因此,作为统治者的君王必须克制自己的贪心和私欲,敬畏上天、明德修身、爱护百姓、慎用刑罚,才能维持自己的天命和统治。这样一种政治观念和宗教信仰的变化,以及随之而来的治国理政方式和策略的改变与调整,不仅维持了周王朝长久稳固的统治,而且奠定了中国古代深厚的以德治国、为政以德的政治文化传统,在政治思想和政治实践上产生了深远持久的历史影响。

◇(三)先秦儒家对德治仁政思想的系统阐发

在先秦诸子的时代,形成了一种普遍的政治理想,就是诸子各家都推崇圣人的统治或希望由圣人来做王,认为天下混乱是由于古代圣王那样的统治者不再出现而治国理政不得其道所造成的,因此,除了极个别的学派和思想家之外,他们大多希望能够重新出现圣王统治的政治局面,这样天下就会由乱而治走向太平盛世。当然,诸子各家之间存在着很大的思想分歧,他们所谓的"圣"(理想政治主体或道德人格的最高典范)和"王"(治国理政的原则、理念、路线、方针和政策)是极为不同的,所以才形成了各种不同的政治思想流派,而且彼此之间展开了激烈的思想论争和政治论辩。其中,在政治思想上对后世影响最大的就是儒、墨、道、法四大家。

诚如许多学者所指出的,中国古人的圣王理想由于推崇圣王的统治,过于注重理想中的圣人在政治生活中的作用,而在现实政治中又很难落实这一理想,所以造成了一个极为严重的思想家们始料未及的政治弊端,就是希望由"圣王"统治的政治理想在后世往往异化为一种由"王圣"统治的政治现实,即中国历史上用武力打下天下的草莽英雄,或用阴谋手段夺取了国家政权的政治野心家,他们总是在成功地做上了"王"之后喜欢把自己打扮成"圣",这就是所谓的"王圣"。这一历史现象是非常需要我们加以深刻的批评反思并对之保持高度警醒意识的。

不过,纯粹从理想或理论的角度讲,先秦诸子中某些政治思想流派所阐发的内圣外王之道亦包含着许多合理而有价值的思想内涵,尤其在儒家有关内圣外王和修齐治平的政治理想及与之相关的治国理政的思想观念中,在今天看来,仍然包含着许多合理的成分,体现了儒家独具特有的政治智慧,值得我们认真对待和吸取借鉴。

1. 修己安人与三纲八目

孔子生活在春秋晚期,当时社会政治秩序日趋混乱和败坏的时代状况令孔子深感忧虑,激发了他行道修德、力行救世的社会责任心和历史使命感。

孔子一生立志要将周代的礼乐文明传统复兴于东方,但面对礼崩乐坏的混乱现实状况,为了变"天下无道"为"天下有道",他并不是一味简单地致力于继承和恢复传统,而是努力针对所面对的时代难题作出自己新的思考,以便创造性地提出回应、化解现实困境的解决之道。

孔子在思想上作出的最重要的贡献就是提出仁的新思想,并将仁爱的思想注入周礼当中,以期赋予周礼一种内在的道德意义而重新激活它,否则周礼便只是一种僵化的外在形式。

孔子所谓的"仁",最基本的含义就是"爱人"(《论语·颜渊》),仁就是对他人的爱,当然,孔子所谓的仁爱需要通过正确的方式来表达,所以孔子说:"唯仁者能好人,能恶人。"(《论语·里仁》)关于仁,孔子还讲过另外两句更具深刻的道德理性意涵的话,即:"己欲立而立人,己欲达而达人"(《论语·雍也》)和"己所不欲,勿施于人"(《论语·颜渊》、《卫灵公》)。自己想要挺立自己的独立意志和道德人格,也要帮助他人挺立自己的独立意志和道德人格;自己想要事业通达而有所成就,也要帮助他人事业通达而有所成就;自己所不希望要的东西,绝不强加给他人。要做到这些,需要平等地尊重他人,把他人当作和自己一样的人来看待。总之,孔子所谓的仁,既意指一种深厚的人类之爱的道德情感,同时也意指一种充分尊重和关心他人道德人格成长的人道原则和道德理性。

我们知道,孔子自认为自己生活在一个"圣人不得而见"的时代,所以他把自己的人生目标确定为努力修养仁德和"躬行君子"之道。而孔子对君子所提出的最主要的要求就是要修养、成就自己的仁德,乃至将自己的仁德推广落实到治国为政的具体运作上,就是要

"修己以安人",乃至"修己以安百姓"。

据《论语·宪问》记载,孔子的学生子路曾经问孔子这样一个问题,就是怎样才叫作君子?孔子回答说:"要以庄敬的态度来修养自己的品格。"

子路又问:"这样就可以了吗?"

孔子说:"还应修养自己而使他人安心悦服。"

子路接着又问:"这样就可以了吗?"

孔子回答说:"还应修养自己而使老百姓过上富足安乐的生活。修养自己而使老百姓过上富足安乐的生活,就是上古圣王尧舜也不是完全能做得到!"

所谓"修己以安百姓",也就是"博施于民而能济众"(《论语·雍也》)的意思,这是孔子心目中所向往和追求的最高政治目标和终极理想愿景。那么,如何才能具体实现这一理想和目标呢?孔子提出的具体方案就是"尊五美,屏四恶"(《论语·尧曰》)。具体来说,"尊五美"就是要尊尚五种美德善政,即根据百姓的利益需求而做对人民有利的事,施惠于民而又无所耗费;合理地役使百姓,让百姓劳作而不抱怨;追求仁义而不贪求其他;对所有人一视同仁而不傲慢骄横;端正仪态使人尊敬而不苛猛。"屏四恶"就是要摒除下面四种恶行苛政,即"不进行教化就施加刑罚的叫作虐;不加申诫而要求成功的叫作暴;政令松懈而期限紧迫的叫作贼;要给人东西却出手吝啬的叫作小家子气"。

继孔子之后,儒家经典文献《大学》更进一步阐发了一套系统完整的内圣外王的政治哲学理念。《大学》开篇即提出,"大学之道,在明明德,在亲民,在止于至善",意即大人之学(儒家成圣成贤的人生学问)的宗旨,就在于修养、彰明人的光明德性,在于教育和亲爱人民，在于使人们达到至善的目标。这就是后人所谓的"三纲领"。

那么，怎样才能实现"三纲领"所确定的目标呢？《大学》接着阐述了更为具体的八个步骤，即格物、致知、诚意、正心、修身、齐家、治国、平天下，这就是后世所谓的"八条目"。《大学》认为，人们要想使自己光明的德性彰明于天下，必须先治理好自己的国家；要想治理好自己的国家，必须先调和安顿好自己的家庭；要想调和安顿好自己的家庭，必须先端正自己的心思；要想端正自己的心思，必须先使自己的意念诚实；要想使自己的意念诚实，必须先获取知识；要想获得知识，必须先探究事物的道理。反过来讲就是，探究事物的道理才能获得知识，获得了知识然后才能意念诚实，意念诚实然后才能心思端正，心思端正然后才能提高自身修养，提高了自身修养然后才能调和安顿好家庭，调和安顿好家庭然后才能治理好国家，治理好国家然后才能使天下太平。

关于上面的说法，后来的儒家学者特别是宋明时期的理学家有许多讨论和争议，主要的分歧在于如何理解"格物致知"的问题，即所谓"格物致知"究竟是探究外在事物的原理，还是体认自己内心的良知，究竟是获取外在事物的客观知识，还是将自己内心的良知（正确的是非认知或价值判断）运用于事事物物。不过，不管怎样，"八条目"中最核心的便是"修身"，这是古今学者所公认的。修身以格物、致知、诚意、正心为基础，而其目的则在于齐家、治国、平天下，也就是说修身同时又是齐家、治国、平天下的前提条件和根本基础。正因为如此，《大学》特别强调所有人都应当以"修身"为根本，加强自身的道德修养，正所谓"自天子以至于庶人，壹是皆以修身为本"。可以说，"修身"乃是"八条目"的中心环节，《大学》以此而构建了一套由外而内而又由内而外、以修身为本而又由己及人的系统完整的政治哲学的观念链条。

《大学》"八条目"之间构成一种彼此关联、相互作用的关系。《大学》对此也作了说明，比如在说明修身和齐家的关系时指出，齐家的基础是修身，人们经常会因为自己或喜欢、或厌恶、或敬畏、或轻视一个人而对其偏爱或存有偏见。因此，很少有人能喜欢某个人而又能看到他的缺点，厌恶某个人而又能看到他的优点。所以谚语有云："人都不知道自己孩子的坏，都不满足自己庄稼的好。"可见，人是容易受到自己内在的偏好私意所蒙蔽的，这就是不修养自身就不能调和安顿好家庭和管理好家族的道理。

又比如，《大学》在论及齐家和治国的关系时指出，没有人管不好自己家人反而能管好他人的，人们应以孝对待君主、以悌对待长者、以慈对待众人，如果诚心诚意去做，即使达不到目标，也会离达到目标不远。一家讲求仁义，那么一国都跟着讲求仁义；一家讲求谦让，那么一国都跟着讲求谦让；一人贪婪暴戾，那么一国都跟着犯法作乱。所以，尧舜用仁德的方式来治理天下，百姓就都跟着讲求仁德；桀纣用残暴的方式来治理天下，百姓就都跟着残暴。统治者的命令与其所好所为不符，老百姓就不会服从他的命令。正因为如此，有仁德的君子总是自己先做到了然后才要求别人做到，自己身上首先没有同样的毛病然后才去批评别人身上的毛病。这就是要想治理好国家必须先治理好家庭的道理。

不论是孔子所主张的修己以安人、修己以安百姓，还是《大学》所提出的三纲领、八条目，都阐述了一个基本思路，那就是先修养自身的道德，然后再由内及外、由己及人、从个体到群体，由齐家而治国、平天下。他们深切希望通过内修仁德或以修身为本的方式来最终实现国家治理和天下治平的政治目标，这样一种道德政治的理念，具有"冶道德、人伦、政治于一炉,致人、己、家、国于一贯"①的特点,尽管其中包含着许多不现实的成分,但也确实体现了儒家士人学者情感深厚、理想高远而殊为可贵的政治抱负和家国情怀。

2. 为政以德,政者正也

由上可见,孔子最主要的思想贡献就在于提出一种仁道的道德理念和君子的人格理想。针对他所面临的"礼崩乐坏"的时代生存状况,孔子认识到最重要的问题就是要通过教育和学习的方式来全面培养、发展人的健全的道德品格,一个人应具备的最重要的美德就是仁,另外还有义、智、勇等,并将具备理想的健全道德人格的人称为君子。所以孔子一生致力于兴办私学教育事业,其目的便在于培养具备仁德的君子。

在孔子之前,"君子"的说法古已有之,是对贵族男子的称呼。但孔子对"君子"的含义进行了重新阐释,赋予了它崭新的道德含义。我们知道,在商周时期,人们在社会上的身份地位是由出身血统决定的,也就是所谓的"世卿世禄",政治地位和经济地位可以世袭继承。那时的"君子"指的就是有身份有地位的世袭贵族之类的人,也可以直接翻译为"君主之子"。孔子的创举就在于他给"君子"这一概念赋予了鲜明的道德色彩,他所谓的君子不再仅仅是指具有贵族血统身份的人,而更主要的是指有德行修养的人,与之相对的便是小人。对君子小人进行道德人格的区分,具有十分重要的划时代意义,它使人们不再强调和重视一个人基于血统出身的世袭性的身份和地位,而是转而关注如何修养自身道德品格的问题。

---

① 萧公权:《中国政治思想史》,新星出版社2005年版,第41页。

在孔子看来，君子应具备三方面基本的道德修养，就是"仁者不忧，知者不惑，勇者不惧"（《论语·宪问》），即内省而无所忧虑愧疚的仁德，坚持正确的人生信念和行为准则而不犹疑迷惑的智慧，追求正义、见义勇为而无所畏惧的道德勇气。除了这三个方面之外，《论语》一书中还记载了孔子有关君子的许多论述，具体详尽地阐述了君子应具备的道德品质和应遵循的行为准则。比如，孔子强调，"君子有九思"："视思明，听思聪，色思温，貌思恭，言思忠，事思敬，疑思问，忿思难，见得思义。"（《论语·季氏》）君子为人处世有九个方面需要时常进行反思，即看的时候要反思看明白了没有，听的时候要反思听清楚了没有，要反思自己的脸色是否温和，容貌是否恭敬，言语是否忠厚诚实，做事是否严肃认真，遇到疑难问题是否能虚心请教，生气发怒是否考虑到后患，见到可得之物是否符合道义。又说："富与贵，是人之所欲也，不以其道得之，不处也；贫与贱，是人之所恶也，不以其道得之，不去也。"（《论语·里仁》）意即富有、尊贵是人人都想得到的，如果方法不正当，君子不会去享受；贫穷、低贱是人人都想避免的，如果方法不正当，那君子也不会想着去逃避。此外，君子还要勤奋好学、克己复礼、言行一致，等等。

根据孔子对君子的论述，人们完全可以从血统的桎梏中解脱出来，一个人的出身不论是贵是贱、是贫是富，只要能达到上述道德标准的要求，他就可以被称为"君子"，而且，只要人们愿意努力就能够成为令人尊敬的道德君子。诚如美国著名汉学家狄百瑞所说：《论语》一书正是一本"以君子及其领袖责任作为要义"的著作。[①] 在孔子看来，世间最重要的是志尚仁义、道德高尚的君子和自私好利、品

---

① [美] 狄百瑞：《儒家的困境》，黄水婴译，北京大学出版社 2009 年版，第 23 页。

格卑贱的小人之间的区别,而作为道德楷模的君子,其最重要的社会作用,就在于他致力于传播社群礼仪文明的生活方式,树立道德仁义的行为标准,引领整个社会走向仁道正途。

上述君子的概念还有一个非常重要的政治含义,就是在孔子看来,君子完全有正当的资格"以德致位",即依靠自己的道德修养和美好品格来获得政治上的职位,来参与国家的治理,担负领导社会的责任。与此相应,孔子希望那些实际的执政当权者也必须克制和端正自己的言行、注重修养自己的德行,只有富有道德修养的统治者才有正当的资格来治国理政。

正因为如此,所以孔子才极力倡导和主张为政以德、正己正人的德政理念。孔子说:"为政以德,譬如北辰,居其所而众星共之。"(《论语·为政》)"政者,正也,子帅以正,孰敢不正?"(《论语·颜渊》)"其身正,不令而行;其身不正,虽令不从。""苟正其身矣,于从政乎何有?不能正其身,如正人何?"(《论语·子路》)所谓的"为政以德",就是说统治者应以道德行事的方式来为政治国,换言之,治国为政需要依靠自己的德行或道德的感召力,而不是运用权势和刑法来强制和控制别人。所谓"政者正也",就是说为政治国者必须首先正己即端正自己的言行、修养自身的品格,然后才有资格以正确的道德标准去要求和端正别人,以正确的道德行为来引领大众和治理国家。如果统治者能够"为政以德",那就好比天上的北斗星一样,永恒地高悬于居中的位置,而其他星辰都自动地围绕着它旋转。只要统治者率先修身正己、遵从道义德行,或者以身作则、作出表率,那么,无须强制命令,臣民百姓也就自然而然地会遵从道义德行、走向仁义正道;否则,自身都不能端正,即使是用强制命令的办法,人们也不会服从。如果能够端正自身,对于为政治国也就没有什么困难的了，反之，不能端正自身，又怎么能去端正他人呢？

在孔子看来，政治治理的过程最根本的就是实施道德教化的过程，所以他说："道之以政，齐之以刑，民免而无耻；道之以德，齐之以礼，有耻且格。"（《论语·为政》）意思是说，通过政令引导和刑罚规范，只会让百姓避免刑罚，但是他们也失去了廉耻之心；通过道德引导和礼制规范，百姓就会既有廉耻之心也会恪守规矩。另外，孔子认为，君臣之间，也不是单纯的命令和服从关系，不能仅仅依靠权力的制约，更要靠忠、信这样的道德规范来相互约束。正所谓"君使臣以礼，臣事君以忠"（《论语·八佾》）。君主应加强自身的道德修养，应以礼待臣，同样，臣下也应加强自身的道德修养，应忠诚地对待君主，只有这样，君臣同心同德，才能在道义的基础上共同合作而把国家治理好。因此，为政以德、正人先正己可以说是实现国家的长治久安和社会善治的前提条件和根本保障，这要求掌握治国理政权力的人地位越高、权力越大，就越应该富有以身作则的担当意识和责任意识。

据说，鲁哀公有一次反复询问孔子："儿子听从父亲之命是不是孝顺？大臣听从君主之命是不是忠贞？"问了多次，孔子都不回答。

从宫殿里出来以后，孔子问他的学生子贡说："不久前，君主问了我好几次儿子听从父亲之命是不是孝顺？大臣听从君主之命是不是忠贞？这个问题，我没有回答，你觉得这个问题应该怎么回答？"

子贡说："儿子听从父亲之命自然是孝顺，大臣听从君主之命自然是忠贞，老师您为何不回答呢？"

孔子说："年轻人，你的见识还是不够。过去万乘之国如果有四个诤臣，那么就不会丧失疆土；千乘之国如果有三个诤臣，国家就不会陷入危难；百乘之家如果有两个诤臣，就不会危及封邑祭祀。父亲有谏诤的儿子,行为不会背离礼制;士人有谏诤的朋友,不会从事不合道义之事。所以,听从父命不一定是孝,听从君命不一定是忠,关键是看父亲、君主之命是不是符合道义的要求,然后再顺从,这样才能说是孝顺和忠贞。"(《荀子·子道》)

由上可见,孔子强调治国理政者应加强自身的道德修养,应富有担当意识和责任意识,这意味着要求其应以身作则,而不是自以为是。所以,在孔子看来,越是权力大的人,也越应该听取下面人的谏诤之言,父亲应该听取儿子的诤言,君主应该听取臣下的诤言,而不是相反,儿子简单地顺从父亲的命令,臣下简单地服从君主的命令。这也可以说是孔子德政思想当中的一个重要方面。

3. 孟子的人性思想和王道仁政主张

在中国历史上,孔子被尊为至圣,孟子被尊为亚圣,孟子曾说自己的志愿就是要"学孔子",所以他不遗余力地倡导和宣传孔子的思想学说,而且在发展和阐扬儒家的德政思想方面作出了自己独具创见的重要理论贡献。

孟子的时代,思想家们开始关注并热切讨论人性的问题,有的认为人性可以为善、可以为不善,有的认为有的人性善、有的人性不善,还有的认为性无所谓善不善,而孟子则对人性抱持一种坚定自信的乐观态度和观点。他认为人性本善,人的恻隐之心、羞恶之心、辞让之心、是非之心是天生固有的,仁、义、礼、智这些道德规范或美好德性内在地根源于人天赋的良心善性之中,也就是说人所具有的道德力量是与生俱来的。

为了说明人天生就具有良心善性或恻隐之心的问题,孟子举了一个例证,来论证人皆有不忍人之心。他说:"今人乍见孺子将入于井,皆有怵惕恻隐之心。非所以内交于孺子之父母也,非所以要誉于乡党朋友也,非恶其声而然也。"人们看见小孩快要掉到水井中,都会自然发生惊恐同情之心,这并不是因为要和孩子的父母攀交情,也不是想要在乡亲朋友中获取好名声,也不是因为讨厌孩子的哭叫声。在孟子看来,"无恻隐之心,非人也;无羞恶之心,非人也;无辞让之心,非人也;无是非之心,非人也"(《孟子·公孙丑上》)。

但是,孟子的观点并不是一种盲目肤浅的乐观主义,因为在他看来,人天赋的良心善性也是易于丧失掉的,需要作出不断的努力才能将良心善性的端芽保存、养护好乃至加以扩充、推广。《孟子·告子上》中举了一个例子,牛山上的树木原来都很繁茂,但是因为牛山在大都市的郊外,人们经常去山上砍树,这样树木还能保持繁茂吗?树木日夜生息,受到雨露的滋润,也不是没有枝丫萌发,只是又受到牛羊的啃食,所以只能光秃秃的,但是树木光秃秃并不是牛山的本质本性。人也是一样,人难道没有天生的仁义之心吗?只是人们放任心性,如同斧子砍树一样,使本来的仁义心性受到伤害,这才失去本原。如何找寻人的本心对所有人都一样,尤其是对于掌握着国家统治权的人,寻求陷溺放失掉了的良心善性并加以存养扩充乃是人生最为重要的学问。

孟子认为,存养心性、扩充善端、修养仁德,不仅是最为重要的人生学问,同时这也是最为重要的为政之道。因为在他看来,人皆有不忍伤害他人的不忍人之心,这也即是同情他人不幸的恻隐之心,统治者将自己的不忍人之心或恻隐之心施行到治国理政上,也就可以实行不忍人之政。因此,依孟子之见,施行仁政是人性的必然结果。他说:"人皆有不忍人之心。先王有不忍人之心,斯有不忍人之政。以不忍人之心,行不忍人之政,治天下可运之掌上。"(《孟子·公孙丑上》）人天生便具有不忍伤害他人的仁爱之心或同情他人不幸的恻隐之心，这是人类善性的根芽，将人与生俱有的仁心善性不断加以存养和扩充，用之于治国理政，便可以推行实施不忍伤害他人或爱护百姓、保障民生的仁政。而且，施行德政或仁政最重要的是要用"推"的方式，孟子讲："人皆有所不忍，达之于其所忍，仁也。人皆有所不为，达之于其所为，义也。"（《孟子·尽心下》）意思是说，人人都有不忍心做的事，把它扩充、推及到所忍心做的事情上，便是仁。人人都有不肯做的事，把它扩充、推及到肯做的事情上，便是义。

据《孟子·梁惠王上》记载，孟子在游历齐国时，齐宣王想听他讲一讲春秋霸主齐桓公、晋文公的事情。孟子不愿意讲这些霸主的事，而是给齐宣王讲起了如何实行仁政的问题。宣王就问："君主应具备什么样的道德修养，才能实行仁政呢？"

孟子答道："保有百姓的人称王，没有人能够阻挡。"

宣王又问："像寡人这样的君主，能够保有百姓吗？"

孟子说："当然可以。"

宣王接着问："你是怎么知道可以的呢？"

孟子说："我听说有一天大王正坐在王宫大殿上，看见有人牵着一头牛从宫殿门前经过，牛扯着脖子不愿向前，牵牛的人使劲拽，疼得牛哞哞直叫。叫声惊动了大王，大王就问那个牵牛人要到哪里去？仆人回答说：'新铸好了一口大钟，要用这头牛做祭品。'大王看到牛哆哆嗦嗦，就心生怜悯说：'把牛放了吧，我实在不忍心看它颤抖的样子。'仆人很诧异地问您：'把牛放了，那还祭不祭大钟？'大王说：'不能废了祭祀，就用羊来代替吧。'不知道有没有这回事？"

宣王说："是有这么件事。"

孟子说："尽管有些老百姓觉得大王用羊代替牛来祭祀，是因为您吝啬爱惜财物而舍不得牛。但我不认为这样，从您不忍心看到牛战栗的样子可以看出您有仁爱之心，把这种仁爱之心从牛羊身上推扩落实到老百姓身上就能够实行仁政了。"

接下来，孟子还特别强调说，能否实行仁政的关键，就在于君王去"为"还是不去"为"（做），而不是"能"或"不能"的问题。譬如，要把泰山夹在腋下跳过北海，告诉其他人说"我不能"，这是真的不能。为年长的老者折一根树枝，告诉其他人说"我不能"，这是不愿意做。施行仁政，并不属于夹泰山跳过北海那一类难事，而是属于为老者折树枝这一类。在孟子看来，实行仁政是国家兴衰的关键，夏、商、周三代之所以能得到天下，是因为实行王道仁政，后来之所以又失去了天下是因为背离了王道仁政。君王们只要愿意存养、扩充自己的仁爱之心，将之应用到治国理政上而实施仁政，其具体的做法不外乎两个方面，即养民和教民。

首先是养民。孟子对养民的问题着墨甚多，这或许与孟子的生活经历有关系。孟子的家乡邹国本身国力微弱，常常受到邻国的欺负，因此战乱频仍，人们流离失所，也许孟子在小时候经常遭受缺衣少食之苦。到了他成年游历各国期间，对战争的残酷和人民的疾苦有了更多、更直接深刻的感受和认识。据《史记》记载，公元前363年，秦国和魏国在石门交战，有六万士兵战死；公元前316年，秦国击败赵国、韩国联军，斩杀士兵八万人；公元前306年，秦国攻取宜阳，八万士兵被斩首。对当时战争的残酷，孟子曾经非常形象而一针见血地指出："争地以战，杀人盈野；争城以战，杀人盈城。"（《孟子·离娄上》）并说："民之憔悴于虐政，未有甚于此时者也。"（《孟子·公孙丑上》）人民饱受暴虐苛政的压迫之苦、统治之害，没有比他那个时代的情况更严重的了。正是这些残酷而血淋淋的政治现实状况，促使孟子在其政治思想主张中首先把保证人们的基本生活需求放在了第一位。

所谓"养民",首先就要从划定田界开始。滕文公曾派大臣毕战问孟子关于井田制的问题,孟子回答说:"要行仁政,就要先划定田界。田界划定以后,每块田地所交的税赋就很清楚了,管理的俸禄也根据田地来确定。因此,暴君污吏一定要把田界打乱,这样才能横征暴敛。"孟子认为,当时绝大多数国家都在严苛地压榨百姓,使他们既不能养活妻子儿女,又不能赡养年迈的父母。即使收成好的时候也吃不饱饭,而收成不好的时候就要面临死亡的危险。这样的国家想要治理好并进而想要统一、治平整个天下,无异于缘木求鱼。

依孟子之见,有道的明君会采用另外一种方法来治理国家:使老百姓能够拥有一定的赖以为生的"恒产"(固定产业),比如一家人有五亩宅地,种上桑麻,那么五十岁以上的人就可以有丝帛做的衣服穿了,同时再圈养一些鸡、猪、狗之类的家畜,那么七十岁以上的人就可以有肉吃了。同时还要保证每一家有百亩的田地,让他们依照农时勤快耕作,那么八口之家就不会再遭受饥荒的威胁了。

民众有了田产最要紧的就是要按农时耕作,有计划地进行农业生产。所以孟子特别强调,统治者的政策一定不要违背农时,以免破坏农业生产,这样就可以使丰收的谷子吃都吃不完;让人们打鱼捉鳖的时候不要用太密的网子,这样小的鱼鳖才能长大,相反竭泽而渔只会导致资源枯竭;让人们伐木砍柴的时候要有计划和注意节制,这样才能使山岭经常保持郁郁葱葱。只有这些人们生活所需的物质资源取之不竭、用之不尽,人们才能过上美好的日子。

另外,统治者和国家可以征收合理的赋税,但应尽量轻徭薄赋,不可横征暴敛;要保护和鼓励工商业,以通有无;要轻用刑罚,不可株连无辜,等等。这些都属于孟子仁政思想中"养民"政策的重要组成部分。

孟子认为,通过上述养民措施,使得天下的人都想在这个国家生活,这个国家出兵征讨某个暴虐的国君,那个国家的人民就会像久旱希望下雨一样欢迎仁者之师。这样的话,实行仁政的国家就可以在天下无往而不胜,最后就能实现天下的和平、安定和统一,正所谓"仁者无敌"。

其次是教民。尽管孟子认为人的本性中存在仁义礼智这四端,但是如果这四端没有被存养和扩充,那么人和禽兽也就没有什么区别。除了士人君子可以进行存心养性的努力之外,就一般民众而言,圣人的教化引导和国家的兴学重教,对于培养人们的孝悌德行、引领人们去恶向善,可以发挥至关重要的作用。所以孟子主张,国家在养民的基础上,还应设立学校教导人民孝悌之道和五伦之行,使人民懂得遵从"父子有亲、君臣有义、夫妇有别、长幼有序、朋友有信"这五种人伦关系的道理。通过这些途径,人们的道德修养水平会不断提高。

在倡导仁政的同时,孟子还极力尊王黜霸。然而,孟子所处的战国时代,周天子权威已经丧失殆尽,天下诸侯并立纷争,战乱不已,礼崩乐坏,仁义不兴,诈术繁用,霸道横行。

据《史记·商君列传》记载,卫国的公孙鞅(也就是后来在秦国进行变法而使秦国富强起来的法家代表人物商鞅)游说秦孝公时,第一次给秦孝公讲的是上古的帝道,讲了好长时间,孝公完全没有兴趣,听得昏昏欲睡。第二次讲的是三代的王道,孝公仍然不感兴趣。第三次讲的是春秋时期的霸道,孝公终于有了兴趣,认为卫鞅讲得不错。最后一次讲的是强国之术,即如何才能在列国激烈斗争的时代环境下更快速有效地实现和达到富国强兵的目的,这使孝公龙颜大悦,谈话间不自觉地移动自己的座席靠近卫鞅，两人促膝而谈，交谈数日都不知疲倦，并最终决定重用卫鞅，实行变法改革，奠定了秦国富强和统一六国的坚实基础。商鞅的变法和孝公的心态体现了当时各国统治者共同而普遍的心理状态和政治追求。

正当秦国起用商鞅以变法图强，楚、魏两国任用吴起以战胜弱敌，齐威王、宣王重用孙膑、田忌等人而使诸侯东面朝齐之际，天下诸侯国都专注于合纵连横，推崇征讨攻伐，而孟子却反其道而行之，倡导尧舜、夏商周三代的德行，大力弘扬孔子仁义之道，力主人性之善，倡导实行"以德行仁"或"以德服人"的王道，而反对"以力假仁"或"以力服人"的霸道（《孟子·公孙丑上》）。

针对战国诸侯国君崇拜迷信春秋时期齐桓公、晋文公霸业的现象，孟子辨析区分了几种施政方式：以德行仁，以力假仁，逞欲贼仁。这三种方式中，以德行仁是最好的方式，也是成就王道、实行仁政的唯一途径；以力假仁就是表面上打着仁义的旗号，事实上还是依靠实力进行较量，或者主要靠强力使得他人臣服，孟子认为，人们崇拜的齐桓公和晋文公大概就属于这一类；最后的逞欲贼仁就是为了自己的欲望完全抛弃道德约束，这在孟子看来是最要不得的。孟子所最关注以及着重加以辨析和区分的是前两种。孟子认为，王道和霸道在本质上是不同的，王道可以说以仁为治国的目的，而霸道则是把仁作为一个工具，因此霸道向王道转化就是要切实地实行仁政，以仁为导向。

孟子始终抱持一种坚定的"尊王黜霸"的政治立场和态度，他高举政治理想主义的旗帜，坚决反对霸道政治，极力倡导王道仁政，对于现实政治生活中日趋功利化和暴力化的强权霸道进行了最为严厉、激烈的批评。孟子的王道仁政思想在中国历史上产生了深刻而久远的影响，具有十分重要的政治意义，诚如萧公权先生所说，孟子的政治思想在后世成为"针对虐政之永久抗议"①。

4. 荀子的修身、治国与王霸思想

像孔子一样，荀子也特别注重和强调学以修身的问题，这与他的性恶论思想有着密切的关系。荀子力主人性本恶，认为人的本性生来就是好利的，顺着本性就产生了争夺，辞让也就消亡了；人的本性生来就有喜恶爱憎，顺着本性就产生了残害，忠信也就消亡了；人的本性生来就有声色享受的欲望，顺着本性就产生了淫乱，礼仪文理也就消亡了。因此顺从人原本的性情，肯定会导致争夺，扰乱法度秩序。（《荀子·性恶》）

针对人这种恶的本性，荀子主张通过制定礼仪规范来引导人们的行为。就如同弯曲的木料一定要经过矫正加热才能变直，钝的金属器具一定要经过磨砺才能锋利。人的邪恶本性，一定要经过师长和法度的教化才能端正，用礼义加以引导才能矫正。人如果没有师长和法度的教化，就会偏颇邪恶而不端正；没有礼义引导，就会悖乱而没有秩序。因此，在远古，古圣先王们认识到人性之恶，认为人性偏颇阴险而不端正、离经叛道而不服从治理，所以为人们制定礼仪、法度，来矫正、教化人们的性情。在人性恶的基础上，治理国家的方式也随之产生，那就是君主应做好表率，推行礼治。

荀子说："君者，仪也；民者，景（影）也；仪正而景正。君者，盘也；民者，水也；盘圆而水圆。君者，盂也；盂方而水方。"（《荀子·君道》）意思是，君主如同测定时刻的标杆，民众就像标杆

---

① 萧公权：《中国政治思想史》，新星出版社2005年版，第62页。

的影子;标杆正直,影子就正直。君主像石盘,民众就像盘里的水;盘子是圆的,那么盘里的水也就是圆的。君主就像水盂,民众就像盂中的水;盂是方的,那么盂中的水也就是方的。而君主的表率作用主要体现在他的品质和能力上。所以荀子也像孔、孟一样强调,统治者应首先修养自身的德行,端正自己的言行,故曰:"闻修身,未尝闻为国也。"而君主既然是"民之原(源)",只有水源清澈,水流才能清澈,反之,水源混浊,也就决定了水流必然混浊,因此,君主必须以身作则,首先加强自身的道德修养,才能引领人们改造自己的恶性,走向崇德向善的正确轨道。所以荀子说:"为人上者,必将慎礼义,务忠信,然后可。此君人者之大本也。"(《荀子·强国》)

君主做好表率后,关键要推崇礼义,依礼法来治国理政。荀子说:按照礼义法度来治理国家,那么国家就会遵循常规;尊重贤德的人,任用有才能的人,那么民众就明确了努力的方向;公正地考察,那么民众就不会怀疑;奖赏勤劳,惩罚懒惰,那么民众就不会偷懒;同时听取各种意见,明察一切事情,那么天下人就会归顺。然后再明确名分职责,根据轻重缓急的次序来安排工作,安排有技艺的人做事,任用有才能的人担任官职,这样就没有什么得不到治理的,那么为公的道路就会畅通而谋私的门径也就堵住了,为公的原则就会昌明而谋私的事情也就止息了。(《荀子·君道》)

与孟子一样,荀子也主张以富养民、以德教民的王道仁政,他说:"不富无以养民情,不教无以理民性。故家五亩宅,百亩田,务其业,而勿夺其时,所以富之也。立大学,设庠序,修六礼,明七教,所以道之也。《诗》曰:'饮之食之,教之诲之。'王事具矣。"(《荀子·大略》)意思是说,不富有就养不了民生,不教化就理不了民性,所以给百姓以住宅田产,让其安居乐业,不违农时,使其富裕。设立学校，完善六礼，倡明七教，来引导百姓的行为。《诗经》讲给民饮食，教化百姓，这就是圣王的事业。

而与孟子"尊王黜霸"不同，在统一和平治天下的路径上，荀子主张礼法并举、王霸兼用，认为："用国者，义立而王，信立而霸，权谋立而亡。三者，明主之所谨择也，仁人之所务白也。"（《荀子·王霸》）意即治理国家的人，以道义立身就能称王天下，以信用立身就能称霸诸侯，以权术谋略立身就会灭亡。这三种情况，英明的君主要谨慎选择，讲究仁德的人一定要弄明白。荀子说："国者，天下之大器也，重任也，不可不善为择所而后错之，错险则危；不可不善为择道然后道之，涂薉则塞；危塞，则亡。彼国错者，非封焉之谓也，何法之道、谁子之与也。故道王者之法，与王者之人为之，则亦王；道霸者之法，与霸者之人为之，则亦霸；道亡国之法，与亡国之人为之，则亦亡。"（《荀子·王霸》）荀子的这段话，集中阐述了什么是决定国家治理的关键。在他看来，国家，是天下最大的器具，治理国家是重大的责任，不可不为国家选一个好的地方来安置它，如果把国家放在险恶的地方那就危险了；不可不为国家选择一条道路来引导它，如果道路上杂草丛生，国家发展就会被堵住；陷入危险境地或受阻，国家就会灭亡。寻找好的地方和道路，并不是指给国家立好疆界，而是指遵行什么原理、与什么人一起来治理国家。遵行王道的办法，与奉行王道的大臣来治理，国家也就能称王于天下；遵行霸道的办法，与奉行霸道的大臣来治理，国家也就能称霸于诸侯；遵行使国家灭亡的办法，与奉行亡国之道的大臣来治理，国家就只能走向灭亡。

可见，荀子并不像孟子那样极力倡导王道而反对实行霸道，在荀子的观念中，王道和霸道都是可取的，并没有褒贬之分，都是实现国家治理的良好路径。这也从侧面反映了在荀子的时候,思想家们的主张更加"实际",只要能实现国家的富强,各种方法都可以兼容并用。

◇（四）儒家德政思想统治地位的确立

孔子、孟子尽管被后世尊为至圣先师、亚圣,但是他们在有生之年并没有看到儒家学说被当时的统治者应用到实践之中。相反,他们周游列国,屡遭困顿而"累累若丧家之犬",或者"所如者不合"而被认为"迂远而阔于事情"。在春秋战国时期,各诸侯国征伐不止,统治者最关心的是如何富国强兵以维持本国的生存问题,而无暇顾及落实和践行孔孟儒家"为政以德"、王道仁政的思想主张。

秦亡汉兴,直至汉武帝接受和采纳儒家学者董仲舒"罢黜百家,独尊儒术"的建议,儒家思想学说的命运才时来运转,最终被确立为帝制中国的统治思想。汉武帝元光元年（公元前134年）,汉武帝下诏在全国范围内征集治国的方略,举荐贤良文学之士。董仲舒被推荐参加皇帝主持的策问,前后共应答策问三次,后人称之为"天人三策"。

在"天人三策"中,董仲舒系统全面地回答了汉武帝所关心的诸多重大政治问题。汉武帝所关心的主要问题是如何维持汉家王朝的长治久安以及治国为政之道和天人关系的问题。董仲舒在对策中都一一作了回答,而且其对策中始终贯穿着一条明确的思想主线,就是君主应慎修己德,应为政以德或以德治国,治国理政应以德教为主而以刑罚为辅。

在第一次对策中,董仲舒就指出当时国家不治的根源,"今废先王德教之官,而独任执法之吏治民,毋乃任刑之意与！孔子曰'不教而诛谓之虐'，虐政用于下，而欲德教之被四海，故难成也"（《汉书·董仲舒传》）。意思是说，如今废除了古圣先王主管道德教化的官职，仅仅依靠执行刑法的官吏来治理百姓，这难道不是专任刑法治国的意思？孔子说过，如果不先进行教育就残杀人命便是暴虐之政。现在暴虐之政行于天下，而要想实现德教行之四海的目标，那是非常困难的。那么，如何改变这种现实状况呢？董仲舒建议道："故为人君者，正心以正朝廷，正朝廷以正百官，正百官以正万民，正万民以正四方。四方正，远近莫敢不一于正，而亡有邪气奸其间者。"（《汉书·董仲舒传》）意思就是，作为君主首先要带头端正自心，君主自心端正才能去端正整个朝廷的政治风气，朝廷政风端正才能去端正文武百官，百官端正才能去引领、端正万民百姓，万民百姓端正才能去端正天下四方。天下四方端正，远近之人都统一于端正，这样就不会再有奸邪之气混杂于其中。

在第二次对策中，董仲舒提出了治理国家的具体措施，首先要养士，建立太学。通过建立太学、聘请名师培养士子，并经常考问测试，以便发现其中的英俊之才。其次是举荐贤臣。因为现有的官吏既不能教谕百姓，又不能贯彻君主的旨意，而是虐待百姓，与奸邪之人朋比为党。要使用真正的贤能之人，才能更好地治理国家。那么如何甄选贤能之人呢？命列侯、郡守、俸禄二千石的官员在自己治理之地举荐贤能的人，每年两名，让他们在宫禁中担任职务，考察他们的能力。如果贡献的是贤能之人，那举荐者有赏，反之则受罚。这样的话，列侯、郡守、官员就会竭尽全力发现贤能之人，天下的贤能之人也就都会为国家所用。

在第三次对策中，董仲舒主要讲的是天人之应，也就是人怎么来顺应于天的问题，主要强调君主应法天而治。他说："古圣先王遵从天的法度来施政，博爱无私，广施恩德以厚养百姓、设立礼仪教化百姓。春天是万物生长的时候，所以仁德的君主爱护百姓；夏天是万物成长的时候，所以有德的君主养护百姓；到了秋冬霜冻肃杀，这时候君主才施行刑罚。"（《汉书·董仲舒传》）董仲舒认为，这是古往今来一致的道理。

最后，在这次策问中，董仲舒提出来一个极具影响的建议，就是要统一学术思想，在政治上奉行儒家的治国为政之道。从此以后，儒家的德治仁政思想取得了统治思想的地位，乃至对政治生活产生了持续深刻的影响。不管实际情况如何，至少从观念上讲，后世历朝历代的统治者都不能不公开奉行儒家的德治仁政思想，都将君主正己修德或为政以德的治国方略作为基本的国策遵循。

◇（五）历代对德政思想的实践

纵观中国古代所谓的治世，从西周的成康之治，到汉朝的文景之治，到唐朝的贞观之治，再到明朝的仁宣之治，之所以会出现这样的治世局面，关键的一点就是统治者能注重修养自己的德性，以为政以德、正人先正己的方式来治国理政。

周朝的成王、康王，汉朝的文帝、景帝，能够克己修德，慎用刑罚，那时的人们也很少违法犯罪，所以才会出现囹圄空虚、仓廪充实、社会安定的治世局面。相反，秦始皇父子只知用严刑峻法、为政以暴的方式来实施统治，而不懂正己修身、"为政以德"的道理，终致二世而亡。正所谓"以礼义治之者，积礼义；以刑罚治之者，积刑罚。刑罚积而民怨背，礼义积而民和亲"（《汉书·贾谊传》）。

唐贞观六年（632年），太宗尝谓侍臣曰："朕闻周、秦初得天下，其事不异。然周则惟善是务，积功累德，所以能保八百之基。秦乃恣其奢淫，好行刑罚，不过二世而灭。"（《贞观政要·君臣鉴戒》）这是说，周、秦两朝，最初取得天下是一样的。然而，周朝建国后专务实行善政善治，不断积累功业和仁德，所以能够保持八百年的基业。相反，秦朝建国后统治者恣意妄为、骄奢淫逸，喜欢用刑罚治国，结果没有超过两代就灭亡了。

正是因为能够吸取和借鉴历史兴亡的经验教训，唐太宗才能成为一代开明的君主，不仅开创了一代盛世，也留下了很多谈论为君之道的名言警句。在贞观初年，太宗对侍臣说："为君之道，必须先心存爱护百姓之意。如果君主以损害百姓来奉养自己，犹如割大腿上的肉来果腹充饥，肚子饱了性命也就没了。如果要使天下安定，就需先正其身，没有身正而影斜、上治而下乱的道理。"（《贞观政要·君道》）有明君才会有名臣，正因为有了开明的唐太宗，所以才会有房玄龄、魏征等众多的贤相诤臣。魏征给我们留下的最有名的文献就是《谏太宗十思疏》，里面讲道："求木之长者，必固其根本；欲流之远者，必浚其泉源；思国之安者，必积其德义。源不深而望流之远，根不固而求木之长，德不厚而思国之理，臣虽下愚，知其不可，而况于明哲乎？"（《贞观政要·君道》）意思是说，如果希望树木能够长得茂盛的话，就必须要培植而使树根牢固；如果想要河水流到远方的话，就必须要挖深疏通它的源头；如果想要国家政治安定的话，就必须要多积累道德仁义。源头不深而希望河水流得远，树根不固而想要树木长得高大，道德不厚而想要国家得到治理，臣下我虽然卑下愚蠢，也知道这是不可能的，更何况明智的君主呢？魏征的这一番谏言正是要劝告唐太宗，要想做一个明君，就必须要修养自己的德行，只有正身修德，不断积累德行仁义，切实地为政以德，才能使国家安定、社会治平。

据《贞观政要·政体》篇记载，贞观二年（628年），太宗和黄门侍郎（门下省的副官）王珪也曾有一番问答，太宗问："最近几个朝代君主治国，为什么比不上古圣先王？"王珪回答说："古圣先王为政，都崇尚清静无为，顺从百姓的意愿。最近几个朝代的君主都是损害百姓来满足自己的欲望，任用的大臣也都是不通治国之道的人。汉朝的宰相都精通一经，朝廷有什么疑问都能引经据典予以解决，因此人人遵从礼教，天下太平。近代重武力、轻儒学，有的还掺杂法制、刑律之说治理国家，儒家受到伤亏，淳朴的风气也被败坏。"太宗认为他说得很有道理，其后官员中有学识优长的，多被拔擢。

另据《贞观政要·君道》篇记载，贞观十五年（641年），太宗和魏征又有一番问答，太宗问："守天下是难是易？"魏征答曰："非常难。"太宗说："选贤任能、虚心纳谏，就可以了，哪里难了？"魏征答道："纵观历代帝王，处在忧患危机之时，能选贤任能、虚心纳谏。到了安乐的时候，肯定懒惰懈怠，上书言事之人心存畏惧，天长日久国家就会走向危亡。圣人讲居安思危，正是为此。安乐的时候能考虑危亡，难道不难吗？"

正是因为太宗君臣在政治上达成了重要共识，一致认为治国之道在于克己修身、为政以德和爱护百姓，才能够成就一番天下治平的盛德大业，乃至使贞观之治不仅成为大唐王朝的标杆，也成为整个中国历史上政治清明、社会安宁的象征。

据《明史》记载，开创"仁宣之治"的明仁宗朱高炽从小就稳重沉静，言语行动有理有据。有一次朱棣问他："尧帝、商汤时候，有了洪灾或者旱灾以后，老百姓能依靠什么？"朱高炽答道："依靠的是古圣先王抚恤百姓的仁政。"朱棣听了大喜过望,认为他有君王的见识。即位以后,明仁宗平反了很多在过去政治斗争中受到牵连的人,对他们实行宽宥的政策。因言获罪被贬斥的大臣也同样得到宽恕。当他听到山东、徐州等地的百姓没有粮食,但是相关政府机构还在抓紧征收夏税的时候,于是在紫禁城的西角门召见大学士杨士奇,让他赶紧起草免去当夏一半粮税的诏书。杨士奇说:"皇帝爱民之心已经达到极致,但是免除粮税的事情还得户部、工部知道。"仁宗说:"救民之穷就如同救火救溺一样着急,不可迟疑。相关衙门考虑的是国家用度不足的问题,肯定会犹豫下不了免除粮税的决心。"于是,命中官准备笔纸,让杨士奇就在门楼上写诏令。仁宗看了以后立即盖上玉玺,公布全国。

明宣宗和明仁宗一样,也是心怀仁德的一位君主。他在位期间多次颁布宽恤百姓的政令。有一次他出巡时看见百姓耕田,于是下马询问农事,拿着杷子亲自杷了几下,给左右的大臣说:"朕才杷了三下就十分劳累,更何况老百姓终年劳作呢?"于是就让侍卫给所经过之地的百姓以钱钞。据《明史》记载,仅在宣德九年一年,宣宗先后多次颁布赈济、宽恤的诏令。

以上事例虽然还不能完全说明中国人正己修身、"为政以德"德政思想的深刻意义和现实影响,但历史经验告诉我们,要想使"为政以德"的德政思想真正落于实处并产生实际的社会政治效果,问题的关键在于统治者必须能够真心实意地克己修德,切实贯彻和推行以养民和惠民为根本目的的善政德治,否则只停留于口头上的表面文章,是毫无意义的。在中国历史上,昏君乱世之所以常常发生,原因就在于此。尽管在昏君当政、社会充满危机的时代,帝王的诏书号令中也充斥着正己修身、"为政以德"等各种冠冕堂皇的字眼,妄想借此来换取人民的忠心和对其至高无上权威的认可与服从，但这不过是枉费心机而已。

唐太宗贞观十年（636年），魏征曾在上疏中说："臣闻为国之基，必资于德礼；君之所保，惟在于诚信。诚信立，则下无二心；德礼形，则远人斯格。然则德礼诚信，国之大纲，在于君臣父子，不可斯须而废也。"（《贞观政要·诚信》）意思是说：为政治国的基础，必须依靠德行礼义；国君的保障，只在于讲求诚信。诚信树立起来了，那么臣下就不会有异心；德行礼义表现出来了，那么远方的人们就会来归服。既然如此，德行、礼义和诚信，可以说正是国家的大纲领，它们体现在君臣父子之间的伦理关系当中，是一刻也不能废弃掉的。总之，治国为政务须以德行礼义为根基，而正身修德、正己正人、为政以德，又皆须讲求真诚和信用。唯诚信以修德为政，才能身安国治。正所谓"国无德不兴，人无德不立"。

五

纳言听谏，君道天职

——中国人崇尚谏议的政治传统、理论与制度

在任何时代，掌握公共权力的人都应受到一定程度的制约和限制，如果统治者出于私心贪欲而独断专行，甚至任意妄为，必然会给国家的治理带来难以弥补的损害，给政治的事业造成灾难性的严重后果。因此，明智的统治者必然会克制自己的私心贪欲，乃至采取一定的防范措施、构建相应的调节机制，甚至努力把权力关进制度的笼子里，以便能够为了治国理政的公共事业而正确地行使自己手中的权力。其中一项重要的防范措施和自我调节机制，便是广开言路、纳言听谏，在中国古人看来，只有克己奉公、广开言路、善于纳言听谏的统治者，才能尽其为国为民的天然政治职责，乃至遵循和奉行正确的治国之道来治国理政，这不仅可以稳固自己的政治统治，更能够维持国家的长治久安、增进人民的福祉。因此，在中国历史上，形成了一个源远流长的谏议传统，其中蕴含着丰富的政治智慧，值得今人认真对待和吸取借鉴。

◇（一）进谏受赏，战胜于朝廷

战国时期，齐国有一位名叫邹忌的政治家，他在齐威王统治时期担任齐国的国相。为了劝说齐威王纳言听谏，他以自己的生活经历和切身体验为例来讽喻、劝导齐威王，并最终说服了齐威王。事情的经过是这样的：

用今天的话讲，邹忌可以说是一个高富帅的政治人物，不仅职任一国之相，而且人长得高大，相貌又很漂亮。早晨，他穿戴好衣帽，照着镜子，问他的妻子："我和城北的徐公比较，谁长得更美？"他的妻子回答："当然是您更美，徐公怎么能比得上您呢！"

城北的徐公，是齐国一位出了名的长得很美的人。邹忌不相信自己比徐公还美，就又问他的小妾："我和徐公比较，谁长得更美？"他的小妾也回答说："徐公怎么能比得上您呢！"

白天，有一个客人从外地来拜访，俩人相坐交谈，谈话中邹忌问客人："我和徐公比较，谁长得美？"客人说："徐公不如您美。"

第二天，徐公来到邹忌家，邹忌仔细地端详徐公，觉得自己不如徐公长得美。照着镜子看自己，更觉得自己远不如徐公长得美。

晚上，邹忌就寝时便躺在床上想这件事，说道："我的妻子说我长得美，是出于对我的偏爱；我的小妾说我长得美，是出于对我的畏惧；来访的客人说我长得美，是因为有事求助于我。"

邹忌想明白了之后，于是上朝去拜见威王，说："我确实知道自己不如徐公长得美，但我的妻子偏爱我，我的小妾畏惧我，我的客人有事想求助于我，所以他们都说我长得比徐公美。现如今齐国的国土范围方圆有一千里，城市有一百二十座，王宫里的妻妾和左右亲近之人没有不偏爱大王的，朝廷里的大臣没有不畏惧大王的，四境之内的全国人民没有不有求于大王的。这样看来，大王受到阿谀奉承的蒙蔽一定会很严重啊！"

威王听了上面一番话，自然明白邹忌的意思，于是说："您说得好。"并立即下达命令道："朝廷群臣、各级官吏和百姓，能够当面指出我的过失的，受上等奖赏；上书向我进谏的，受中等奖赏；能够在街市和朝廷议论我的过失，传到我耳中的，受下等奖赏。"

这道命令刚下达之初，许多大臣都来进谏，齐王宫殿的门前就像闹市一样。几个月之后，不定时地间或有人前来进谏。一年之后，虽然有人想来建言，却没有什么可以进谏的了。燕国、赵国、韩国、魏国听说了这种情况，就都来齐国朝见齐王。这就叫作在朝廷之上战胜了其他国家。(《战国策·齐一》)

从上面的故事我们知道，邹忌是一位颇有自知之明的国相，而且非常聪明睿智，擅长用比喻和故事来启发、劝导君主；而齐威王则是一位愿意纳言受谏、乐于改正自己过失的贤明君主。正因为如此，他们君臣二人才能齐心协力并广开言路、集思广益，共同引领齐国走上强盛之路，而且不必使用武力就能"战胜于朝廷"而让其他国家前来朝拜齐国。

从上面这个生动的故事，我们无疑能够获得这样一个深刻而有益的启示，那就是：对于治国理政来说，纳言受谏具有根本的重要性。而且，齐威王和邹忌君臣的故事所反映的还不只是一时一地的情况，事实上，在中国历史上和政治生活中很早就形成了并一直延续着一个源远流长而具有深远影响的谏议传统。

◇（二）人人可谏：上古三代的政治遗风

所谓的谏议，包括进谏和纳谏两个方面，在中国古代历史上是一种比较常见的政治现象，纳谏的主体主要是拥有决策权的政治领袖人物，而进谏者的身份却并不确定，可以是任何想要建言献策、指陈政治得失的人。当然，无论是纳谏还是进谏，都是既可能采取直接、主动、正规建言纳谏的方式，也可能采取间接、被动、非正规建言纳谏的方式。不过，在官僚君主制的政治架构下，因为设置有专司谏议的官职，因此，进谏者往往是担任相应官职的正式官员，而进谏的主要对象和纳谏的主体则是国家的最高统治者君主。由于君主乾纲独断、拥有至高无上的权力，其个人的道德修养、政治识见和治国理政能力不仅直接决定着进谏和纳谏的效果及进谏者的政治前途和生死命运，进而更影响到一朝一代政权盛衰兴亡的命运走向。因此，在古代官僚君主制时代，建言纳谏的言路畅通与否及其成效如何，可以说恰恰能够成为考量和评估一个时代政治得失成败的一把重要标尺。

中国古代的谏议传统最早可以追溯到原始氏族社会后期实行的民主决议制度。相传，在原始父系氏族社会后期，即中国中原各族的部落联盟领袖黄帝和尧、舜、禹统治时期，曾经实行过一种广泛征集政策建议和意见的咨询谏议制度。根据《管子·桓公问》篇的记载，黄帝曾经建立明台，以便征集、咨询贤士的意见；尧设有衢室，以便询问、倾听下面人们的呼声；舜树立起号召人们告善进谏的旌旗，以免自己被蒙蔽；禹把谏鼓设立在朝堂之上，以备人们上告之用。后来，商朝的开创者汤在四通八达的道路上建立街庭，以便观察、听取人民的诽谤之声；周朝的建立者武王也设有灵台，让人们建言献策以便能够使贤能之士得以进用。后来，春秋时期的齐桓公听取管子的建议，学习效法古圣先王的做法，也设立了听取人们议论政治得失、批评君上过失的啧室。

《吕氏春秋·自知》篇也有类似的说法，尧设置了欲谏之鼓，想要进谏的人可以击鼓进谏；舜设置了诽谤之木，进谏者可以将君主的过失书写在它上面；商汤设有伺察和直言劝谏君主过失的士官，周武王设有为告诫君主谨慎行事而摇动的鞀鼓。

上述古圣先王之所以汲汲于这样做，其目的都是要让别人及时指出自己政治上的过失，以便使自己能够了解这些过失而具有自知之明。历史的经验告诉我们，一国之君只有有了自知之明，其个人的权位和性命才会有安全的保障，国家也才能维持长久的治安与繁荣，否则，则会惹来杀身之祸，同时也会使国家陷于混乱危亡的境地。反之，君主要想了解自己的过失，使自己具有自知之明，就必须要积极主动地广开言路，纳言听谏，虚心听取他人的批评建议。

由此可见，中国古人早就明白这样一个道理，进谏和纳谏在政治生活中具有十分重要的意义。而进谏者并不限于贤能之士，或者像秦汉以后那样在官僚系统中设有正式的专司谏议的常规官职，而是所有人都可以向统治者提出谏言劝告。正如北宋史学家司马光所说："古者无谏官，自公卿大夫至于工商，无不得谏者。"（《谏院题名记》）晚清学者魏源亦曾说："古无谏诤之官，人人皆谏官也；不惟广受天下之言，亦所以广收天下之才。"[①] 上自公卿大夫，下至工商庶民，人人皆可以向统治者提出诤言谏议。这一人人可谏的古老谏议传统，

---

① 魏源：《魏源集》（上册），中华书局 2009 年版，第 68 页。

不仅可以使统治者能够广泛听取和受纳天下人有益的建言献策，亦可以使统治者借此机会广泛了解和搜罗天下有用的人才。

至西周时期，人人可谏的谏议传统和政治风尚，可以说发展到了一种非常成熟和高度理性的形态，其影响所及，直到春秋时期依然被人们所津津乐道。譬如晋国的师旷（乐师官）就曾向晋国国君全面地描述过这一传统，他首先强调说："一位品德优良的君主应该赏善而刑淫，应该像对待子女一样爱护教养人民，覆盖养育人民如上天之高大，承载包容人民如大地之广厚。相应地，人民就会尊奉其君，爱之如父母，仰之如日月，敬之如神明，畏之如雷霆。"（《左传·襄公十四年》）这是说，君主首先必须按照为君之道的要求来尽自己的天职，只有这样，人民才会尊重和敬畏君主。否则，人民就有正当的理由放逐和反抗暴君的统治。

接着，师旷又进一步阐述说：上天生育人民而为之建立君主的根本目的，说到底也就是要让君主来治理国家、保护人民的安全、教养人民的性情，使之过上一种安乐富足而又富有道德文明教养的社群生活。而为了确保君主能够尽其君道天职，就必须为君主设置辅助其治国理政的卿佐，同时使师傅教育引导之，随时谏诤其过恶，以便使君主不要过度放纵自己。因此，上自天子、诸侯、卿大夫都设置有辅佐自己的官职，而士（周代最低一级的贵族）有朋友，工商庶人和普通百姓亦皆有亲近之人，彼此规谏、相互辅佐。有善行则加以劝勉，有过恶则加以匡正，有患难则加以救助，有过失则加以惩革。自周王以下各有父兄子弟来补救其过失、考察其得失。君主的一举一动都有史官加以记录，有乐师歌诗奏曲以便洞悉民情、倾听民声，有乐工诵读规劝匡正的箴言谏辞，有大夫进行规劝教诲，士闻君过失则传告大夫，庶人在道路上、商旅之人在市场上都可以批评议论政治得失，各行各业的工匠也可以通过他们的技艺之事来进行规劝进谏。

总之,上天因为特别爱护人民才设立君主,绝不会让君主一人骑在人民的头上放纵自己的淫欲而恣意妄为,因此,对君主的过失,人人都可以进行批评和议论、提出规谏和建议,目的便在于保证君主能够尽其爱护教养人民的君道天职。

以上便是上古三代传承遗留给后人的人人可谏的政治优良传统,可能有后人美化的成分,但它对于后世绵延久远的谏议传统和政治批评精神却产生了难以估量的重要历史影响。

◈(三)中国古代的谏议理论

受上古三代人人可谏的政治遗风的影响,春秋战国时期人们已经普遍把进谏和纳谏看作影响国家兴亡盛衰的主要因素,所以谏议问题在当时受到了思想家和政治家的高度重视,他们从理论层面对于这一问题进行了极为深刻的思考和总结。

研究中国政治思想史的著名学者刘泽华先生曾经对先秦时期的谏议理论进行过全面系统的梳理和概括,扼要而言,先秦政治家和思想家的谏议理论主要有如下几种[①]:

第一,强调君臣之间应"和而不同",也就是说,臣下不应一味顺从君主个人的偏私喜好,对君主阿谀逢迎、唯唯诺诺。事实上,君主的言论和行动不可能都绝对正确,君主也会犯过失和错误,因此,对于君主的言论和行动,臣下应该审视和考察其政治上的是非对错,

---

[①] 参见刘泽华《中国传统政治思想反思》,生活·读书·新知三联书店1987年版,第156—163页。

为君主提供正确的意见和建议，而毫不隐讳地指出和纠正其过失与错误。唯有这样，才能在君臣之间构建一种真正和谐的政治关系，而不是排斥不同意见、臣下一味迎合君主个人偏私喜好的同一关系。"同"只会败坏政治关系，给国家的治理造成不可避免的危害。

第二，臣下应为了维护社稷的安危、为了天下公共的利益而向君主进谏，而不是为了维护君主个人的私利。这种理论明确将国家与君主、社会整体或天下公共的利益与君主个人的私利作了区分，为进谏提供了一种为公而谏的理论依据，这是非常有意义的。

第三，为了维护公共的道义而进谏。先秦时期的思想家和政治家们已经充分认识到，君主和道义并不一定完全一致，当服从君主的命令和权威跟治国理政的公共道义或基本原则发生矛盾和冲突时，他们主张臣下应该服从道义而不是服从君主。

第四，疏导舆论，听取谏议。治国理政应该服从公论和民意，公共的舆论和人民的意见在政治生活中应高于或重于君主个人的私心私意，因此，君主应尊重和服从天下的公论和民众的意见，应听取臣下的建言和人民的心声，应疏导而不是压制、堵塞人民的言论。私心自用、听不进直言劝谏的统治者，一定是亡国之主，只会自取灭亡。

第五，用贤纳谏以补己短。作为一个个体，君主的个人才智和能力一定是有局限性的，治国理政必须依靠众人的才智和能力，具有自知之明的统治者一定会用贤纳谏、借助众人的才智和能力来弥补自身的不足。

第六，尊师听教，信任和重用谏臣。君主受身边什么样的人的熏染，对于治国理政的成败具有至关重要的影响，君主尊师听教，尊重和任用圣贤人物辅佐自己，乐于听取直言敢谏之士的意见和建议，国家便会得到良好的治理，否则，只会造成自身的昏聩、导致国家的败亡。

汉代以后，由于儒家文化长期居于主导地位，相对于先秦其他诸子学派，儒家对于谏议问题的理论思考和讨论对中国后世影响最大，它的基本思想成为秦汉之后中国整个帝制时期谏议思想和谏议制度构建的理论基石。

儒家关切政治，具有一种强烈的入仕精神与政治情怀。既然要参与政治，实现经世致用的抱负与理想，那么势必需要寻求一种合理的方式来说服君王，使之可以采纳自己的治国理念。不过，正如人们常以"伴君如伴虎"来形容事君的危险性与困难性，儒家对于这一问题也有充分的认识，所以事君之道在儒门之中长久以来都是一个被探讨、研究的重要政治话题。作为儒家学派的创始人，孔子把君臣关系对于国家治理的作用提升到了一个非常高的位置，因为它是一个会直接影响到邦国兴衰的重要问题。为此，孔子提出君臣关系的维系不能仅凭靠权力，他期望构建的是一种君主依礼来使用臣下，臣下以忠心服事君主的和谐关系。不过，孔子所言的忠君绝不是盲目顺从，而是主张要"以道事君"（《论语·先进》），即身为大臣应按照最合乎仁义的方式来对待、服事君主，如果这样行不通，宁肯辞职不干。

正是出于臣下"以道事君"的考虑，孔子明确提出臣下应敢于直言进谏，勇于指责君主的过失或者不足。当然，孔子也非常清醒地认识到，臣下进谏是有一定条件的，正如孔子弟子子夏所说，应"信而后谏"，"未信，则以为谤己也"（《论语·子张》），就是说必须取得信任以后才去进谏，否则君主就会以为你在毁谤他。在规劝国君过失时，也要讲究方式、场合，根据《孔子家语·辨政》篇记载，孔子曾经将忠臣进谏君主的方法分为五种：一是委婉地进谏，二是刚直鲁莽地进谏，三是心平气和地进谏，四是直言进谏，五是以婉言隐语进谏。进谏需要揣摩君主的心理来实施相应的方式，比较而言，孔子更为赞同那种采用婉言隐语进行劝谏的方式，因为它不直接指责君主的过失，而是通过引经据典来彰明道理，这样更容易被君主接受。孔子还指出，对于君主的劝谏，如果君主不采纳，就要适可而止，"为人臣之礼，不显谏，三谏而不听，则逃之"（《礼记·曲礼下》）。意即做臣下的礼仪规矩是，不要公开批评、议论国君的过失和错误，再三规劝和进谏而君主不听从的话，自己可以离职而去。

继孔子之后，孟子又进一步丰富和发展了儒家维护公共道义的谏议思想。孟子十分重视君子和大臣在政治生活和国家治理中"以道事君"和"格君心之非"以便将君主引导到正确道路上来的重要作用，认为君主若没有贤臣的辅佐，是难以成事的。他认为，为人臣者应当以道义作为自己立身行事的根本，他说："天下政治清明，就终身行道；天下统治黑暗，就为道献身；还没听说过牺牲道来迎合人的。"（《孟子·尽心上》）同时，孟子还提出真正的忠君并不是表现在唯君命是从，把顺从当作正确的行为准则，这是"妾妇之道"（《孟子·滕文公下》）。孟子所要追求的是一种"大丈夫"的精神境界：住在天下最宽广的住宅"仁"里，站在天下最中正的位置"礼"上，走在天下最开阔的大路"义"上；得志的时候，和老百姓一道走；不得志的时候，自己走自己的路。富贵不能使他骄狂，贫贱不能改变他的心志，威武不能使他屈服，这样才叫作大丈夫。（《孟子·滕文公下》）孟子所倡导的这种"大丈夫"精神恰恰是为人臣者所必要的内在道德修养。

在构建君臣关系上，孟子也认为君臣应当相互尊重而不是相互轻薄和仇视，他说："君之视臣如手足，则臣视君如腹心；君之视臣如犬马，则臣视君如国人；君之视臣如土芥，则臣视君如寇雠。"（《孟子·

离娄下》）同时，孟子还进一步指出，一个君主只有善于纳谏，才能更好地聚拢臣心，使之对自己心悦诚服。在孟子看来，想要有大作为的君王，"必有所不召之臣，欲有谋焉，则就之。其尊德乐道，不如是，不足与有为也"（《孟子·公孙丑下》）。意思是说，将会大有作为的君主，必定有他不能一召唤就来的臣下，要想商议谋划政事，就必须亲自到这样的臣下那里去听取他的建议。君主必须像这样尊崇德行和爱好道义，不这样的话就不足以与他有所作为。历史上许多有为的君主都是这样向臣下学习纳谏的。

在先秦儒家看来，君权并不是无限的、绝对的，而是有限的、相对的。如果君主无道，不听劝谏，一意孤行，则不配再继续当君主，就应该被有道者取而代之，这使君主被剥夺了神圣不可侵犯的政治光环。

据《孟子·万章下》篇记载，齐宣王曾经向孟子询问有关公卿的事。

孟子说："王问的是哪一种公卿？"

齐宣王说："公卿还有所不同吗？"

孟子说："不同的。有和王室同宗族的公卿，也有和王室不同姓氏的公卿。"

齐宣王说："我问的是和王室同宗族的公卿。"

孟子说："君王如果有重大错误，他就上谏；反复上谏还不听从，就废掉他君王的权位而改立别人。"

齐宣王突然变了脸色。

孟子说："王不要诧异。王问我，我不敢不诚实地回答。"

王的脸色平静以后，又问和王室不同姓氏的公卿。

孟子说："君王如果有错误，他就上谏要求改正；反复上谏还不听从，自己就离职而去。"

荀子是先秦儒家最后一位思想大师，他对于儒家谏议思想也有很大发展。荀子认为人生来就具有好利性、嫉妒心和喜好耳目声色之欲的自然本性，顺从放纵这些自然本性就会带来不良后果，因此人在本性上是恶的，而善则是后天经过人为地不断努力和修养自身的结果。只有师法、礼义才能矫正和约束人性，所以古代的圣人"起礼义、制法度"来化导人的情性。君主也不例外，君主也要通过各种方式修身养性，特别是以礼正身；而就治国理政来讲，对君主而言，其中最重要的便是要善于接纳谏言，减少自己的过失。

荀子指出，成大业之君要尊重贤德的人，任用有才能的人，多听取各方意见。只有公正地同时听取各种不同意见，君主才能使自己变得明智而富有理性，而偏听偏信只会使自己变得愚暗昏庸，正所谓"兼听则明，偏听则暗"。而身为圣明之君要想做到"公生明"，必须善于洞悉事物的两种可能，掌握好"欲恶取舍之权"：看见那可以追求的东西，就必须前前后后考虑一下它可厌的一面；看到那可以得利的东西，就必须前前后后考虑一下它可能造成的危害；两方面权衡一下，仔细考虑一下，然后决定是追求还是厌恶、是摄取还是舍弃。像这样就往往不会失误了。大凡人们的祸患，往往是片面性害了他们。看见那可以追求的东西，就不考虑考虑它可厌的一面；看到那可以得利的东西，就不去反顾一下它可能造成的危害。因此行动起来就必然失足，干了就必然受辱，这是片面性害了他们而造成的祸患啊！（《荀子·不苟》）

更重要的是，荀子在政治上明确提出了"从道不从君"的原则，将君主和国家进行了明确区分，并根据大臣在国家治理或维护社稷安危中所起的作用，将其划分为"态臣""篡臣""功臣""圣臣"，无德无能而巧言佞说、善于取宠于君上者为"态臣",上不忠于君而下能取誉于民、不顾公道正义而善于结党营私者为"篡臣",德能兼备、士民亲信、忠君爱民者为"功臣",尊君爱民、施行政令教化而能使国家治理有方者为"圣臣"。因此,在荀子看来,对于臣下,不能简单地以"顺从"或是"逆命"来评判其忠贞与否,关键要看"从命"和"逆命"对于君主和国家是否有利,那些不顾及和体恤君主荣辱与国家安危而只是一味地偷合苟容以持禄保位的臣下,实可称之为"国贼"。(《荀子·臣道》)

荀子鼓励大臣要做"谏、争、辅、拂之人",他说:当君主有了错误的谋划、错误的行为,国家将危险、政权将灭亡,这时大臣、父兄中如果有人能向君主进呈意见,意见被采用更好,不被采用就离去,这样的可以叫作谏臣(劝谏之臣);如果有人能向君主进呈意见,意见被采用更好,不被采用就殉身,这样的可以叫作争臣(苦净之臣);如果有人能联合有智慧的人同心协力,率领群臣百官一起强迫君主、纠正君主,君主虽然不服,却不能不听从,于是就靠此消除了国家的大忧患,去掉了国家的大祸害,使君主尊贵、国家安定,这样的可以叫作辅臣(辅助之臣);如果有人能抗拒君主的命令,借用君主的权力,反对君主的错误行为,因而使国家转危为安,除去了君主蒙受的耻辱,功劳足够用来成就国家的重大利益,这样的可以叫作拂臣(匡正之臣)。所以,"谏、争、辅、拂之人,社稷之臣也,国君之宝也",意即那些能够劝谏、苦净、辅助、匡正的臣下,才是维护国家政权、治国理政和安定社稷所真正需要的大臣,是国君的宝贵财富,是英明的君主所应尊敬优待的,但愚昧的君主、糊涂的国君却把他们看作自己的敌人。所以英明的君主所奖赏的人,正是愚昧的君主所惩罚的对象;愚昧的君主所奖赏的人,正是英明的君主所惩罚的对

象。(《荀子·臣道》)

同孔子与孟子一样，荀子对于向君王进谏的困难与危险同样有着深刻的认识，所以他也强调进谏不能鲁莽，一定要注意讲究谈话劝说的方式方法，他说："谈话劝说的最好方法就是，以严肃庄重的态度去面对，以端正真诚的心态去对待，以坚定刚强的意志去扶持，用譬喻称述的方法去晓谕，用分辨区别的方法去阐明，热情、和气地劝说进谏，使自己的话显得宝贵、珍异、重要、神妙。像这样，那么劝说起来就往往不会不被接受，即使不去讨好别人，别人也没有不尊重的。这叫作能使自己所珍重的东西得到珍重。"(《荀子·非相》)荀子认为，劝说的难处在于怀着极其崇高的思想境界去对待那些极其卑鄙的人，带着最能将国家治理好的政治措施去接触那些最能把国家搞乱的人，这是不能直截了当达到目的的。

当然，荀子虽然极力主张臣下侍奉君主要"从道不从君"，但是当面对现实的无奈时，荀子却也提出了一些明哲自保的权宜之计。他说：侍奉圣明君主的，有听从而没有劝谏苦诤；侍奉一般君主的，有劝谏苦诤而没有奉承阿谀；侍奉暴君的，有弥补缺陷除去过失而没有强行纠正。被逼迫、受挟制地生活在混乱的时代，走投无路地住在暴君统治的国家，而又没有办法避开这种处境，那就推崇他的美德，宣扬他的善行，不提他的罪恶，隐瞒他的失败，称道他的长处，不说他的短处，把这些作为既成的习俗。(《荀子·臣道》)荀子的这一说法，显然为了进谏者能够自我保全，据此亦足见谏臣之难。

除了儒家，先秦其他学派的思想家对于谏议问题也做过很多论述。墨子在《墨子·亲士》篇中称："君必有弗弗之臣，上必有詻詻之下。""弗弗之臣"指的就是敢于矫正君主过失的臣下，"詻詻之下"就是直言极谏的下属。墨子认为，谏诤是"人臣之道"(《墨子·非儒下》），是臣下的职责所在，如果为人臣下者不谏不诤，隐藏自己的智谋，就像敲钟一样，钟不敲不响，作为臣下，君主不问就不说，而只是安静冷淡地等待君亲发问，然后才作回答。即使对君亲有大利，不问也不说。如果将发生大寇乱，盗贼将兴，就像一个安置好的机关将发动一样，别人不知这事，自己独自知道，即使君亲都在，不问就不说，这实际是大乱之贼。

韩非作为法家思想的集大成者，在继承前期法家思想的基础上提出了一套"法、术、势"三者结合的帝王统治之术，将法家君主专制主义的理论发展得更加系统完备。韩非在主张以法治国和加强君主绝对权威的同时，也强调君主应该兼听纳谏、听取臣下的忠言，而且特别强调众端参观、听无门户，即观察、听取、参考、比较各种不同意见和善于抉择的重要性。他说："忠言拂于耳，而明主听之，知其可以致功也。"（《韩非子·外储说左上》）在韩非看来，君主观察和听取臣下的言行，如果不加验证，就不会知道实情；如果偏听偏信，就会受到臣下的蒙蔽。如果君主离开朝廷到远方游玩，又不听谏士的规劝，这是使自己遭受危险的做法。有过错却不听忠臣劝谏，而又一意孤行，这是丧失好名声并被人耻笑的开始。韩非还指出，"国小无礼，不用谏臣"，则会引发和导致一种灭国绝世的危险局势。（《韩非子·十过》）

不过，总的说来，其他各家的谏议思想都不如儒家丰富，也没有儒家的影响那么大、那么深远。儒家丰富的谏议思想为后世官僚士大夫特别是专门担任谏言职务的官员勇于进谏提供了最为重要的思想武器。

◇（四）谏议的制度化及其对治国理政的作用和影响

正是在上古三代谏议传统和先秦谏议理论的影响下，在秦汉以后的官僚系统中专门设立有一种正式的谏议官职，使谏议成了一项制度化的政事活动和政治职能。秦时开始设置谏大夫，后改为谏议大夫，职掌论议讽谏，魏晋以后设有侍从规谏之官，唐分设左右谏议大夫之职等。宋朝形成了一套比较系统完备的台谏监察制度，御史台和谏院合称"台谏"，台官和谏官合称"言官"，而且，宋太祖曾经立下誓碑，誓言不杀士大夫和言事官。明代设有都察院、六科和按察司等监察谏议机构和相应职官，清代的相关制度设置承袭明代而又有所变化，将明代独立设置的谏议机构六科并入了都察院。

那么，在中国历史上，这种制度化的谏议机构和相应职官的设置究竟发挥了什么样的政治功能和历史作用呢？

我们首先必须明确的一点就是，秦汉以后帝制中国时代官僚君主制的制度架构和根本性质，以及占据着主流地位的儒家文化以天命、天道、天德为本位的政治观赋予了最高统治者天子所享有的皇权以神圣性质。秦汉以后，最高统治者皇帝居于天下至尊之地位，享有天下至上之权势，不仅拥有乾纲独断的终极权源，而且被赋予了受天命而王、奉天道而治、法天德而圣的绝对权威，而天下之安危治乱遂系乎君主一人之身，其德行、品格、心术、智慧和能力等对于整个天下的安危治乱往往产生着决定性的影响。正因为如此，中国传统的政治理论主要是围绕着君道、君职问题而展开的，富有道德良知和政治理想的思想家和政治家们深切希望君主能够克己奉公，确立"以道自任"

的志向，承担选贤任能的责任，实行"以顺民心为本，以厚民生为本"的王道仁政。

然而，治国理政必须面对政治的现实，君主毕竟是智能有限而品行未必尽善尽美的个人，为了防止、弥补和纠正君主统治的过失和错误，谏议制度的设置和谏官职能的发挥便是不可缺少或绝对必要的。同时，作为一种主要的政治输入途径和方式，谏议还承担着民意下情上达的重要功能和作用，对于实行正确的政治决策和国家的善治来讲，也具有至关重要的意义，正如宋代大文豪苏东坡所说："天下治乱，出于下情之通塞。"而下情之通塞，取决于谏议和言路之通塞。总的来讲，谏议的目的和谏官的职能，便是针对统治者的个人行为、政治决策、官职选任和时政举措的得失，提出批评、意见、建议、讽喻、劝诫和匡正，正所谓"凡朝政阙失，大臣至百官任非其人，三省至百司事有违失，皆得谏正"（《宋史·职官志一》）。而谏议既然关乎着下情之通塞和国家之安危治乱，故如宋儒程颐所说，"居至尊之位"、负治国之责者，若"不闻咈逆之言"、谏诤之声，实在是"可惧之大者"。[①]

有学者认为中国传统的谏议制度和谏议传统具有限制君主权力的宪政含义，因而称之为"宪政结构中的谏议制度"，同时又说谏议制度只不过是一种君主制下的"体制内"的制约力量或限权机制。这显然是一种自相矛盾的说法，模糊了历史事实的本质。究其实质，中国传统的谏议制度说到底不过是帝制中国时代君主专制制度的一种必要补充而已。从根本上来讲，谏议是为了巩固和加强皇权而服务的，在限制皇权方面的作用总的来讲是非常有限的，因为皇权是高高凌驾于

[①] 程颢、程颐：《二程集》上册，王孝鱼点校，中华书局2004年版，第531页。

言官监察谏议职权之上的，皇帝没有必须听从言官规谏的绝对义务。在政治清明、言官的监察谏议职权相对独立的时期，谏官可能会受到虚心纳谏的开明皇帝的尊重和信任，但政治败坏、言路日塞、皇帝昏庸之时，对皇帝犯颜直谏历来都是要冒很大的生命危险的。这样说，并不意味着就否认和轻视进谏和纳谏本身所具有的开明商议的色彩及其限制权力、规范行为的作用，并不意味着就否认和轻视中国传统的谏议理论、谏议传统和谏议制度本身所蕴含着的丰富的政治智慧。

扼要而言，中国传统谏议职官的设置及相关制度的不断完善，对于弥补君主专制制度本身的缺陷和不足，最大限度地减少君主的决策失误，对于维持和保证国家官僚行政机器正常而有效的运行，都发挥了不可否认或不容低估的重要作用和影响。而那些以天下为己任、志在"为生民立命"的儒家士大夫及仗义执言、正言直谏的言官谏官，他们常常冒着生命的危险，提出各种正直无私的忠言谠论和为国为民的善谋良策，为捍卫社会的正义和国家的善治、维持政治的优良风气、实现民生的利益和福祉，无疑做出了不可磨灭的重要贡献。

◇（五）受谏则治，拒谏则乱

更为重要的是，无论是上古三代人人可谏的谏议传统，还是儒家道义为重、生民为怀的谏议理论，乃至秦汉以后正式职官化、制度化的谏议制度，无不蕴含并向人们昭示了这样一个贯通古今的政治真理，那就是：受谏则治，拒谏则乱。换言之，广开言路则治，言路闭塞则乱。

古人云："祸福无门，惟人所召。"国家的治乱尤其如此，历史上国家治乱兴亡的经验教训带给人们的一个启示就是，人是政治生活中的一个重要因素，尤其是在官僚君主制时代，统治者的个人因素对于国家的治乱兴衰甚至能够起到决定性的作用，人存政举、人亡政息可以说是官僚君主制时代的一个基本规律。正因为如此，进谏与纳谏也成为政治生活良性运行中最为举足轻重的关键性因素。

自古以来，好的统治者正是那些乐于虚心纳谏的圣贤明君，上古圣王尧、舜、禹和商汤、周文王、武王以及后世的唐太宗等，便是这样的典范。在中国人的心目中，除了上古三代是理想的治世之外，汉唐亦号称盛世，汉唐王朝之所以能够维持它们几百年的稳固基业和长治久安的政治局面，一个非常重要的原因就在于汉唐政治生活中盛行直言极谏之风，当时的思想家和政治家们"上书无忌讳"，而一些开明的君主也能够主动求谏、虚心纳谏，甚至从谏如流、闻过即改，于是君臣遇合，共同促成和造就了一种足可垂范千古的谏议精神和政治风气。

清代史学家赵翼曾说："两汉之衰，但有庸主，而无暴君，亦家风使然也。"（《廿二史札记》卷二《汉诏多惧词》）所谓的汉家家风，乃是指汉家历代君主大多能够纳言听谏、下诏罪己，在此家风的影响下，即使是汉家王朝衰落时期，汉家君主虽然大多数昏庸无能，却并不残暴。

唐太宗君臣之所以能够成就"贞观之治"的盛世伟业，更与太宗尊师听教、用贤纳谏的"贞观之风"密切相关。太宗礼遇功臣，优容谏臣，乃至贤臣满朝，谏臣盈庭。太宗御撰《帝范》一书专门有论述《求贤》《纳谏》之篇，唐人吴兢所编《贞观政要》一书更对太宗任贤纳谏的言行事迹搜罗备至、记载详明，太宗之所以能够任贤举能、屈己纳谏、从谏如流，而满朝的谏官诤臣亦能够各尽所能、忠心辅弼、直言规谏，乃至君臣一体同心，力行以民为本、仁义治国的王道善政，说到底就在于他们深谙为君为臣之道的天职，洞达治国理民的大道，明晓治乱兴亡的至理。

相反，历史上的昏君暴主则恶闻正谏而甘乐谄谀、拒谏饰非而恣情肆欲，而拒谏饰非的暴君统治也正是导致国家政权倾覆、王朝灭亡的罪魁祸首。商朝最后一位帝王商纣王便是这样一位暴虐无道、拒谏嗜杀的暴君，其兄微子数谏不听，微子只好逃避而去；其叔父箕子亦苦心劝谏而不听，于是佯狂装疯为奴而被囚禁起来；王子比干以死相谏，结果纣王将其心挖了出来。纣王的暴虐无道和三位忠臣的不幸遭遇，预示着商王朝的灭亡其实也就指日可待了。

西周后期的厉王也是一位恶闻正谏的暴虐君主，国人因不满他垄断山泽等自然资源的"专利"政策，怨声载道，指责厉王。召公警告说："民众已经不堪忍受大王的政令了！"厉王十分恼怒，派遣卫国的巫师去监视指责他的人。一旦发现指责者，随时告发，并立即逮捕处死。于是，人们不敢再在公开场合议论朝政，在路上碰到熟人，也不敢交谈招呼，只用眼色示意一下，然后匆匆地走开。厉王得知这一情况后，高兴地对召公说："我能制止人们的指责议论，人们都不敢说话了。"召公劝谏道："这是用强制的手段来堵住民众的嘴啊！这样堵住人们的嘴，带来的危害要远甚于河水。河水一旦溃决，必然会伤人众多；人们的嘴被堵住了，其危害也是如此。治水要采用疏导的办法，治民也要采取开导的方式，让天下人能够畅所欲言。"周厉王却对此置若罔闻，国人虽然不敢指责议论，但怨气积郁在心，三年之后，即公元前841年，国人终因不满周厉王的暴政，而将周厉王驱逐到了彘邑。

后世有两个二世而亡的短命王朝——秦和隋，也是因为统治者拒谏失道而导致王朝的最终灭亡。丞相李斯曾经这样评价秦二世,他说:"二世之治岂不乱哉!……吾非不谏也,而不吾听也。"(《史记·李斯列传》)不听臣下的谏言而恣意妄为,正是秦二世而亡的主要原因。汉初学者贾谊写过一篇千古名文《过秦论》,也特别指出这一点,他说:秦国的政治风俗有太多的禁忌,谏议之忠言还未说完而进谏者就已经是身首异处了,所以天下的士人都闭口而不言。即使是君主为政失道,忠臣也不敢直言进谏,智士也不敢出谋划策。天下已经大乱,而统治者却听不到真实的情况,这真是可悲可哀啊!

同样,隋炀帝"好自矜夸,护短拒谏",结果"臣下钳口,卒令不闻其过,遂至灭亡"(《贞观政要·求谏》)。唐太宗君臣正是汲取和借鉴了隋亡的历史教训,所以才格外重视臣下极言规谏而君主虚心纳谏的问题。

总之,历史上正反两面的经验教训告诉我们,治国理政不是个人的私事,而是关乎整个国家利益和全体人民福祉的公共事业,任何人都难免会犯过失和错误,即使是一国之君和统治整个天下的帝王也不例外。正因为如此,治国理政需要广开言路、集思广益,需要共商国是、同谋国策,需要倾听臣下的建言、圣贤的规谏和民众的呼声。一般而言,理性、开明、富有智慧而欲有所作为的统治者常常能够并乐于倾听忠言直谏,而昏庸无能和不思进取的统治者却总是拒谏饰非、恶闻己过。然而,受谏则治,拒谏必亡,治国理政之大患莫过于处危亡之地而无人敢谏。

孔子曰:"木受绳则直,人受谏则圣",相反,"人君无谏臣则失政,士无教友则失听"(《说苑·建本》)。又曰:"良药苦于口而利于病,忠言逆于耳而利于行。"(《孔子家语·六本》)对于真心治国理政者而言,切须记取的佳箴良规莫过于此。

六

选贤与能，科举取士

——中国人重视教育的文教理想与尊重人才的优良传统

"选贤与能"一语出自儒家经典文献《礼记·礼运》篇，意思是选拔任用贤能的人。与，通"举"，意为举荐。故所谓"选贤与能"，意即"选贤举能"或"选贤任能"。这是孔子所称颂的"大道之行也，天下为公"时代的一种理想的官员选拔模式与原则。在古代中国，不管是思想家还是政治家，他们大都崇尚贤能政治，十分热衷于设计一种由道德高尚和智力超群的圣贤人物作为治国理政的领导者，"选贤与能"的人才选拔理念正是为适应这种政治诉求而被提出来的。春秋战国时期，诸子曾针对如何定义"贤能"，如何开展政治活动并确立以"贤能"为基础的制度，展开了激烈的辩论，这对当时的社会进步与人才解放起到了极大的推动作用。既然倡导"选贤与能"，那么必然要有一套能够用来选拔贤能的合理机制。古代中国曾设计过不同方式的人才选拔制度，有原始社会末期选举贤能之法、商周时期的世卿世禄制、春秋战国时期招贤纳士的养士制度、秦汉时期的察举考核制度等，但是，对于古代中国的政治、文化和社会生活都产生了深远影响的，则是形成于隋唐时期并在此后不断趋于完善的科举制度。科举制又被称为中国的"第五大发明"，它将学校教育和官员录用直接结合起来，凝聚着古代中国人的高度政治智慧和尊贤尚能的政治理性精神，充分体现了儒家文化重视教育的文教理想与尊重人才的优良传统。

◇（一）贤士能臣才是国之重宝

据《史记·田敬仲完世家》记载，公元前355年，战国时期齐、魏两国君主齐威王、魏惠王一同在郊外打猎。他们在打猎之余，还展开了一场饶富意味的政治对话。

魏惠王问道："齐国也有什么宝物吗？"

齐威王回答说："没有。"

魏惠王说："我的国家虽然小，尚且还有十枚直径一寸、能照亮前后各十二辆车的夜明珠。像齐国这样的大国，怎么能没有宝物呢？"

齐威王说："我把什么当作宝与您所说的宝不同。我有一个大臣叫檀子，派他驻守南城，那么楚国人就不敢来侵犯，泗水上的十二个诸侯都来朝拜齐国；我有一个大臣叫盼子，派他驻守高唐，那么赵国人就不敢到东边齐国的河中捕鱼；我有一个官吏叫黔夫，派他驻守徐州，那么北边的燕国人就会祭拜求福，西边的赵国人也会祭拜求福，都希望齐国不要去进攻他们，这两国的百姓迁徙到我国来的有七千余家；我有一个大臣叫种首，派他防备盗贼，那么，齐国就能道不拾遗、夜不闭户。这四位大臣，足可以照耀千里，岂止照亮前后各十二辆车呢！"

魏惠王听后，感到非常惭愧。

这个故事告诉人们一个重要的政治真理，政治人才或贤士能臣才是真正的宝中之宝，是治政安邦、创业兴国的根本支柱，才是一个国家真正的珍贵重宝。而中国人尚贤的观念可谓由来已久，值得我们倍加珍惜，更需要我们发扬光大。

◇（二）上古三代的选贤授能制与尚贤观念的雏形

古代中国选贤授能制度的雏形，可以追溯到原始社会末期的民主制时期。儒家创始人孔子曾如此描述当时的情形："大道之行也，天下为公，选贤与能，讲信修睦。"（《礼记·礼运》）孔子所说主要是指尧、舜、禹等上古圣王统治时期大道通行、天下为公的理想政治状况，"选贤与能"则是当时氏族部落首领的选拔方式。在人类社会的初期，氏族群体中的"能者""贤者"在与氏族成员共同生产和生活中，往往因其在某方面具有超凡出众的个人能力和德行而成为氏族部落不可或缺的领导核心，很容易获得其他氏族成员的认同和支持，最后就会被推举为氏族或部落的首领。相传，尧、舜时期，禹善于平治水土，弃精于稼穑、善种谷物，皋陶明于刑法，契长于德教，夔通于诗歌乐舞。他们都是具有某种专长的"能者"，被推举为部落酋长，又因此而被部落联盟首领选拔，负责管理部落联盟的各方面公共事务。

在氏族内部，除了具有某种专长的"能者"，一些遵守氏族道德标准，善于调和氏族成员间关系的"贤者"，也会被推举到氏族的管理位置上。正如《史记·五帝本纪》所记载，中国早期几个部落联盟的首领黄帝、颛顼、帝喾、尧等，他们都是聪慧英明、通达事理、仁德如天、智慧如神的圣人，他们将恩泽功德普遍施予广大的民众，引领人民过上了一种九族和睦、万邦和平的文明生活。虽然以上记载充满了虚构的神话传说成分，但从中至少可以看出古人对于早期部落联盟首领道德与品行的重视与推崇。而尤其值得我们注意的是，据说尧以后，原始社会部落联盟首领的推举方式形成了一定的民主程序。

首先，部落联盟首领以及部落联盟重要职务候选人需要由四岳（四方部落首领）推举力荐。据《史记·五帝本纪》记载，尧晚年召集由四岳组成的议事会，询问继承者人选的事宜。尧说："唉！四岳：我在位已经七十年了，你们谁能顺应天命，接替我的帝位？"四岳回答说："我们的德行鄙陋得很，不敢玷污帝位。"尧说："那就从所有同姓异姓远近大臣及隐居者当中推举吧。"大家都对尧说："有一个单身汉流寓在民间，叫舜。"尧说："对，我听说过，他这个人怎么样？"四岳回答说："他是个盲人的儿子。他的父亲愚昧，母亲顽固，弟弟傲慢，而舜却能与他们和睦相处，尽孝悌之道，把家治理好，使他们不至于走向邪恶。"尧因此听从了四岳的建议。

其次，受部落联盟议事会提名荐举者还要在实践中接受试用考察，称职者给予褒奖，不称职者给予处罚。《史记·五帝本纪》记载，舜被举荐为部落联盟首领候选人之后，尧对其进行了一系列的试用考察，以观察他是否具备担当治理天下重任的能力。据说，尧把两个女儿嫁给舜，以便从两个女儿身上观察他的德行。舜让她们降下尊贵之心住到妫河边的家中去，遵守为妇之道。尧认为这样做很好，就让舜试任司徒之职，谨慎地教导人们父义、母慈、兄友、弟恭、子孝这五种伦理道德，人民都遵从不违。尧又让他参与处理百官的事务，百官的事务因此变得有条不紊；让他在明堂四门接待宾客，四门处处和睦，从远方来的诸侯宾客都恭恭敬敬。尧又派舜进入山野丛林大川草泽，遇上暴风雷雨，舜也没有迷路误事。经过初步的试用考察之后，尧感到非常满意，于是"命舜摄行天子之政，以观天命"，实际上是想在治国理政的政治实践中对他继续加以考察培养，舜不负众望，治理有方，因此尧临死前，最终将天子的权位和平移交、授予了舜。不过，舜能否正式担负治理天下的天子权位，还需在形式上通过各氏族首领的公决和民意的认可。最后，氏族首领们都去朝见舜而不是尧的儿子丹朱，人们都去找舜而不是找尧的儿子丹朱来决断狱讼，都讴歌舜的功德而不讴歌尧的儿子丹朱，这说明天命和民心都是授予、归属于舜的，于是舜才践中国天子之位而正式成为治理天下的帝王。

后来，禹也大致经历了同样反复的试用、考验和考察的选拔过程。据《史记·夏本纪》记载，尧时洪水泛滥，尧寻求能治水之人，四岳推举禹的父亲鲧，鲧治水九年而无功。后来舜摄行天子之政，巡视发现鲧治水无能，于是惩罚诛杀了鲧，而举用鲧的儿子禹继承其父亲的事业，授命禹继续治理水患、努力平治水土。禹欣然领命，舜不放心，又命契、后稷、皋陶前往考察治水事务，并协助禹共同完成治水大业。禹劳身焦思，居外十三年，数过家门而不入，他衣食单薄，宫室卑陋，历尽千辛万苦，率领部众最终取得了治水的巨大成功，同时也赢得了民众的拥戴。后来，禹取得了摄政为帝的天子之位，国号曰夏。

以上舜、禹都是试用考察合格的例子，当然也有因试用考察不合格而招致惩罚者。《史记·五帝本纪》记载，驩兜曾举荐过共工，尧说"不行"，而驩兜还是试用他做工师，共工果然放纵邪僻。四岳曾推举鲧去治理洪水，尧说"不行"，而四岳硬说要试试看，试的结果是没有成效，所以百官都以为不适宜。三苗在江、淮流域及荆州一带多次作乱。这时舜巡视回来向尧帝报告，请求把共工流放到幽陵，把驩兜流放到崇山，把三苗迁徙到三危山，把鲧囚禁到羽山。惩治了这四个罪人，天下人都悦服了。

最后，氏族首领任职以后还要接受定期的考核。《尚书·舜典》记载说，舜时有"五载一巡守，群后四朝。敷奏以言，明试以功，车服以庸"的政绩考核制度，即每五年巡视一次，各氏族首领在四岳朝见，各自陈述报告他们的政务，然后考察他们的政绩，赏赐车马衣物作为酬劳。《尚书·舜典》和《史记·五帝本纪》也有三岁考察一次政绩功过的说法，有功者奖赏，无功者惩罚，都是强调在实践中对人的能力、品德、技能进行综合考察，而三考之后最终决定其职务的升降。

以上是"天下为公"时代选贤授能的制度雏形。

禹死后，禹的儿子启继承父位成为夏朝第二代君主，"公天下"变成了"家天下"，这标志着原始社会"选贤与能"禅让制度的终结，中国从此进入了父死子继的王位世袭制时代。孔子在描述世袭时代的特征时曾说："今大道既隐，天下为家，各亲其亲，各子其子，货力为己，大人世及以为礼。"（《礼记·礼运》）这是说，大道既已消失，天下为一个家族所私有，人们各自敬爱自己的父母，疼爱自己的子女，都从各自的利益出发来看待财货和劳力，统治者将财富和权力看作自己的私有之物，世代相传，并认为这样做是合乎礼法的。因此，三代时期，官职主要在贵族家族内部继承，世代相袭，形成世卿世禄的世袭继承制度。西周时，随着宗法制的确立和日趋完善，采取层层分封的方式，把周王的兄弟、子孙和功臣、圣王之后分封到各地为诸侯，各地的诸侯在封国内再把他们的子孙封为卿大夫，卿大夫在封邑内再分封。这一制度保证嫡长子继位的权利，最终形成天子有天下，诸侯有国，卿大夫有邑，士有家的局面。作为补充，商周时期还采取兴贤、贡士等办法以选拔一些低级官吏。据《周礼·地官·大夫》，乡大夫的职责之一就是教化地方，选拔出贤德多才的人，担任地方官吏，选拔出来的人一般担任伍长、乡吏等低级官吏。

另外，由于三代去古未远，古代"选贤与能"的上古遗风在此时仍然存在。一些贤君明主经常会效法上古时期的办法，破格任用一些出身卑贱，但确有治国之才的贤能之士。如商汤时，任用奴隶出身、原为有莘氏之女陪嫁之臣的伊尹为相，他辅佐成汤攻灭夏桀建立商朝，汤去世后，又辅佐外丙、中壬，立太甲，为商政权的巩固发展作出了重要贡献。据《史记·殷本纪》记载，武丁即位时，国势衰败，他一心想要复兴殷商大业，却一直未能求得贤良之士的辅佐。一日，武丁"夜梦得圣人，名曰说"，醒后便按照梦中见到的形象观察群臣百官，没有一个人像梦中的那个圣人。于是派百官到民间去四处寻找，终于在傅险找到了说。这时候，说正服刑役，在傅险修路，百官把说带来让武丁看，武丁说正是这个人。找到说之后，武丁和他交谈，发现果真是位贤圣之人，就举用他担任国相，于是殷商得到了很好的治理。因而用傅险这个地名来作说的姓，管他叫傅说。

周代开国之君周文王为成就霸王之业，也曾亲自寻觅贤臣。一次，周文王外出狩猎，在渭河北岸遇到吕尚（姓姜氏，即后来的姜太公），与他交谈后，文王大喜，说："自从我国先君太公就说：'定有圣人来周，周会因此兴旺。'说的就是您吧？我们太公盼望您已经很久了。"因此称吕尚为"太公望"，二人一同乘车而归，尊尚为太师。姜尚倾心辅佐文王与武王，为之出谋划策，在完成翦商大业中发挥了重要作用，被封为齐国第一代国君，而"太公治齐，修道术，尊贤智，赏有功"（《汉书·地理志》），使齐国成为周王朝分封的诸侯国中实力雄厚且延续数百年的泱泱大国。

周武王灭商后二年不幸病逝，武王的弟弟周公旦辅佐武王的儿子成王治理周朝的天下。周公的封地鲁国在今山东曲阜，其子伯禽代替他去治理封地鲁国，临行之前，周公特别告诫他的儿子伯禽说："我是文王之子，武王之弟，成王之叔父，我的地位在整个天下来说都是不低贱的。然而，我沐浴时多次要把头发束起来，吃饭时多次要把饭从口中吐出，为的就是起身以礼节招待来见我的士人，这样还仍然害怕错失了天下的贤人。你到了鲁地后，一定要谨慎地治国理政，切勿借国君的权势来骄纵待人。"（《史记·鲁周公世家》）

由上可见，自古以来，统治者便明白一个重要的道理，治国理政需要贤能之士的辅佐，并逐渐形成一种尊贤尚能的政治观念和文化传统。周公对儿子伯禽的上述告诫之语，尤其充分体现了他对贤能之士的尊重，体现了他在政治上尊士尚贤的高度智慧和理性。对他而言，就治国理政来讲，贤能之士要重于国君之权势，只有得到贤能之士的辅佐，国君的权势才能稳固，反之，离开了贤能之士的辅佐，国君的权势不可能稳固。除了尊贤尚能，周公还主张治国理政应以德教礼治为主，以慎用刑罚为辅，这一治国理政观念后来被孔子和儒家继承并发扬光大，产生了深远的历史影响，后世中国人之所以格外推崇周公、孔子之教，其原因正在于此。

◇（三）先秦儒、墨两家的尚贤思想

春秋战国时期，官学衰败，私学兴起，士人阶层发展壮大，一些励精图治、雄心勃勃的诸侯国君主为了在争霸战争中富国强兵、战胜敌国，逐渐认识到人才的重要，于是争相礼贤下士，招揽网罗各种人才，选拔重用才学之士。在当时列国纷争的特殊社会政治环境下，新兴士人也纷纷游说自荐，著书立说，探讨治国理政之道，希望依靠自己的才学、智谋和能力而赢得各国君主的赏识和重用。春秋战国特殊的时代背景造就了中国历史上一大批光耀千秋的政治家、思想家、教育家、军事家，呈现前所未有的学派林立、百家争鸣以及"六国之时，贤才之臣，入楚楚重，出齐齐轻，为赵赵完，畔魏魏伤"（《论衡·效力》）的新局面。

儒、墨两家作为春秋战国时期的两大"显学"，虽因对尧舜之道"取舍不同"在很多方面互有攻讦，但他们对贤能之士对于治国为政的重要性和必要性却都有着同样深刻的认识和见解。孔子曾明确提出"举贤才"的治国为政之道，孟子和荀子也极力主张统治者应"尊贤使能"或"尚贤使能"；而"尚贤"更是墨子政治思想主张的重要组成部分，提出了比儒家更为激进的"尚贤"乃"为政之本"的政治主张。

1. 儒家的尚贤思想

殷商和西周是以血缘宗族关系为基础的贵族统治社会，其严格的宗法制度决定了用人思想以亲亲和贵贵为原则，尤其是世卿世禄制的实行，使官吏的选拔主要局限在贵族内部进行。孔子生活于春秋时代，对于殷周以来用人原则的局限性和狭隘性有着极为深刻的认识。面对礼崩乐坏的历史大变革，他提出了"知贤才而举之"（《论语·子路》）的用人思想。《论语》中曾多次记载孔子谈论贤臣对于为政治国的重要性，例如孔子说"舜有臣五人而天下治"（《论语·泰伯》），这是说舜能治理好国家，就是因为恭恭敬敬地依靠禹、稷、契、皋陶、伯益五位贤臣来帮助他治理国家。孔子还特别讲道："管仲相桓公，霸诸侯，一匡天下，民到于今受其赐。"（《论语·宪问》）

这是说，正是在贤臣管仲的辅佐下，齐桓公才能够称霸诸侯，使得天下一切得到匡正，人民到今天还受到他的好处。

孔子曾讲："君子尊贤而容众，嘉善而矜不能。"（《论语·子张》）"见贤思齐焉，见不贤而内自省也。"（《论语·里仁》）不仅提出了尊重贤能的观点，而且强调应该向贤者学习。孔子的尚贤主张是从属于他的仁学思想体系的，孔子说："仁者人也，亲亲为大，义者宜也，尊贤为大。"（《中庸》）

孔子所尊崇的贤人，主要是具有仁义德行、能够"克己复礼"、受过教育而富有治国理政才能的士人。对于贤才的选拔范围，孔子虽然没有表示要打破血统、出身的限制，但在实际上否定了贵族血统论。譬如，孔子有个学生叫冉雍，他的父亲是个卑微低贱之人，但是冉雍有才德，孔子认为他足可以为诸侯国君而治国理政。孔子弟子当中有许多都出身微贱贫寒，孔子兴办私学的目的就是要把他们培养成士人君子和治国理政的政治人才，希望他们能够依靠自己的德行和才能来参与政治，获得相应的职位，这就是所谓的"以德致位"。这体现了人才思想的巨大进步。

孟子的尚贤主张是由发展和丰富孔子的思想而来，也是其"仁政"学说的重要组成部分。孟子认为，贤德有小大之分，"天下有道，小德役大德，小贤役大贤；天下无道，小役大，弱役强"（《孟子·离娄上》）。意即，天下秩序正常时，道德修养低的人应受道德修养高的人所役使，才能小的人应受才能大的人所役使；相反，天下秩序混乱时，不论贤德，只讲实力，弱小的国家便受强大国家的役使。在孟子看来，在政治上只有富有仁德的人才适合居于高层地位，缺乏仁德的人居于高层地位，会把丑恶的东西传播给众人。因此，孟子明确提出，治国理政必须要"贵德而尊士"而使"贤者在位，能者在职"，必须要"尊贤使能"而让"俊杰在位",只有这样,即使大国也会敬畏你,而天下的士人也都会高兴,并愿意来到你的朝廷上做官。(《孟子·公孙丑上》)而且,孟子相信,人具有天赋的良心善性和自我实现的无限潜能,任何人只要愿意努力修身养性、不断好学上进,都可以成为尧舜那样的圣人,所以孟子提出了一个著名的口号就是"人皆可以为尧舜"(《孟子·告子下》),以激励那些富有上进心的青年才俊和豪杰之士能够奋发有为。

另外,孟子还曾举例说,历史上的许多政治人才其实都是从社会下层和低贱职位上选拔出来的,譬如,古代圣王舜曾在田野中耕种,殷商武丁时的相傅说曾做过筑墙的苦役,殷末贤人胶鬲曾以贩卖鱼盐为生,而春秋时期,辅佐齐桓公首先称霸的管仲曾经被囚禁,楚庄王的国相孙叔敖曾是生活在海边的一位处士,帮助秦穆公建立霸业的百里奚曾经作为俘虏在集市上被贩卖。孟子由此得出结论说:上天将要把重大的责任降到一个人的身上,一定会先磨炼他的意志,使他经受劳累、饥饿、穷困之苦,以便激励他的心志,坚韧他的性情,增加他的才能。

总之,孟子认为,富有仁德的统治者是无所不爱的,但应以爱贤为急务。所以他十分反对殷周以来亲亲和贵贵的任人制度,明确提出人才的选拔应不拘亲疏、贫富和贵贱,而要以贤能为唯一标准,审慎地选拔任用人才。

据《孟子·梁惠王下》记载:

有一次,孟子拜见齐宣王,说:"我们平时所说历史悠久的国家,并不是指那个国家有高大的树木,而是指有世代建立功勋的大臣。可大王现在却没有亲信的大臣了,过去所任用的一些人,现在也不知到哪里去了。"

齐宣王说："我应该怎样去识别那些确实缺乏才能的人而不用他呢？"

孟子回答说："国君选择贤才，在不得已的时候，甚至会把原本地位低的提拔到地位高的人之上，把原本关系疏远的提拔到关系亲近的人之上，这能够不谨慎吗？因此，左右亲信都说某人好，不可轻信；众位大夫都说某人好，还是不可轻信；全国的人都说某人好，然后去考察他，发现他是真正的贤才，再任用他。左右亲信都说某人不好，不可轻信；众位大夫都说某人不好，还是不可轻信；全国的人都说某人不好，然后去考察他，发现他真不好，再罢免他。左右亲信都说某人该杀，不可轻信；众位大夫都说某人该杀，还是不可轻信；全国的人都说某人该杀，然后去考察他，发现他真该杀，再杀掉他。所以说，是全国人杀的他。这样做，才有资格担负'为民父母'的统治职责。"

继孔、孟之后，荀子也极力主张"尚贤使能"。他认为，"尚贤使能"是上古先王就实行的治国理政之道，如尧尚贤推德、授能让贤，晚年将天子之位禅让给舜，使天下最终得到治理。因此，明智的君主急于求得、任用贤人辅佐自己，只有昏暗的君主才急于得到、加强个人的权势。而统治者要想建立功名，没有比"尚贤使能"更重要的了。只有隆礼尊贤的君主才能成为天下的王者，只有重法爱民的君主才能成为天下的霸主。在荀子看来，有一个贯通古今的政治真理，那就是"尊圣者王，贵贤者霸，敬贤者存，慢贤者亡"（《荀子·君子》）。

2. 墨家的尚贤思想

在政治思想上，墨家学派的创始人墨子和孔子一样也推崇贤能政治，极力主张"以尚贤使能为政"。墨子认为，"尚贤"是治国为政的根本,他说:"国有贤良之士众,则国家之治厚,贤良之士寡,则国家之治薄。"(《墨子·尚贤上》)一个国家之所以"不得富而得贫,不得众而得寡,不得治而得乱",正是当时的执政者不能"尚贤使能","其所富,其所贵,皆王公大人骨肉之亲、无故富贵、面目美好者"(《墨子·非命上》)所造成的。

在《墨子》一书中,有专门记载墨子论"尚贤"的篇章。在《尚贤》篇中,墨子曾对贤士提出这样一种总体认识,即认为贤良之士必是"厚乎德行,辩乎言谈,博乎道术者"(《墨子·尚贤上》)。"厚乎德行"是说贤才之士待人行事要做到仁和义,这样才能心怀天下,做于国于民有利的事情;"辩乎言谈"是说贤才之士要能言善辩,这样才能"上说下教",向社会推行其"兼爱"主张;"博乎道术"是说贤才之士还必须要精于知识和技能,这样才有为天下"兴利除害"的实际才能。这样的贤士不仅是墨家教育的培养目标,也是他们尚贤举能的主要对象。

墨子的人才观是建立在功利主义思想基础之上的,他主张"尚贤"的目的在于"兴天下之利,除天下之害"(《墨子·尚同中》)。墨子认为,王公大人治理国家,其选拔人才的标准应有利于国家富裕、人口众多和政治太平(《墨子·尚贤上》)。与儒家相比,墨子不仅重视举贤,他还进一步提出了要养贤的问题。墨子认为"众贤之术"(使贤人增多的方法)的根本就是要给予贤人优厚的待遇,这就像要想使一个国家的善于射御之人增多,就必须使他们富裕,使他们显贵,尊敬他们,赞誉他们,这样国家善于射御的人就可以增多了。如果贤人爵位不高,民众对他就不会敬重;俸禄不厚,民众对他就不信任;权力不大,民众对他就不畏惧,如此一来不仅会限制贤人在治国中重要作用的发挥,同时也会削弱他们的积极性。所以古时圣王为政，任德尊贤，即使是从事农业或经营工商业的人，有能力的就选拔他，给他高爵，给他厚禄，给他任务，给他权力。(《墨子·尚贤上》)

作为社会下层利益的代言者，墨子更是极力反对选官制度中的"血统论"，明确提出"官无常贵而民无终贱"的口号，极力主张打破以"富贵""亲戚"为用人范围的旧的制度框框，用人应当"不党父兄，不偏富贵，不嬖颜色"(《墨子·尚贤中》)，应当任贤使能以治国理政，根据才能的大小来让贤人担任各级政长。而且，还要遵循能者进、无能者退的原则，对于那些"不肖者"，要将他们"抑而废之，贫而贱之，以为徒役"(《墨子·尚贤中》)。

总之，墨子认为，尚贤是统治者的首要责任，是政治事务的根本所在。统治者应从社会各阶层中选拔具有真才实学的人，治国理政就应任人唯贤而不是任人唯亲，这充分反映了战国时期新兴士人阶层要求统治者开放仕途、参与政事的普遍呼声和强烈愿望，具有十分重要的划时代的进步意义。

◇（四）科举取士：中国人的"第五大发明"

战国秦汉时期，中国的官僚制度不断发展而趋于稳固，选拔官员的方式也几经变化而日渐成熟。战国时期，各国的官职名称和官员选拔方式并不完全相同，且处于变革过程当中。秦统一六国后建立了系统、完备而统一的职官制度，而这套职官制度的精神和原则主要受到法家思想的深刻影响。汉武帝以后，儒术受到尊崇，受过儒家教育的儒生士人逐渐进入官僚系统，积极参与行政事务，并努力完善和不断推动官员选拔方式与制度的儒家化。汉代实行的极富儒家文化特色的选官制度主要是察举和征辟制，所谓察举就是朝廷命令地方州郡等根据一定的科目和标准向中央举荐人才，其中举孝廉乃是察举制度的核心；所谓征辟主要是指朝廷特别征召民间有名望或有才能的人出仕任职。魏晋时期，改行九品中正制，对家世的重视逐渐成为官员选拔的主要依据，门阀士族累世为官，垄断了仕进之途，产生了许多弊端。

正是为了矫正、革除此前选官制度的各种弊端，隋唐时期开始实行并不断完善通过公开公平考试的方式来选拔官员的科举制度，科举遂成为此后帝制中国时期最重要的一种选官制度。由于采用分科取士的办法，所以叫作科举。科举制从隋朝大业元年（605年）开始实行，到清朝光绪三十一年（1905年）举行最后一科进士考试为止，经历了一千三百年。科举原来的目的是为政府从民间选拔人才，打破贵族世袭的现象，以整顿吏治，不过它却对隋唐以后中国的社会结构、政治制度、教育、人文思想，产生了深远而广泛的重要影响。科举制度是最富中国文化特色的选官制度，因此有人称科举是中国人的"第五大发明"，是非常有道理的。

1. 科举制度的发展演变

隋统一全国后，为适应经济和政治的发展变化，扩大士人阶级参与政权的要求，加强中央集权，于是把选拔官吏的权力收归中央，用科举制代替了九品中正制。隋炀帝大业三年（607年）开设进士科，用考试的办法来选取进士。进士一词初见于《礼记·王制》篇，其本义为可以进受爵禄之义。当时主要考时务策，就是有关当时国家时务政策方面的政治论文，叫试策。这种分科取士，以试策取士的办法，在当时虽是草创时期，但它把读书、应考和做官三者紧密结合起来，揭开了中国选官史上崭新的一页。

隋亡唐兴，唐朝统治者承袭了隋朝传下来的人才选拔制度，并做了进一步的完善，使科举制度逐渐完备起来。在唐代，考试的科目分常科和制科两类。每年分期举行的称常科，由皇帝下诏临时举行的称制科。

常科的科目有秀才、明经、进士、俊士、明法、明字、明算等五十多种。其中明法、明算、明字等科，不为人重视。俊士等科不经常举行，秀才一科，在唐初要求很高，后来渐废。所以，明经、进士两科便成为唐代常科的主要科目。唐高宗以后进士科尤为时人所重，唐朝许多宰相大多是进士出身。

明经、进士两科，最初都只是试策，考试的内容为经义或时务。后来两种考试的科目虽有变化，但基本精神是进士重诗赋，明经重帖经、墨义。所谓帖经，就是将经书任揭一页，将左右两边蒙上，中间只开一行，再用纸帖盖三字，令试者填充。墨义是对经文的字句作简单的笔试。帖经与墨义，只要熟读经传和注释就可中试，诗赋则需要具有文学才能。进士科得第很难，所以当时流传有"三十老明经，五十少进士"的说法。

常科考试最初由吏部考功员外郎主持，后改由礼部侍郎主持，称"权知贡举"。进士及第称"登龙门"，第一名曰状元或状头。常科登第后，还要经吏部考试，叫选试。合格者，才能授予官职。如果吏部考试落选，只能到节度使那儿去当幕僚，再争取得到国家正式委任的官职。唐代取士，不仅看考试成绩，还要有著名人士的推荐。因此，考生纷纷奔走于公卿门下，向他们投献自己的代表作品，叫投卷。

武则天载初元年（690年）二月，女皇亲自"策问贡人于洛成殿"，这是科举制度中殿试的开始，但在唐代并没有形成制度。在唐代还产生了武举。武举开始于武则天长安二年，即公元702年。应武举的考生来源于乡贡，由兵部主考。考试科目有马射、步射、平射、马枪、负重等。

宋代的科举，大体同唐代一样，有常科、制科和武举。相比之下，宋代常科的科目比唐代大为减少，其中进士科仍然最受重视，进士一等多数可官至宰相，所以宋人以进士科为宰相科。进士科之外，其他科目总称诸科。宋代科举，在形式和内容上都进行了重大的改革。宋代的科举放宽了录取的范围。宋代进士分为三等：一等称进士及等；二等称进士出身；三等称赐同进士出身。由于扩大了录取范围，名额也成倍增加。唐代录取进士，每次不过二三十人，少则几人、十几人。宋代每次录取多达二三百人，甚至五六百人。对于屡考不第的考生，允许他们在遇到皇帝策试时，报名参加附试，叫特奏名。也可奏请皇帝开恩，赏赐出身资格，委派官职，开后世恩科的先例。

宋代确立了三年一次的三级考试制度。宋初科举，仅有两级考试制度。一级是由各州举行的解试，一级是礼部举行的省试。宋太祖为了选拔真正维护自己统治而又有才干的人担任官职，为朝廷服务，于开宝六年（973年）实行殿试。自此以后，殿试成为科举制度的最高一级的考试，并正式确立了州试、省试和殿试的三级科举考试制度。殿试后分三甲放榜，而且殿试以后，不须再经吏部考试，直接授予官职。宋代科举，最初是每年举行一次，有时一两年不定。宋英宗治平三年（1066年），才正式定为三年一次。每年秋天，各州进行考试，第二年春天，由礼部进行考试。省试当年进行殿试。

从宋代开始，科举考试开始实行糊名和誊录，并建立防止徇私的新制度。从隋唐开科取士以来，徇私舞弊现象越来越严重。对此，宋代统治者采取了一些措施，主要是糊名和誊录制度的建立。糊名，就是把考生考卷上的姓名、籍贯等密封起来，又称"弥封"或"封弥"。这种制度，对于防止主考官徇情取舍的确发生了很大的作用，但有时也会流于形式。

宋代科举在考试内容上也作了较大的改革。宋初科举基本上沿袭唐制，进士科考帖经、墨义和诗赋，弊病很大。进士以声韵为务，多昧古今；明经只重强记博诵，而昧于义理，学而无用。王安石任参知政事后，对科举考试的内容进行改革，取消诗赋、帖经、墨义，专以经义、论、策取士。所谓经义，与论相似，是篇短文，只限于用经书中的语句作题目，并用经书中的意思去发挥。王安石对考试内容的改革，在于通经致用。熙宁八年（1075年），神宗下令废除诗赋、帖经、墨义取士，颁发王安石的《三经新义》和论、策取士。并把《易》《诗》《书》《周礼》《礼记》称为大经，《论语》《孟子》称为兼经，定为应考士子的必读书。规定进士考试为四场：一场考大经，二场考兼经，三场考论，最后一场考策。殿试仅考策，限千字以上。王安石的改革，遭到苏轼等人的反对。后来随着政治斗争的变化，《三经新义》被取消，有时考诗赋，有时考经义，有时兼而有之，变幻不定。

元代开始，蒙古人统治中原，科举考试进入中落时期，但以《论语》《孟子》《大学》《中庸》四书试士，却是元代所开的先例。元朝灭亡后，明王朝建立，科举制进入了它的鼎盛时期。明代统治者对科举高度重视，科举方法之严密也超过了以往历代。

明代以前，学校只是为科举输送考生的途径之一。到了明代，进学校却成为参加科举的必由之路。明代入国子监学习的，通称监生。监生大体有四类：生员入监读书的称贡监，官僚子弟入监的称荫监，举人入监的称举监，捐资入监的称例监。监生可以直接做官。特别是明初，以监生而出任中央和地方大员的举不胜举。明成祖以后，监生直接做官的机会越来越少，却可以直接参加乡试，通过科举做官。

参加乡试的，除监生外，还有科举生员。只有进入学校，成为生员，才有可能入监学习或成为科举生员。明代的府学、州学、县学，称作郡学或儒学。凡经过本省各级考试进入府、州、县学的，通称生员，俗称秀才。取得生员资格的入学考试叫童试，也叫小考、小试。童生试包括县试、府试和院试三个阶段。院试由各省学政主持，学政又名提督学院，故称这级考试为院试。院试合格者称生员，然后分别分往府、州、县学学习。生员分三等，有廪生、增生、附生。由官府供给膳食的称廪膳生员，简称廪生；定员以外增加的称增广生员，简称增生；于廪生、增生外再增名额，附于诸生之末，称为附学生员，简称附生。考取生员，是功名的起点。一方面，各府、州、县学中的生员选拔出来为贡生，可以直接进入国子监成为监生；另一方面，由各省提学官举行岁考、科考两级考试，按成绩分为六等。科考列一、二等者，取得参加乡试的资格，称科举生员。因此，进入学校是科举阶梯的第一级。

明代正式科举考试分为乡试、会试、殿试三级。乡试是由南、北直隶和各布政使司举行的地方考试。地点在南、北京府及布政使司驻地。每三年一次，逢子、卯、午、酉年举行，又叫乡闱。考试的试场称为贡院。考期在秋季八月，故又称秋闱。凡本省科举生员与监生均可应考。乡试考中的称举人，俗称孝廉，第一名称解元。

会试是由礼部主持的全国考试，又称礼闱。于乡试的第二年即逢丑、辰、未、戌年举行。全国举人在京师会试，考期在春季二月，故称春闱。考中的称贡士，俗称出贡，别称明经，第一名称会元。

殿试在会试后当年举行，时间最初是三月初一。明宪宗成化八年

（1472年）起，改为三月十五。应试者为贡士。贡士在殿试中均不落榜，只是由皇帝重新安排名次。殿试由皇帝亲自主持，只考时务策一道。殿试毕，次日读卷，又次日放榜。录取分三甲：一甲三名，赐进士及第，第一名称状元、鼎元，第二名榜眼，第三名探花，合称三鼎甲。二甲赐进士出身，三甲赐同进士出身。二、三甲第一名皆称传胪。一、二、三甲通称进士。进士榜称甲榜，或称甲科。进士榜用黄纸书写，故叫黄甲，也称金榜，中进士称金榜题名。

殿试之后，状元授翰林院修撰，榜眼、探花授编修。其余进士经过考试合格者，叫翰林院庶吉士。三年后考试合格者，分别授予翰林院编修、检讨等官，其余分发各部任主事等职，或以知县优先委用，称为散馆。庶吉士出身的人升迁很快，英宗以后，朝廷形成非进士不入翰林，非翰林不入内阁的局面。

明代乡试、会试头场考八股文。而能否考中，主要取决于八股文的优劣。所以，一般读书人往往把毕生精力用在八股文上。八股文以四书、五经中的文句做题目，只能依照题义阐述其中的义理。措辞要用古人语气，即所谓代圣贤立言。格式也很死板。结构有一定程式，字数有一定限制，句法要求对偶。八股文也称制义、制艺、时文、时艺、八比文、四书文。八股文即用八个排偶组成的文章，一般分为六段。以首句破题，两句承题，然后阐述为什么，谓之起源。八股文的主要部分，是起股、中股、后股、束股四个段落，每个段落各有两段。篇末用大结，称复收大结。八股文是由宋代的经义演变而成。八股文的危害极大，严重束缚人们的思想，是维护君主专制统治的工具，同时也把科举考试制度本身引向日趋衰败的绝路。

清朝以科举制度为"国家抡才大典"，考试分为常科和制科。常科是主要形式，包括文科、武科和翻译科等。文科是清朝科举考试的主体，沿袭明制，三年一大考，士人依次通过童试、乡试、会试、殿试四级考试。武科的目的在于选拔文武兼备的军事人才，实行武童试、武乡试、武会试、武殿试四级考试。翻译科始建于顺治时，是清朝创立的一个科目，意在选拔满蒙语言文字翻译人才，分为满洲翻译（将汉文翻译成满文）和蒙古翻译（将满文翻译成蒙古文）。制科是清朝科举考试的特殊科目，设有博学鸿词科、经济特科、孝廉方正科。其中，博学鸿词科影响最大，设于康熙时，选拔标准是"学行兼优，文词卓越之人"，选拔的方法是高级官员推荐和皇帝亲自考试相结合。清朝统治者制订了缜密的科场条例，为士人提供相对公平的竞争环境，以维护和巩固其统治，但是，清朝科场舞弊层出不穷，积重难返。学校受科举的影响日益加深，逐渐成为科举的备考和训练机构，学校教育的目的、内容、方法等都围绕着科举考试进行，教学管理松弛，学校丧失了作为教育机构的独立性，完全成为科举的附庸。科举制发展到清代，日趋没落，弊端也越来越多。清代统治者对科场舞弊的处分虽然特别严厉，但由于科举制本身的弊病，舞弊愈演愈烈，随着晚清时代的变革，科举制也最终走向了消亡和终结。

2. 科举制度的作用和影响

在尊崇儒家文化的帝制中国时代，科举制度产生并不断发展而趋于完善，自有其历史的必然性。如何认识和评价这一选官制度的政治文化作用及其历史影响，可能是一个仁者见仁、智者见智的事情。但无论如何，我们都不能轻忽它，既不能轻忽它的历史合理性，也要正视它的历史局限性；既要反思它在考试内容和形式方面不可避免的重大缺陷，也要承认它的确是一种充满政治智慧的选官制度设计。总的来讲，科举制度的社会政治功能及其历史作用和影响主要体现在如下几方面。

第一，科举制度为当时中国"文官制度"奠定了基础。

在科举考试制度出现以前，古代中国选拔官员曾先后采用过"察举"和"九品中正制"两种制度。"察举"是我国汉朝时的选官制度，是由地方官员根据一定的科目（如孝、廉、贤良、方正等）和标准考察选拔、层层推荐，最后向朝廷荐举，经皇帝亲自策问，按成绩高下授予不同的官职。这种选官取士制度的初衷是好的，可是因为其中掺杂了太多人为的主观因素，所以到了东汉后期，察举便逐渐被世家大族所操纵，权门请托，举人名不副实，流弊百出，以至出现了"举秀才不知书，察孝廉父别居。寒素清白浊如泥，高第良将怯如鸡"（《抱朴子·察举》）的情形。魏晋南北朝时，因分裂动乱，地方组织遭到破坏，汉代以来的"察举"推荐制度难以实行，同时豪强地主垄断政权，形成强大的门阀世族集团，因此曹魏政权推行"九品中正制"，即设置大小中正官，品第人物，依家世和才德分为高下九等作为任官授爵的依据，然后再按品授官。这实际上承认了门阀世族集团的特权，所举荐的人大都是豪门望族，贫寒的知识分子很难被举荐上去。九品中正制最后甚至发展到了"上品无寒门，下品无势族"的程度。隋唐以后，实行开科取士，与"察举"和"九品中正制"相比，通过考试，根据成绩优劣来选拔人才的科举考试制度轻门第、重才学、选人唯贤，它打破了豪门士族垄断选官的局面，原则上给社会普通平民提供了一个读书入仕、改变命运的公平竞争的机会和条件。科举制度的出现促进了国家重要职官的良性流动，为国家治理扩大了合法性基础。正因如此，科举制度可以说是历史上最具开创性和平等性的选拔制度，为国家治理源源不断地选拔输送了不少政治人才，增添了新鲜血液，激发了政治活力。

第二，科举制度带来了中国古代社会的长期稳定。

科举制度在为下层知识分子开辟参加政权的道路的同时，也在民间为历代王朝造就了新的统治力量和赖以支撑的阶级基础——士绅阶级，从而扩大了政权的统治基础。并且，科举考试制度还可以把选拔官吏的权力从地方收归中央，从而大大加强了中央权威，巩固了统治。科举制度在中国整整实行了一千三百年之久，为古代中国选拔出了不少于十万的进士，他们构成了中国历代官员的基本队伍，这个庞大队伍里包括了大批极为出色的有着高度文化素养和爱国爱民思想的政治家、军事家和行政管理家。这些人才的出现以及存在对君主专制社会统治的延续、巩固起到了尤为重要的稳固作用。

科举制度考试以"儒家经典"为标准，从一定程度上来说是维系儒家思想和价值体系正统地位的根本手段。知识分子只有按照统治阶级钦定的儒家经典所主导的价值规范来应试，才能获得功名、地位。这就使得士人为应试而浸淫于儒家经典之中，这样，儒家立身行事的标准和治国理政的理念便潜移默化地成为中国知识分子的理想，儒家思想也就自然成为中国持久一贯的统治思想。统治思想的统一和长期延续，自然有利于维护和稳固帝制中国的大一统政治局面。

第三，推动文化传承发展，造就重学之风。

科举制度对于中国文化的传承有着举足轻重的作用，儒家文化的传延和诗词文赋的兴盛无不与这一制度密切相关。具体来讲，科举制以儒家经典作为考试科目，这使士人从魏晋的清谈转而深入研究儒学，从而带来了宋明理学的大发展。唐宋时期有以辞赋取士的科目，这在很大程度上促进了唐诗宋词等文学形式的繁荣。至于明清小说的兴盛，与当时的八股文训练亦不无关系。在科举制度的激励下，读书人饱读诗书，舞文弄墨，无疑大大激发和促进了其文学才能和素养的训练、陶冶和发挥。

科举制对文化的促进还表现在，科举制体现的是"学而优则仕"的理念，在很大程度上普遍提高了执政当权者和各级官员的学术文化素养。为了参加科举考试，有志之士必须接受学校教育，通过不断的学习和努力，掌握和领悟中国古代文化的思想精髓，并且进而发扬和丰富其内容。而且这样一种不限门第的选拔任用人才的方式，给许多人提供了摆脱困境、出人头地的机会，于是在一定程度上造就了自古以来中国人不论贫富贵贱皆尊师重教、崇儒贵学的优良风尚，也极大地推动了中国古代学校教育、经典学术和思想文化的不断发展。

当然，科举制度也的确存在着一些问题，比如，它并不是完全公平和机会均等的，也不能完全消除官场中的裙带之风和营私舞弊现象；对考取功名的人过分尊崇，加剧了古代政府的官僚习气和腐败作风；一试定终身，考试内容的单一和八股文形式上的过于僵化，以及使儒生士人的人生价值完全系于科考之一途等各种弊端。更何况任何制度的合理性都是相对的，正如钱穆先生所说："一项好的制度，若能长久永远好下去，便将使政治窒息。"① 科举制也不例外。随着科举制度的发展，特别是在君主专制制度之下，它的弊端逐渐显现，严重束缚了人们的思想自由和真正有用的政治人才的选拔。

不过，科举制度自隋朝始，在古代帝制中国能够绵延上千年，也充分说明了科举制还是能够满足当时特定社会历史条件下的基本政治需求的。对于当时的知识分子来说，科举制度相较于以前人才选拔制度所具有的公平性、公正性，使每一个读书人进入官僚集团都成为可能，这使得"学成文武艺，货与帝王家"成为知识阶层的主要人生价

---

① 钱穆：《中国历代政治得失》，生活·读书·新知三联书店 2001 年版，第 35 页。

值取向。对于科举制，我们可以肯定地说，它在中国历史上留下了浓墨重彩的一笔，它对古代东亚政治和近代西方文官制度的积极影响，可以说为世界政治文明的发展作出了重要贡献。

总之，科举制度利弊并存，我们无须为它辩护，也不应过分谴责。历史地讲，这一制度最突出而充分地体现了中国人重视文化教育的文教理想与尊重人才的优良政治传统，其中蕴含的丰富政治智慧可以激励和启发我们不断探索和发展一种更加公平开放、公正有效、机会均等的治国理政人才选拔机制，不断完善相关政治制度，对于推动当下政治文明的发展将是大有裨益的。

七

礼法合治，德主刑辅

——中国人治国理政的综合治道思维和政教理念

中华素称"礼义之国"或"礼仪之邦"，礼自古便构成了中国文化的核心或语法。在中国传统政治和社会生活中，礼始终占据和发挥着至关重要的作用，标示着中国人特有的生活方式和行为习惯模式，以及不同民族生活方式之文明与野蛮的根本分野。古代中国人尊礼的同时也重法，礼与法之间并不存在决然对立的关系。围绕着如何协调社会关系，维持一个有序而和谐的良好社会生活目标，儒家主张主要依靠礼乐教化培养人的道德自觉，而法家则强调主要依靠尚法贵公培养人的守法习惯。盖儒家深知人心难测，若单靠律法制度而无礼乐教化从内心建立起人们对社会秩序和道德规范的恭敬、悦服与认同的态度，人们就会钻刑律法制的空子而无羞耻之心、罪恶之感。法家则相信依靠非人格化的领导权威身体力行地实施体现普遍公义的律法制度能有效遏制人心的偏私，从而维持客观理性的公正秩序。不过，儒家虽然侧重于把礼作为社会和政治秩序的基础，但也把以礼为依据制定的法作为推行礼治的辅助条件；而法家虽然贬斥儒家的道德观念，但对礼在维护基本纲常伦理秩序中的重要作用也是基本认同的。因此，总的来讲，古代中国的治国理政方式是在儒法合流基础上的礼法合治、德主刑辅，礼乐教化的核心传统与重法贵公的法制理念的结合及其在治国理政中的具体运用，充分显示了古哲先贤在治道方面的独到智慧，体现了一种包容性的综合治理的治道思维和政教理念。

◇（一）教化不行，闭门思过

西汉昭帝时期，有一位著名的儒臣名叫韩延寿（？—前57年），他为官崇尚礼义，以教化感人向善，以礼让解纷息讼。每到一处任职，他必礼待和聘用贤士，表彰和举荐孝悌，修建和整顿学校，并在春秋举行乡射礼，兴奏雅乐，教民揖让相敬。

他在左冯翊担任太守时，有一次巡行至高陵县，碰到兄弟俩为了争夺田产而向他告状，各执一词，互不相让。他大为感伤，说："我有幸做这里的长官，本应作为一郡的表率，却不能昌明教化，以致百姓中出现了兄弟失和、骨肉争讼的事情，这既有伤风化，又使各级贤吏、父老、孝子蒙羞。其责任在我太守的身上，我应退位让贤。"当天，他就暂停处理公务，独自一人待在馆舍的一个房间里，关上门思考自己的过错。

韩延寿的行为，使高陵县的各级官吏都不知所措，他们只好都把自己捆缚起来请罪。争田产的兄弟俩被他的行为深深的感动，于是到馆舍向韩延寿请罪，都表示愿意将田产让给对方，至死也不再相争。韩延寿大喜，开门接见兄弟俩，并设酒宴招待他们，以此激励改过从善的百姓。从此以后，郡中百姓无不相互勉励，敬让相待，不敢犯法。(《汉书·韩延寿传》)

这个故事便是"闭门思过"这一成语的由来。韩延寿教化不行则闭门思过的行为，充分彰显了儒家政治文化和治理传统中通过礼乐教化使民相亲相敬以实现治国安邦政治目标的独特智慧，也格外体现了儒家反对严刑峻法而一贯崇尚道德教化、力主以礼乐教化兴致太平的治国理念。

◇（二）礼乐教化的核心传统

中国礼乐文化和德教传统至西周而趋于成熟，并由孔子和儒家继承而发扬光大，从而形塑了传统中国以礼乐德教为核心的治国理念与政治实践。这种治国理念的核心精神是崇德敦礼、秩序与和谐并重，基本逻辑是依靠有德的统治者正身垂范来施行礼教和乐教，让人们懂得立身成人的道理，进而恢复和实现其善良本性，在这一过程中自然地培养起人们对公共秩序和行为规范自觉服膺和遵行的敬畏之心，最终实现止息争斗祸乱、揖让而天下治的治道理想。

1. 礼乐的基本含义

礼主要起源于祭神祈福的原始宗教仪式和社会日常生活的传统习俗。东汉学者许慎的《说文解字》说："礼，是履的意思。用以事奉神灵从而获致福报的仪式。"这里以"履"释礼有着深刻的寓意，既突出了礼的根本重要性，又阐释了礼的实践品格。作为名词，"履"即鞋，足依履而行，人依礼而立，国依礼而兴，所以荀子说"礼者，人之所履也，失所履，必颠蹶陷溺"（《荀子·大略》），意即礼是人的立身之处，失去了立身之处，就一定会跌倒沉沦。作为动词，"履"即践行，礼是善行而非空言，它就体现在人们恰如其分地践履社会秩序所规定的"君君、臣臣、父父、子子"等种种角色的行为之中。

基于礼的上述含义，礼事实上也就是指人之为人的基本规范和底线道德，故古哲先贤们把礼视作人禽之别的根本，如《礼记·曲礼上》说："鹦鹉能学舌，终是飞鸟；猩猩能说话，终是禽兽。现在作为人而无礼，虽然能说话，不也是禽兽之心吗？只有禽兽才无礼，所以父子共一雌兽。"《礼记·冠义》也说："凡人之所以为人者，礼义也。"一句话，"礼，是人的规范。守礼，是立身的根本办法"（《二程粹言·论道篇》）。

具体而言，礼的规范和要求表现为恰当地处理父子、君臣、夫妇、长幼、朋友这五伦关系，要求父亲慈爱、儿女孝顺，君主仁慈、臣下忠心，丈夫守义、妻子贤淑，长辈关怀晚辈、晚辈顺从长辈，朋友之间则应互讲诚信，强调关系双方应各自承担其相应的责任和义务，双方的行为都要符合各自的身份、地位和角色。

围绕着使每个人都自觉践履与自己身份相应的责任和义务这一目标，礼作为做人的规范就是要在秉承天道、顺应人情的基础上，以中正为基本原则对人情进行治理和节制，从而体现天道、扶正人道。先哲们承认，人天生就有欲望，社会秩序的目的应当满足人的基本欲望，所谓"饮食男女，人之大欲"（《礼记·礼运》），制定礼义就是为了节制人的欲望、确立必要的"度量分解"、协调人类欲望无限性与物质资源有限性之间的矛盾，以便更好地"养人之欲，给人之求"（《荀子·礼论》）。所以，礼首先是因顺人情、顺应人心的言行规范，进而，为了防止人们纵情地追求欲望以致争乱不休，礼又通过设立等分界限来为人的情欲制中立节。《礼记·仲尼燕居》说："礼就是用来使人言行适中的。"《礼记·乐记》也说："中正无邪，是礼的本质。"荀子则直接以"中"来界定礼，他说："什么是中？礼义就是中。"(《荀子·儒效》)中正意味着,礼的确立并非强人之所不能,而是有一定的节度,不偏不倚,无过无不及。也就是说,礼之为礼,既要防止人们放纵情欲、任性而行,也要避免人们过分抑制情感的宣泄,而唯有对人情进行适当合宜的品分节制,才叫作礼。

而所谓的"乐",并非指一般意义上能引起人美妙的主观感受和体验的音乐,而是蕴蓄着儒家修身与治人之道的德音雅乐。首先,古哲先贤们以审慎的态度严肃区分了声、音、乐这三个不同层次的主观感受和体验:"人心受事物的感染而萌动,所以向外表现为'声'。各种声相互应和,所以产生变化,变化而成为有规律的形式,就称作'音'。排列这些'音'且配上乐器演奏,并手执干、戚、羽旄跳舞,就称作'乐'。……圣人正定人伦纲纪,从而天下大治。然后才制定六律,调和五声,弹弦唱诗来颂扬,这就叫作德音。德音才叫作乐。"正因为音有律而声不必成文、乐有德而音不必合道,儒家把声、音、乐作为人区别于禽兽、君子区别于凡民的标志,所以说:"知晓声而不知晓音的,是禽兽;知晓音而不知晓乐的,是凡民。只有君子能知晓乐。"(《礼记·乐记》)

其次,中国古人论乐,其意旨在于修养德行、移风易俗,直接与政治教化相关联,而并不太注重乐的艺术独立性。儒家认为,"乐,是使人快乐的东西,追求快乐是不可避免的人之常情",并认为"君子因为获得道义而快乐,小人因为满足情欲而快乐",用道义来节制情欲,就能快乐而不迷乱;只顾满足情欲而罔顾道义,就只会受到蛊惑从而引发混乱。为了防止这种混乱,先王才制定了《雅》《颂》之乐,用以引导人们向道修德从而获得真正的快乐,也就是使乐声足以让人快乐而不淫邪放荡,足以感动人的善心而不使邪恶习气对人产生影响。这种节制和引导以"中和"为基本原则,以使人情保持中和的纲纪。于是，乐得到推广，百姓就会趋向正确的道路，从而具有可观的德行；乐得到盛行，人伦关系就清楚，就能心气安和，从而移风易俗，使天下都得到安宁。所以，"乐是治理百姓最重要的一个方面"（《礼记·乐记》）。

最后，中国古人之所以注重音乐的政治性而不是其艺术性，是因为他们认识到音乐的道理，与政治是相通的。世道太平时的音乐安详而喜乐，表示政治平和；社会动乱时的音乐怨恨而愤怒，表示政治混乱；亡国时候的音乐悲哀而忧郁，表示人民困苦。郑、卫两国的音乐是乱世之音的代表，桑间濮上的靡靡之音是亡国之音的代表，有这两种音乐的国家，政治一定极度混乱，百姓流离失所，臣下欺君罔上、自私自利而不可救药。因此，以乐教为政就必须禁止声色和靡音，不使政治荒乱、百姓流离，防止统治者欺上瞒下、遂行私利。孔子憎恶郑声扰乱了雅乐，所以从卫国回到鲁国后，便厘正了古乐，使《雅》《颂》各得其所；当弟子颜回问如何治理国家时，孔子回答说："音乐就用《韶》、《武》，放弃郑声，斥退小人。郑声淫靡放荡，小人危险。"（《论语·卫灵公》）

2. 序和相须：礼乐的精神

《礼记·乐记》说："乐，体现天地间的和谐；礼，体现天地间的秩序。因为和谐，所以能使万物都融洽共生；因为有序，所以万物又都有所区别。"宋儒程颐也曾精到地指出："推求根本来说，礼只是一个序，乐只是一个和。只此两字，含蓄许多义理。"（《河南程氏遗书·伊川先生语四》）一"序"一"和"，可谓再简明不过地概括了礼乐的精神，两者相须并行保证了个体生命的内和而外顺以及公共生活的有序而和谐。

人类天生是群居动物，如荀子所说："人类生活不能不群居，群居而没有等级名分就会发生争夺，争夺就会产生动乱，动乱就无法生活下去。"（《荀子·富国》）换言之，没有地位和身份的分别实乃人类群居和一社会生活的最大威胁，唯有确立礼制才能划定社会成员之间的分别，确定上下等级名分；反之，没有分别，礼就终结了，也就不成其为礼了。可见，划定分别、明确名分具有基础性的规定意义，是礼的基本精神。

礼以别异，"异则相敬"（《礼记·乐记》），确定了社会地位和身份的分别之后，人们才会相互尊敬、相互谦让，而礼的主旨正在于教人敬让。孟子就是以恭敬、辞让来界定礼的，他说："恭敬之心，就是礼"（《孟子·告子上》），或"辞让之心，是礼的发端"（《孟子·公孙丑上》）。《礼记》开篇就以"毋不敬"三字作为礼的总纲，《孝经·广要道章》也说："礼的根本，不过就是个'敬'字而已。"《唐律疏议·名例》篇又说："礼，是敬的根本；敬，是礼的承载。"反之，"不敬，则礼不行"（《左传·僖公十一年》）。因此，礼强调每个人都有做人的尊严，应当得到他人的尊重，守礼的君子常怀一颗恭敬心，以谦卑退让自处而不失敬于人。如《礼记·曲礼上》说："礼的原则，要求自我谦卑而尊重他人。即使是挑担子的小贩，也一定要予以尊重。"可见，敬让对于止争斗、息祸乱具有至关重要的现实意义，是礼的核心精神。

然而，由于礼把社会成员按照身份、地位的不同划分成严格的社会等级，以使贵贱上下不相逾越，所以过分强调礼就不可避免地会造成等级体系内部的紧张和人际关系的疏离，即《乐记》所谓"礼胜则离"。相反，乐则强调统一、和同，以此来弱化社会成员之间的对立和分别，缓解其紧张与疏离，从而使等级社会不至于走向崩解。统

一、和同即是乐的基本精神，而情感的沟通与快乐的共享则是乐实现统一、和同的主要手段。"同则和亲"（《汉书·礼乐志》），讲求统合同化的乐能加强人们之间的认同感与亲近感，从而促进人际关系的和谐亲睦。如《礼记·乐记》所说："乐在宗庙里演奏，君臣上下一同来听，就无不和谐肃敬；在乡里中演奏，长幼老少一同来听，就无不和洽顺从；在家门内演奏，父子兄弟一同来听，就无不和睦亲爱。所以，乐可以用来使父子、君臣各安其位，和谐相处，天下万民亲附。"和亲是乐的核心精神，乐通过和同的方式来内在地培养人的平和心境，内心平和自然没有怨恨，心中没有怨恨就能自觉建立起对社会秩序的认同感，从而弥补靠礼控制人的越轨行为的不足。

综合而言，通过贯彻辨异定别和尊敬谦让的精神，礼确立了人类公共生活的安定秩序，在辨分和维护等级制与权威的基础的同时，也赋予其一种人情的魅力，使人人各尽其责、各得其宜，从而远离争斗与暴乱；通过贯彻统合同化与和谐亲睦的精神，乐营造了人类公共生活的和谐氛围，在协调上下的基础上促进人们互亲互爱、感情融洽而不相怨恨，以实现其乐融融的治道目标。因此，良善的社会秩序需要礼与乐相辅相成、联袂而行，缺一不可。正如《礼记·乐记》所说，乐深入人心，就能消除怨恨；礼得到贯彻，就能消除争斗。能使人们谦恭礼让、相敬相爱而天下得到治理的，就是礼乐合治的作用。

3. 治民化俗：礼乐的政治功用

《孝经·广要道章》说："使社会风俗改易向善，最好的办法莫过于乐；使在上位者安定、百姓得到治理，最好的办法莫过于礼。"乐具有感通人心的作用，乐雅正则人心纯正，乐淫靡则人心淫放，所以要移风易俗最好是用雅乐去调和人心。礼是修身做人的根本，是人的生命，人无礼就不能生存；同样也是为政治国的根本，是国家的生命，国家无礼就不得安宁。(《荀子·修身》)所以，对于治国理民来讲，礼具有根本的重要性，是"治理国家、安定社稷、使百姓有秩序、使后代有福利的根本大法"(《左传·隐公十一年》)，反之，"治国而不依礼，譬如盲人而没有搀扶者，迷茫而不知向何处去；譬如整夜在暗室中求索，没有火把能看见什么？"(《礼记·仲尼燕居》)

概括而言，礼乐作为治国安邦的根本之道，需要从以下几个方面来加以具体贯彻和实施。

第一，爱敬为本。鲁哀公曾问孔子如何为政，孔子回答说："古人为政，把爱民看得最为重要；用以治理所爱之民的，礼最为重要；用以行礼的，敬最为重要。……不爱就不亲，不敬就不能行正道。爱与敬，就是为政的根本了吧？"(《礼记·哀公问》)为政以爱敬为本，就要求执政者须有敬畏之心，一要敬畏上天，二要敬畏小民，而不能弄权胡来。

第二，正名为始。孔子认为，为政必须从正定名分开始。子路问孔子："卫国君主等着您去治理国政，您打算首先做什么？"孔子说："那一定是先正名分了。名分不正，说话就不能顺当合理；说话不顺当合理，事情就办不成；事情办不成，礼乐也就不能兴盛；礼乐不兴盛，刑罚也就不会得当；刑罚不得当，百姓的手脚就不知道放在哪里是好。"(《论语·子路》)齐景公问孔子如何为政，孔子回答说："君主要有君主的样子，臣下要有臣下的样子，父亲要有父亲的样子，子女要有子女的样子。"景公说："对呀！如果君主不像君主，臣下不像臣下，父亲不像父亲，子女不像子女，虽然有粮食，我能吃得上吗？"(《论语·颜渊》)可见，礼为每个人都规定了与其社会地位和身份角色相对应的"名"，正名就是要求每个人都顾名思义，各安本分，各尽其责，以维持社会秩序的稳定。

第三，立教为先。"教"在儒家传统中有着特殊的政治意义，儒家"以教为政"，认为政治的目的在于教化，通过教化端正人们的品行，提升人们的道德品格，让人们过一种道德的生活。《礼记·学记》曰："玉不琢，不成器；人不学，不知道。是故古之王者建国君民，教学为先。"意即玉不雕琢，就不会成为精美的器物；人不学习，就不会明白道理。所以古代君王建立国家，治理人民，总是以教学为首务。反之，不由教学，统治者便无以化民成俗。

那么，如何施教才能取得理想的效果呢？儒家认为，上行下效之谓教，统治者亲身施行、率先垂范才是教化万民的根本方法。《白虎通·三教》说："教者，效也。上为之，下效之。"可见，这种以教为政的理念，十分注重通过塑造和维护作为典范的人格化权威，来维持负责任的领导，这要求统治者必须要反身修己，首先端正自身的言行。对此，孔子曾反复予以申说。《论语·颜渊》记载，季康子问孔子如何为政，孔子回答说："政就是端正的意思。您自己带头端正，谁敢不端正呢？"又问："假如杀掉坏人来亲近好人，怎么样？"孔子说："您治理政事，为什么要杀戮？您只要想行善，老百姓也会跟着行善。君子的德行好比风，百姓的德行好比草，风往哪边吹，草就向哪边倒。"这是说，在上位者是下民的表率，表率正则民自正，所谓上有所好，下必甚焉，"在上位者尊敬老人，下民就更加孝顺父母；在上位者顺从长者，下民就更加敬爱兄长；在上位者乐于施惠，下民就会更加宽厚；在上位者亲近贤人，下民就会择益友而交；在上位者注重道德修养，下民就不会隐瞒欺伪；在上位者憎恶贪婪，下民就会以争利为耻；在上位者廉洁谦让，下民就会以没有节操为耻"（《孔子家语·王言解》）。所以，君子施教必先身体力行，"有诸己而后求诸人，无诸己而后非诸人"(《礼记·大学》)，即自己做到的才能要求别人做到，自己没有这种缺点才能责备别人；相反，要求别人做到而自己却不首先做到，责备别人做得不对而自己却照样去做，都是"非教之道"(《礼记·祭统》)。

礼乐教化的根本目的在于让人们懂得立身做人的道理，培养人内心的德性，让每个人作为人都能成为人而自别于禽兽，进而努力成为一个君子。儒家认为，只有经过自我修养改造或者行为符合礼的人，才称得上是"成人"，而始于孝悌的人伦教化，正是礼教的核心内容。礼教注重的是人外部行为的敬让守序而不争，即教导人们要态度恭敬、凡事有节制、对人谦让、忠信为本，通过将家庭美德向外推扩为公共德性，来实现天下治平的目标。

礼节于外而乐感于内，所以要实现内在德性的涵养与教化目标，还必须要推行乐教，而推行乐教也正是为了弥补礼教、政刑等外在规范与制度制约办法的不足和弊端。如《礼记·坊记》说："君子用礼教来防止人们失德，用刑罚来防止人们放纵，用政令来防止人们贪婪"，"君子的治人之道，就像防水的堤防，是用来防止人们德行不足的。严加防堵，人们还有越轨的"。所以，要控制人的越轨行为不能光靠堵的办法，还必须通过乐教对人心进行调适、陶冶，以使人内心平和安乐而无怨恨，以此为合礼的外部行为奠定稳定的德性基础，并进而化成美善习俗和良好风尚。诚如彭林所说："将音乐作为教化的工具，而且是教化的最高形式，这是中国传统文化最重要的特色之一。"[①] 在儒家传统看来，"端正教化都是从端正音乐开始的，音乐端正了，人们的行为也就端正了"(《史记·乐书》)。而之所以要端正

---

① 彭林：《礼乐人生——成就你的君子风范》，中华书局2006年版，第10页。

音乐，原因就在于不同类型的音乐对人心的感染是不同的，"细小、急促而又衰微的音乐响起，就会使人感到忧郁；宽和、平缓、含义丰富而节奏简明的音乐响起，就会使人感到身心放松；粗犷、开头刚猛、结尾亢奋、充满激情的音乐响起，就会使人刚毅；清明、正直、庄重、诚恳的音乐响起，就会使人肃然起敬；宽舒、圆润、流畅、柔和的音乐响起，就会使人慈爱；流荡、邪僻、轻佻、放纵的音乐响起，就会使人淫乱"。可见，凡是邪恶的乐声影响人，逆乱的气质就随之产生；纯正的乐声陶冶人，和顺的气质就随之产生。(《礼记·乐记》)

总之，礼乐教化乃是内外并重的修己治人之道，礼治外、乐化内，共同培养表里如一、德行坚固的君子。一般说来，人心本就是理性与情感、意志与欲念的融合体，在普通生活中我们常常会经历二者的冲突交战。情欲若得不到合理的宣导，轻则使人抑郁烦闷，重则使人心理变态乃至行为邪僻；反之，若纵欲过度而得不到理性的充分调节，人就与肆意发泄情欲的禽兽无别，社会就会陷入混乱的丛林状态。乐是情感的宣导、欲念的表露，洋溢着人性的生气与活力；礼是情欲的节制、行为的收敛，维持着理性的秩序和条理。所以，礼教与乐教不可偏废，所谓"致乐以治心"，深刻体会乐并用它来导养性情、陶冶心志和提升德性，能够使人内心保持平和安乐，从而建立起德行的内在根基，心中稍有不和不乐，奸邪、鄙诈之心就会侵入；"致礼以治躬"，深刻体会礼并用它来规范、控制人的外在言行举止而防止越轨，使人外貌庄重、恭敬，各依名分而行，中规中矩，恰到好处，外貌稍有不庄重不恭敬，暴慢、放纵之心就会侵入。如此身心、内外合一，内心平和而外貌恭顺，那么，就会德性充盈于内心则民众无不乐于听从，道理展现于外表则民众无不乐于顺服。(《礼记·乐记》)所以，孔子说："通晓礼而不通晓乐叫作素，通晓乐而不通晓礼叫作偏"；

"君子为政，不过是先精通礼乐教化之道，然后把它运用到政事上去罢了"，"君子只要努力做好这两方面，不需要多么费力，就可以治国理政而使天下太平了"（《礼记·仲尼燕居》）。正因为如此，通过观察一个国家的礼乐教化情况，我们也就可以知道其治理状况的好坏了，"礼教乐化"通常是盛世的典范，而"礼崩乐坏"则是乱世的表征。

◇（三）法辅礼治：重法贵公的法制理念

在由礼乐教化的核心传统所塑造的中国人的治国理念中，强调"社会依靠礼发挥最大程度的和谐。而在礼行不通的地方，法就作为一种强制力出现，以防止社会陷入无序状态，并为更有效和更持久地运用礼作好准备"[①]。换言之，中国人是把法律作为"辅治之具"，而非政治治理的最高准绳。但即便如此，中国人事实上历来也十分重视法律的作用，尤其是法家特别强调法在必行、执法贵公的问题，力主通过君臣上下的普遍守法来确立一种合乎理性与公道正义的稳定社会秩序。

1. 法的基本意涵及其价值合理性

"法"字原本写作"灋"，《说文解字·廌部》说："灋，刑也。平之如水，从水。廌所以触不直者去之，从去。"从水，取平意；从廌、从去，取直意。合而言之，法的本义就是平直、公正。廌是一种名为獬豸的神兽，相貌似山牛，额头长一角，能明辨是非曲直，能察

[①] [美]郝大维、安乐哲：《孔子哲学思微》，蒋弋为、李志林译，江苏人民出版社2012年版，第127页。

识忠奸善恶，古时候判决诉讼案，就令它用角把不正直的一方触倒，因而它成为中国古代司法公正的象征。在我国古代训解词义的《释名》一书中，对"法"字的解释是："法，逼也。莫不欲从其志，逼正使有所限也。"（《释名·释典艺》）"逼"即强制、限制之意，人人都想逞其自由意志，如果没有法的"逼"，使其意志有所限制而履行正道，社会就会陷入争乱动荡。法家最重要的思想家韩非对"法"的释义是："所谓法，就是由官府明文公布宪令，使民心必定服从的刑罚，对于谨慎守法的人给予奖赏，而对于触犯法令的人进行惩罚。"（《韩非子·定法》）也就是说，"法"是由国家机关颁布的贯彻赏罚必信精神以治理百姓的成文规定。

先秦时期，法家对于为什么要以法律而不是凭私意治国这个问题进行了深刻的思考和论述，他们对这个问题的回答彰显了法的价值合理性。

其一，法有常制，人无常情。人的本性都难免有无知、偏见、失误、激情、喜怒、贪婪等普遍弱点，法律则是免除一切感情和智虑等偶然因素影响的理性的体现，因此，以法统治不仅比任意统治更加可靠，而且能克服礼乐之治的不稳定性。一方面，如果国家的治乱取决于君主的个人才智和能力，就会出现治世少而乱世多的结果，而法律能克服君主素质的不稳定性。另一方面，法律也能克服所治之民德行修养的不稳定性。法律用统一恒定的客观标准来规范人们的行为，而不把稳定的社会秩序建立在人们的道德自觉上，在法家看来，这是唯一可靠的治国方法。要而言之，"治民无常，唯法为治"（《韩非子·心度》）。

其二，法度至公，人性偏私。法家常常把法度比作规矩、绳墨、权衡、尺寸，视为衡量和裁断一切是非曲直的客观正直、公平无私的标准。如《管子·七法》说:"尺寸,绳墨,规矩,衡石,斗斛,角量,叫作法度。"《慎子·逸文》说:"手里有秤的人,就不能在称量物体的轻重方面欺骗他;手里有尺子的人,就不会在丈量物体的长短方面出差错;掌握国家法度的人,就不能用奸诈巧伪的手段欺骗他。"所以,法是"至公大定之制",其确立的目的就在于立公废私。故韩非说:"设立法令,是用来废除私利的;法令得到施行,谋私的邪道就被废除了。私利,是扰乱法制的根源。"(《韩非子·诡使》)《管子·明法解》也说,法度是用来控制天下、禁止奸邪的,私意则是发生祸乱、滋长奸邪而损害公正的根源和失去稳定、导致危亡的根源,所以法度推行国家就安定,私意横行国家就动乱。

其三,法能定分止争,稳定秩序。《管子·七主七臣》篇对"法律"的解释是:"法者,所以兴功惧暴也。律者,所以定分止争也。"意即法是用来劝勉立功、震慑行暴的,律是用来确定名分、制止纷争的。与礼治的"正名"作用相似,制定法律也是为了明确等级社会成员各自的职责、义务和名分,使社会不至于陷入纷争动乱。法家常常举例说,有一只野兔子在大街上跑,一百个人都会蜂拥而上,想要去逮住它,即使再贪得无厌,人们也不会去责备他们,因为那只兔子的所有权还没有确定。相反,集市上成堆的兔子摆在那里,过往的人们连看都不看,并不是因为他们不想得到那些兔子,而是因为那些兔子的所有权已经确定了,即使是贪婪的盗贼也不敢夺取。(《慎子·逸文》《商君书·定分》)可见,通过立法明确划定事物的名分归属,乃是使民不争斗的基本前提。诚如梁启超所说:"认定权利以立度量分界,洵为法治根本精神。"[①]

[①] 梁启超:《先秦政治思想史》,东方出版社2012年版,第131页。

基于以上三个方面的考量，法家认为，"法律虽然不完善或不是良法，但还是要好过没有法律，法律能统一人心"（《慎子·威德》），因为法律规避了私意、德性等不确定因素，确定了公私的界线，明确了私权的归属，从而制止了争乱、维护了公义。所以，他们主张凡立国必须"以法为本"（《韩非子·饰邪》），凡事"以公正论，以法制断"（《管子·任法》），使"百度皆准于法"（《尹文子·大道上》），乃至于"以法治国，则举错而已"（《管子·明法》），反之，"释法任私"则国必乱（《商君书·修权》）。

2. 法在必行，上下皆从

法家也认识到，治理国家、平定天下并不难在立法，而难在法之必行。如商鞅说："国家治理混乱，不是因为它的法律混乱，也不是因为法律从不被使用。国家都有法律，但却没有使法律一定实行的办法。"（《商君书·画策》）法律之所以得不到遵行，最根本的还是因为在上位的统治者枉法弄权所致。

第一，"法之不行，自上犯之"（《史记·商君列传》）。治官化民，要在其上，上之所好，下必甚焉，这是亘古不变的道理。公正无私是法律的灵魂，而君主置身于法制体系的顶端，所以"大凡私弊的兴起，必定从君主生发出来"（《管子·七主七臣》），若作为法律制定者的君主都不能自觉尊重法律、守护法律，反而作奸遂私、自坏其法，则下面的官吏、百姓都不可能守法奉公。因此，有的法家学者特别强调，君主本人守法是推行法制的首要和根本要求。如《管子·法法》说："民众服从君主，不是服从他嘴里所说的；上面的人不带头遵行，民众就不会服从。"所以，法律不能贯彻是因为君主没有以身作则，而"法令能约束君主自身，就能在民众中推行"。有道的君主懂得这一基本道理,"置法以自治,立仪以自正",即设置法律来自己治理自己,树立准则来自己端正自己,总是先于人民遵守法制以做出表率。《淮南子·主术训》也说:"法,是天下的度量,人主的准绳","法令典籍和礼制规范,是用来限制君主,使他不能专横武断的","根据下民的心愿所制定的法律,在上位的人不能随意废除;禁止百姓做的事情,君主自己首先不能干","有法而不用,等同于无法",所以君主立法之后,首先自己要用法来严格管束自身,"做出守法执法的楷模表率",这样才能使法令在天下万民中畅行无阻。

历史上一些贤明而理智的君主基本能够自觉维护法的公共性,支持秉公执法。比如,汉文帝有一次出巡经过长安城北的中渭桥,有一个人突然从桥下跑了出来,使皇帝车驾的马受到惊吓。于是,文帝命令骑士捉住那个人,交给了廷尉张释之。张释之审讯之后,奏报说那个人触犯了清道的禁令,应处以罚金。文帝发怒说:"这个人使我的马受惊,我的马幸亏驯良温和,假如是别的马,我不就翻车受伤了吗?可是廷尉才判处他罚金!"张释之说:"法律是天下公器,天子和天下百姓应共同遵守。现在法律就这样规定,如果枉法而加重惩罚,那么百姓就不会相信法律了。当时,陛下如果立刻命人杀了他也就罢了。现在既然把这个人交给廷尉,廷尉是天下公正执法的带头人,稍一偏失,百姓该如何是好?愿陛下明察。"文帝听后,说:"廷尉的判处是正确的。"(《史记·张释之传》)

另如,唐太宗贞观元年(627年),吏部尚书长孙无忌被皇帝召见时,没有解下腰间的佩刀就进入东上阁门,走出阁门之后,监门校尉才发觉。尚书右仆射封德彝认为,监门校尉没有察觉,该当死罪,无忌失误带刀进入,应判两年徒刑,罚铜二十斤。太宗听从了他的处罚建议,并说:"法律,不是我一人的法律,是天下的法律,怎么能

够因为无忌是皇亲国戚,就想要变动法律呢?"(《贞观政要·公平》)

第二,"法之不行,自于贵戚"(《史记·秦本纪》)。君主的近贵大臣和骨肉亲戚是君主政体下最大的特权阶层,他们最容易凭靠君主的威势而骄纵不法,从而使法律必行的目标成为泡影。对于执法的这一障碍,法家主张坚决予以清除,始终坚持"不区别亲疏远近,不分殊贵贱尊卑,一律按照法律来裁断"的原则(《史记·太史公自序》)。商鞅的"刑无等级"(《商君书·赏刑》)和韩非的"法不阿贵"(《韩非子·有度》)主张就是这种思想的典型表达。商鞅说:"统一刑罚,是指施用刑罚没有等级,从卿相、将军一直到大夫、庶民,有不服从王命、违反国家禁令、坏乱法制的,可以处以死罪,不得赦免。"韩非说:"法律不偏袒权贵,……法律该制裁的,智者不能逃避,勇者不敢抗争。惩罚罪过不回避大臣,奖赏善行不遗漏平民。所以矫正君主的过失,追究臣下的奸邪,治理混乱、判断谬误,削减多余、整治错误,统一民众的规范,没有比得上法的。"(《韩非子·有度》)

先秦法家这种骨肉亲戚、亲信大臣犯法照样可刑可杀的思想,也逐渐被后世儒家所接受和认可,成为中国古代以法治国理念的重要内容。如魏征说:"赏罚的根本目的,在于劝勉善行惩罚恶行,帝王施行赏罚天下一致,不按贵贱亲疏之别而有轻重之分。"(《贞观政要·刑法》)宋代名臣范仲淹也曾明确主张:"贵贱亲疏,赏罚一致,有功的虽然心里憎恨也一定奖赏,有罪的虽然心里喜爱也一定惩罚,舍弃自己心中的私意,而顺从万民的期望,以表示天下为公。"[①] 宋代学者李觏也说:"法律,是天子与天下人共同的规范。如果同族犯法

[①] 范仲淹:《奏上时务书》,见《范仲淹全集》(上),范能濬编,凤凰出版社2004年版,第176页。

而不刑杀，这是君主偏袒其亲属；如果有官员犯法而不刑杀，这是大臣偏爱自身。君主偏袒亲属，大臣偏爱自身，君臣都自私，那么刑罚就是专为平民百姓设置的。有赏赐就高贵的人先得，有刑罚就低贱的人独当，在上位的人对下民没有愧疚，下民对在上位的人则愤愤不平，难道是治国之道吗？所以王者不分辨亲疏，不区别贵贱，一律按照法律进行裁断处置。"①

古时贤君能贯彻这种不私亲贵的政治理念和法制精神的，也代不乏人。据史料记载，隋文帝的第三个儿子杨俊，开皇元年（581年）被立为秦王，他为人骄奢放纵，经常违反国家法度，还放高利贷取息，老百姓和底下官吏都深受其苦。文帝派人调查这件事，结果连坐者达百余人。可是，杨俊仍不悔改，继续营建豪华宫室，挥金如土，极尽奢靡之能事。后来，杨俊的妃子崔氏因失宠嫉妒，便在瓜中下毒，致使杨俊患病，被召回京师。文帝把这一切都归咎于杨俊的奢侈、骄纵，于是撤销了他的一切官职，只保留他的王爵，并责罚他不得出王府一步。大臣杨素替杨俊求情说："秦王的过失，罪不至此，请陛下再三考虑。"文帝说："我是五个儿子的父亲，如果依着你们的意思，那为何不另外制定一套天子儿子专用的法律呢？想当年以周公的为人，都可以诛杀管叔与蔡叔，我既然比周公还差得很，又怎么能做出违法之事？"于是拒绝了杨素的请求。（《隋书·文四子列传》）

总之，法在必行的执法理念是试图通过君主带头守法护法和亲贵与庶民平等地适用法律，从而实现普遍守法的法治理想，正所谓"君臣上下贵贱都服从法，这就叫作大治"（《管子·任法》）。

---

① 李觏：《周礼致太平论·刑禁第四》，见《李觏集》，王国轩点校，中华书局2011年版，第104页。

3. 明德慎罚的刑罚理念

古代中国占据主导的刑罚理念是"明德慎罚"（《尚书·康诰》、《多方》），即宣明德教、慎用刑罚，其基本内容包括德主刑辅、先教后刑和罚必当罪、恤刑省刑两个方面。

首先，刑罚的基本定位在于以刑辅教。

古圣先哲们认为，为政的根本在于道德教化，只有在教化不能推行时才立法设刑，而设立刑法的目的只在于防止奸恶、禁民为非以辅助德教的实施，使民迁善远罪。如《汉书·刑法志》说："设立法律、明确刑罚，并不是用来作为治国的根本办法，而是为了补救衰乱的世道。"《晋书·刑法志》也说："推究先王制造刑罚，并非因为过度愤怒，也不是为了残害人，而是用以补救奸恶，用以使罪犯得到应有的惩罚。"这也就意味着，刑法的制定本身即表明德教的废坠和世道的衰乱。

儒家传统注重依靠遵行礼制、推崇德教来培养人们的互敬和谦让之德，从而引导人们自觉遵守社会规范而耻于犯罪；认为刑法的确立则会启发人们的贪欲和争斗，使他们学会钻法律的空子而毫无廉耻之心。所以孔子说："用政令来诱导，用刑罚来整顿，人民就会苟免于罪而不知道廉耻；用道德来引导，用礼教来齐整，人民就有廉耻心并自我格正。"（《论语·为政》）换言之，只有道德引导和礼义教化才能"更深刻、更敏锐地关照基本的人性动机"[1]，通过感化人的心灵来把罪恶禁绝于未发之前；而刑罚虽然可以惩恶禁暴，但却不能止邪于未形，更不能积极地提升人的德行，其有限的价值合理性只在于辅

---

[1] ［美］狄百瑞：《亚洲价值与人权——儒家社群主义的视角》，尹钛译，社会科学文献出版社2012年版，第85页。

助和维持德教的推行。前者是根本，是必须念兹在兹、全力以赴的基本方法；后者是末节，是不得已而为之的最后手段。

对于仁义和德教的根本地位、法律和刑罚的辅助角色，《淮南子·泰族训》中有一段话说得至为贴切和周详：法只是治国的工具，并不是治理好国家的根本保证。治国，最重要的是能够感化人心，其次才是严明法制。百姓互相敬让谦退，不争利而争出力，每天上进向善而不知其所以然，这才是上等的统治；用利益奖赏来劝勉百姓向善，使百姓畏惧刑法而不敢为非作歹，在上位者执法严明，百姓服服帖帖，这是下等的统治术。如果能疏导人们的善良天性，防止他们萌生邪恶之心，开启他们向善的正道，而堵塞其邪道，那么民性就会善良，社会风气就能淳美。如果不培养良好风俗，放纵邪恶任其泛滥，再动用刑法去惩治，那么即使刑罚严酷到残贼天下的地步，也仍无法禁绝邪恶。原因在于民众如果没有廉耻之心，就无法治理他们；如果不修治礼义，廉耻之心就无法树立起来。民众不知礼义，法律也无法使他们走上正道。不推崇好的风尚，废除丑恶现象，民众就不会遵循礼义。没有法律当然不能治理国家，但民众不懂礼义，法律也推行不了。总之，法律的产生，是用来辅助仁义的。如果看重法度而轻视仁义，那就像是看重鞋子帽子而忘记头脚。商鞅的严刑苛法导致了秦朝覆灭，就是因为商鞅只知道靠刀笔小吏无情执法，却不懂得治乱的根本。

以刑罚辅助和维持德教，主要体现为在刑罚过程中贯彻德教的内容，执行"失礼入刑"的制度原则。这就意味着，"非礼，便是犯法"（《荀子·修身》），或者"礼之所去，刑之所取，失礼则入刑，相为表里者也"（《后汉书·陈宠传》）。而德主刑辅作为治国的基本纲领，首先就要求先教而后刑，反对不教而诛。在孔子看来，为政有"四恶"，其中首恶便是"不教而杀谓之虐"，即不经教化便加以杀戮叫作暴虐。汉代学者说："古时候，规定周全的礼义，宣明教化，礼义完备教化宣明之后，不服从的人再按其轻重程度，处以不同的刑罚。刑罚恰当，百姓没有怨言。现在废除了德教，却要求百姓懂得礼义，这是虐民。"（《盐铁论·周秦》）唐代名臣魏征也说过："仁义是治理的根本，而刑罚是治理的辅助手段。治国要有刑罚，就像赶马车要有鞭子。百姓们都已服从教化，刑罚就没有地方可施用了；马能自觉地尽力奔跑，鞭子也就不需要用了。由此可见，刑罚不能使国家太平，这个道理是很明显的。"（《贞观政要·公平》）唯有百姓受到良好的教化，社会风俗归于忠厚，才能使国家太平；而虐政只会使百姓心中充满奸邪、风俗变得浅薄，导致国家的危亡。因此，圣明的君主都致力于德化而鄙薄威刑。

其次，刑罚的具体施用要注重恤刑省刑。

由于刑罚只具有作为德教辅助手段的有限合理性，中国传统刑罚理念从来都主张施刑须以宽平为本，保持谨慎节制、心怀哀矜怜恤。《尚书·舜典》说："凡属过失犯罪，就可以赦免；故意犯罪且怙恶不悛，就必须施加刑罚。谨慎啊，谨慎啊，对待刑罚要有怜恤之意啊！"

所谓恤刑，就是要详细审查案情的是非曲直，使有罪的人不得幸免，无辜的人则不得滥刑妄诛。具体而言，首先要根据犯罪事实，严格依法判案，坚持罪刑法定的原则，使罚必当罪以避免冤狱，如《晋书·刑法志》所说："律法断罪，都应当按照法律的明文，如果没有明文，就依据先前的判例来裁断。凡是法律无明文规定又无判例可循的，都不要论罪。"换言之，法无明文规定者都不为罪，而法有明文则不可随意饶恕。《贞观政要·公平》也说："凡是审理案件，必须以犯罪事实为主，不严刑逼供，不节外生枝，不以牵连众多来显示审判者的聪明。所以要多方取证，广泛调查，听取意见，以弄清事实而不是掩盖事实，不使狱吏徇私枉法的奸计得逞。孔子说：'古人审理案子，是为被告寻找生存的理由；今人审理案子，却千方百计地要将其置于死地。'所以，随心所欲地解释法律，任何案件都要定罪，施展手段罗织罪名的情形就出现了。"

另外，制刑、量刑、用刑还要本着同情、悲悯之心，度情量理，对情有可原的予以适当的宽宥、赦免。《周礼·秋官司寇》中有"三宥""三赦"的规定：对因不识、过失、遗忘而犯罪的人都宽大处理，对幼弱、老耄、愚蠢这三种人所犯的罪可以赦免。

古哲先贤们认为，在一个治理良好的社会里，刑罚虽然不能彻底消除，但却可以减少到最少状态。减省刑罚，达到刑罚措置而不用乃至去除刑罚的目的，是中国古代施用刑罚的根本宗旨和最终理想。孔子说："审理诉讼案件，我同别人差不多，一定要使百姓没有争讼的事才好。"（《论语·颜渊》）这种省刑息讼的理念意味着，用刑治国应致力于堵塞刑罚产生的根源而不是致力于刑杀罪犯，百姓经由统治者正身垂范的教化而自觉向善，民风归于淳朴，百姓不去犯法，刑罚也就无处可施。

在一定意义上，"刑期于无刑"可以说是儒、法两家共同的刑罚理想，但在实现途径上却有着本质的不同。法家主张"以刑去刑"或"重刑止刑"，商鞅认为："施行刑罚，对那些犯轻罪的人使用重刑，那么犯轻罪的事就不会再发生，犯重罪的事也不会有，这就叫用刑罚去掉刑罚。"（《商君书·靳令》）韩非进一步论证说，重刑的目的是通过"严惩一个坏人的罪行来禁止境内的奸邪"，"用重刑能禁止的，用轻刑未必能禁止；用轻刑能禁止的，用重刑也一定能禁止"（《韩非子·六反》）。但是，商鞅、韩非的重刑主张显然不符合"罚必当罪"和"恤刑"的原则和精神，所以被儒家传统所否弃。

相反，儒家认为，省刑、去刑的根本办法是"先富而后教"，即让百姓富足并进而教化他们。据记载，孔子周游列国，来到了卫国，说道："好多的人啊！"冉有问："人多了之后又该怎么办呢？"孔子说："让他们富裕起来。"冉有又问："富裕了之后又该怎么办呢？"孔子说："教化他们。"（《论语·子路》）孟子像孔子一样，孟子也主张养民而后教之，他说："没有固定的产业却有恒常的善心，只有有学养的士人才能做到。至于普通百姓，如果没有固定的产业，就没有恒常的善心。这样，就会胡作非为，违法乱纪，什么事都干得出来。等到他们犯了罪，然后去加以刑罚，这等于是编织罗网来陷害百姓。哪有仁爱的人在统治地位上却做出陷害百姓的事呢？所以，英明的君主制定百姓的产业，一定要使他们上足以赡养父母，下足以抚养妻儿；好年成则丰衣足食，坏年成也不至于饿死。然后再通过教化引导他们走上善良的道路，百姓也就容易依从了。"（《孟子·梁惠王上》）

唐代大诗人白居易曾作《止狱措刑策》，集中阐明了止息诉讼、措置刑罚应先行富民教民的根本道理：刑罚措置而不用，虽然是圣明的君主慎用刑罚，贤良的官吏本着怜恤之意断案所达致的，但也是由于天下百姓生活富足、德行端正而很少犯罪。而刑罚繁重，虽然是由暴君滥用刑罚、奸吏弄法所导致的，但也是由于天下百姓生活贫困、心思奸邪而多有犯罪。所以，刑罚是繁多还是减省，取决于犯罪的多少；教化是废坠还是兴盛，取决于人们生活的贫富。圣明的君王不担心刑罚繁多而担心犯罪众多，不担心教化废坠而担心百姓贫困。人们如果富足，教化就能兴盛；犯罪如果少了，刑罚就能减省。所以财产不均、贫富相斗，即使是尧舜做君主也不能平息怨愤争斗而减少刑狱；衣食不足、饥寒交迫，即使是皋陶做刑狱官也不能制止奸恶而去除盗贼。用尽谨慎怜恤的办法，竭尽哀矜悲悯的诚心，使活着的人无怨言，死了的人不仇恨，这是君王慎刑恤刑的办法，但不是圣人措置刑罚的办法。要想正本清源，在于使百姓富足和崇尚教化，开启使百姓懂得廉耻的道路，堵塞滥用刑罚使百姓蒙冤的门径，使人们内心乐于生活，外部行为害怕犯罪，就必定会使过错犯罪自然减少，刑罚自然措置不用。①

历史上的"成康之治""文景之治"和"贞观之治"，都是通过仁政德教来省刑、措刑或去刑的典范。据史料记载，周成王、康王的时候，天下安宁，民不犯法，刑罚措置不用达四十余年。(《史记·周本纪》)汉文帝即位后，汲取秦朝灭亡的教训，议罪以宽厚为本，以议论他人的过失为耻。教化畅行天下，告奸的风俗改变了。官吏安于本职，人民安居乐业，风俗淳厚，法禁简略。人人自爱，不犯刑法，因此刑罚大大地减省，以至于全年判决的案件只有四百起，形成了刑罚措置不用的风气。(《汉书·刑法志》)唐太宗勤政恭俭，致力于富民和德化，用法务求宽简，从贞观元年到贞观四年，全国被判处死刑的人只有二十九个，也几乎做到了刑法措置不用。(《贞观政要·刑法》)

◇（四）礼法合治：教善惩恶的综合治理之道

对于治国理政来说，礼与法的功能和发挥作用的机制是非常不同的，对此，古哲先贤有着十分清醒的认识，汉儒贾谊就曾作过极为精到的论述，他说："礼的作用在于事先用道德教化的方式引导人们遵从文明礼仪和正确的行为规范，乃至使人民在不知不觉间不断改过向

---

① 白居易：《白居易集》（第四册），顾学颉校点，中华书局1979年版，第1355—1356页。

善而远离了罪恶，而法的作用在于越轨犯罪行为发生之后进行事后的惩罚，所以法的作用容易被人了解，而礼的作用却不易为人所知。"（《汉书·贾谊传》）然而，正因为礼与法的作用机理不同，礼可以"绝恶于未萌，而起教于微眇"，而法只是惩恶而禁于事后，所以在儒家看来，礼的教化作用事实上比法的惩罚作用具有更为根本的重要性。

当然，礼乐教化的核心传统也不完全排斥法律和刑罚的作用，而是把法作为"辅治之具"，主张"失礼入刑"。所以，礼与法之间事实上并不存在绝对的分界，更不是对立互斥的关系。如梁启超所说："礼之与法，散言则通，对言则别。儒家固非尽排斥法治，然以礼治为主点，以法治为补助，盖谓礼治所不能施之范围，然后以法治行之也。"[①]

荀子曾说，"法律不可能单独有所建树，制度不可能自己推行"（《荀子·君道》），而且他虽然强调"礼，是法制的前提，制度的纲要"（《荀子·劝学》），但同时又认为礼法合治才是治国的常道，所以他说："治国的常道，是礼与刑，君子用它们来修养自身，百姓因而得到安宁。宣明德教，谨慎施刑，国家因而大治，四海升平。"（《荀子·成相》）《礼记·乐记》也说："用礼来引导人们的意志，用乐来调和人们的性情，用政令来统一人们的行动，用刑罚来防止人们做坏事。礼、乐、政、刑，它们的根本作用是一致的，就是要统一民心而实现天下大治。四者通达而不相悖乱，王道就具备了。"这表明儒家所谓的王道其实也就是指一种礼法合治的综合治理方法，而非纯用德教。

---

① 梁启超：《中国法理学发达史论》，见《梁启超论中国法制史》，商务印书馆2012年版，第53页。

先秦法家中的齐国法家一派在推崇法制的同时，也很重视仁义道德和礼乐教化，《管子·枢言》说："法出于礼，礼出于治理的需要。实行礼治，就是道，万物的关系都是等到礼制确立后确定的。"《管子·牧民》更提出礼、义、廉、耻是"国之四维"的治国理念，认为："四维不设立，国家就会灭亡。"

诸葛亮式的法治可以说是中国传统礼法合治的理想模式。诸葛亮相蜀国，以儒家仁政、德教为本，以法律为用，既主张去偏私、信赏罚、严纪律而兼有法家以法治国的长处，又充满了仁德而不过于严苛，无急功近利的野心。① 他在《出师表》中对后主刘阿斗说："赏罚褒贬，不应有所不同。如果有作奸犯科的人，或行为忠善的人，都应该交给主管官吏判定对他们的奖惩，以显示陛下治国的公正严明。不应有偏私，使朝廷内外执法不同。"西晋史学家陈寿评价说："诸葛亮担任丞相，安抚百姓，宣明礼仪法度，简省官职，遵从适宜的制度，开示诚心，布施公道。竭尽忠心、有益国家的人即使有私仇也一定奖赏，违犯法令、傲慢懈怠的人即使是亲人也一定责罚，承认罪行、情有可原的人即使罪过重大也一定宽释，不讲实话、巧言掩饰的人即使罪行很轻也一定惩处。善行无论多么微小，没有不奖赏的；恶行无论多么纤细，没有不惩罚的。处理各种政务熟练通达，对待事物能抓住其根本，根据名分要求名实相副，鄙弃虚伪不诚的人。在整个蜀国中，人人都敬畏而爱戴他，刑法政令虽然严厉，却没有人怨恨，因为他用心公平而且劝惩分明。真是治世的良才，可与管仲、萧何相媲美。"（《三国志·蜀书·诸葛亮传》）诸葛亮治蜀，为后世树立了礼法合治的典范。

---

① 贺麟：《法治的类型》，见《文化与人生》，商务印书馆1988年版，第47页。

综上所述，在古代中国，礼和法都有其必要而相应的地位，但治国理政的优先和首要模式是礼治，即一种以礼乐教化为核心、体现为领导者端身正行而垂范率教的负责任的治理模式。这种治理模式要求领导者保持敬畏爱民之心，以正定名分为始基，通过礼教使人们懂得互敬和谦让，做到外在言行中规中矩，从而止息争乱，确立公共秩序；通过乐教调适和陶冶人的内心，化除心中的怨气，保持内心的平和安乐，从而安心于守礼，使公共秩序变得其乐融融、稳定长存。礼乐同行并兴，社会风俗随之淳厚起来，从而国家的治理也就自然四海清平。

然而，人生而有气质偏险、贪邪情欲、难以驯服之性，越轨犯罪行为在人类社会中从来都是难以彻底根除掉的，所以礼治、德化总有行不通的时候和地方，诉诸惩罚性的法律就是这种情况下不得已而为之的保障性手段。在古代中国，法律和刑罚起着辅助和维持礼教的重要作用。基于这种角色定位，先贤们始终强调法的公共性和普遍性，要求君主带头守法，支持刑狱官秉公执法，以达到立公义去偏私的目的；对于刑罚，则主张以"明德慎罚"为根本精神，做到慎刑恤刑、罚必当罪，追求省刑措刑的根本目标。也就是说，法律和刑罚应被灌注以礼义教化的内容和原则，为更有效和更持久地运用礼提供准备和保障。这样一种礼法合治、德主刑辅的政教理念和治国理政模式，可以创造和维持礼义彰明、法度严整、有序和谐的公共生活秩序。今天，在剔除了传统礼教的等级性和刑法的严酷性之后，这种礼法合治、德主刑辅的政教理念和治国理政模式也许仍然能够带给我们许多有意义的启示和教益。

八

公正廉明，官品政德

——中国历史上的廉政文化与为官之道

中华民族在长期政治实践中积累了廉政建设的丰富经验和智慧，形成了源远流长、内蕴深厚而又独具特色的廉政文化，对中华政治文明的发展演进产生过重要影响。概括而言，中国古代廉政文化的基本特色是通过官员的道德自律与朝廷的制度约束相结合的方式来澄清吏治，以改善官民关系、维持政治清明。在"为政以德"的儒家传统政治文化的形塑下，道德自律被推重到廉政建设的首要位置，这就产生了流传两千多年的官箴文化，其核心内容是注重治国理政者的官品政德，强调克己奉公、公正廉明、勤政爱民、敬慎忠直、尽职尽责的为官之道。而那些具有儒家人文知识教养和政治道德信仰的清官良吏，正是这种为官之道的自觉践行者和生动诠释者，他们以高尚优良的官品政德和造福一方的治理政绩昭示着这种为官之道的政治效果。不过，历代统治者也清醒地认识到权力会腐蚀为官从政者的个人品行和政治道德，因而单纯的道德自律并不是完全靠得住的，于是经过不断的摸索和实践，逐渐建立起了包括监察制度、考课制度、回避制度等在内的一整套廉政制度，并将这套制度规范不断严密化，以此对官员的政治行为进行外部约束，并取得了一定的廉政效果。

⊗（一）畏四知，去三惑

如果到山东曲阜去游览三孔（孔府、孔庙、孔林），一定会注意到孔府内宅门里的一幅彩色壁画，这幅壁画被称为"戒贪图"。画中描绘了一个状似麒麟的动物，它就是传说中的"犴"（饕餮）。犴是天界中的神兽，是龙生九子中的一子，是贪婪之兽，生性贪得无厌。壁画中，在犴四周的彩云中，都是被它攫取、占有的宝物，包括"八仙"的宝器在内，但它仍不满足，又对着太阳张开血盆大口，妄想要把太阳也吞入口中。不过，野心无限膨胀和欲壑难填的犴最终还是落了个葬身大海的可悲下场。

孔子后裔衍圣公之所以将这样一幅图画描绘于孔府宅门内出口的影壁上，是要提醒自己、家人并告诫子孙为官应该清正廉洁，应常怀律己之心而不能贪得无厌。

东汉安帝朝名臣杨震，弘农华阴（今属陕西）人，自幼好学，博览群经，人称"关西孔子"。在他调任东莱太守赴任途中，路经昌邑县，该县县令正是他以前任荆州刺史时举荐过的秀才王密。晚上，王密前去拜谒杨震，俩人一直畅谈至深夜，然后王密从怀中拿出10斤黄金送给杨震。

杨震责怪王密说："以前我因为了解你的为人，所以才举荐你，希望你做个清正廉洁的好官，而如今你却不了解我的为人，这是为什么呢？"

王密说："现在是深夜，没有人会知道这件事。"

杨震答道："天知，神知，我知，你知。怎能说没人知道呢？"

听了杨震这话，王密羞愧难当，抱金而出。（《后汉书·杨震列传》）

上面便是杨震"暮夜却金"的故事。他不仅自己为官廉洁，不受私谒，也希望自己的后代能被称为"清白吏子孙"，其子杨秉后来为官便颇具其父的风范。杨秉曾官任豫、荆、徐、兖四州刺史，有故旧官吏送钱百万馈遗他，他坚决闭门不受。像其父一样，杨秉也以廉洁称于世。杨秉也说过这样一句名言："我有三不惑：酒、色、财也。"

正因为杨震"畏四知"，杨秉"去三惑"，所以才能成就一门清廉之风，并成为后世清正廉洁官员的千古楷模。北魏襄州刺史申徽就曾画了杨震的像挂在卧室里以便时时警诫自己。也正因为历朝历代的清官廉吏不断传承着清正廉洁的优良政风，所以才能形成历史上持久延续的廉政文化。

◇（二）中国廉政文化的思想渊源

春秋战国正是中国官僚政治逐渐发展成熟的时期，因此，各家各派的思想家开始从理论上系统地思考治国为政之道的问题，特别是就当权者的品格和能力、对其行为的规范与控制，以及其权力行使的合法性或正当性问题，提出了许多影响深远、富有启发性的有益见解。他们奠定了后来中国人治国理政的基本理念，给后世留下了异常丰富且深邃的政治智慧。他们的思想也是后来中国廉政文化的主要观念来源和理论基础。

儒家特别重视人的教育问题，尤其是人的道德品格的培养。孔子尤其希望通过教育，将自己的学生培养成有知识、有文化、有独立人格、有道德修养和社会责任心的士人君子，认为只有受过教育、品德优异的士人君子才有资格入仕从政。因此，孔子和儒家一方面主张士人君子应该"以德致位",同时也对统治者提出非常高的道德要求。

具体来说,儒家对统治者或执政者的要求有:首先,应加强自身的道德修养,端正自身的言行,以正确的道德行为来影响、引领他人。只有能够首先端正自己品格和言行的人才有资格去端正他人的品格和言行,正所谓"其身正,不令而行;其身不正,虽令不从"(《论语·子路》)。其次,应"为政以德"(《论语·为政》),忠于职守,诚信待人,仁爱而不贪,廉洁而正直,宽惠以使民。最后,要能做到"富贵不能淫,贫贱不能移,威武不能屈",只有这样的人才能叫作"大丈夫"(《孟子·滕文公下》),才有资格去教育他人、治理国家、领导人民。

那么,怎样才能做到廉呢?孟子说:"可以取,可以无取,取,伤廉。"(《孟子·离娄下》)意思是说,有些东西在可以取可以不取的时候,取了就会伤害你的廉洁。在孟子看来,一个人要修养自己的心性,最重要的就是要减少物质欲望。按照荀子的说法,如果统治者能够"尚贤使能"而且赏罚严明,使官员明确各自的"分职",做到公私分明,便可以使"贪利者退而廉节者起"(《荀子·君道》)。

在墨家首领墨子的政治理念中,最为难能可贵的一点就是,非常重视尚贤使能的问题,他希望各级政长都应由圣贤人物来担任,而且他还特别强调各级政长要为政清廉,务必要奉行节俭节用的原则,只有身为政长者"其用财节,其自养俭",意即使用财物力求节约而俸养自己也很俭省,才能使"民富国治"。墨子说:"俭节则昌,淫佚则亡。"(《墨子·辞过》)

道家的政治理念同样强调统治者应效法自然天道而少私寡欲,反对统治者有太多的嗜欲。老子说:"五色令人目盲,五音令人耳聋,五味令人口爽,驰骋畋猎令人心发狂,难得之货令人行妨。"(《老子·第

12章》）大意是说，缤纷的色彩会使人眼花缭乱，纷杂的音调会使人听觉不敏，过度的饮食会使人失去味觉，纵情于游猎会使人心志放荡，稀有难得的财货会使人行为不轨。在老子看来，最好的统治者是那些慈爱节俭、清静无为、无事无欲的人。只要统治者能够做到减少自己的欲望而不多事妄为，人民也就能够自然而然地受到感化，自发地走上正确的轨道，过上知足而淳朴的生活。

法家最重要的思想特点就是主张以法治国，提倡鼓励耕战的政策，认为富国强兵才是治国理政应追求的根本目标。他们非常注重运用法制、权术和赏罚的手段和办法来有效控制官吏的行为，最大程度地提高行政的效率。韩非说："明主治吏不治民。"（《韩非子·外储说右下》）那么，怎样才能有效地控制和管理好官吏呢？法家认为，一是根据一个人能力的大小来授予其相应的官职，二是根据官员的治理绩效来进行公正严明的赏罚，三是统一法制，并对官吏实施严格的"法制控制"，对破坏法制的官吏进行严厉的惩罚。这样，各级官吏便不敢违法乱纪和谋取私利，相反他们会以清廉方正的行为奉法理政，贪污贿赂、侵渔百姓的行为便不会发生。

不管怎样，各派思想家大都希望执政当权者能够正直、清廉、公正、无私、遵礼、守法，也都认为吏治的好坏，官员的贪廉，决定着国家的治乱盛衰。正如春秋时期齐国著名政治家晏婴所说："廉者，政之本也。……廉之谓公正。"（《晏子春秋·内篇杂下》）

◇（三）中国廉政文化的官箴政德与为官之道

官箴，即为官从政的箴言。历史上流传下来的官箴书不下300余部，成为中华民族一笔丰厚的政治文化遗产。它们多是由长期从事政治事务管理工作且满怀政治抱负、力图澄清吏治的学者官员们所作，主要内容是论述为官道德和总结从政经验，目的是通过训诫的形式向官员传授为官之道，以提升其品格操守和德行修养，进而从根源上克服为官嗜利、贪腐害民的官场弊病。

自古先贤就认为，官员入仕之前必须先修身正己，要想做官须先学做人。清人汪辉祖10岁那年，父亲曾问他："读书所追求的是什么？"他回答说："为了求做官。"父亲说："错了。做官虽然也是读书中的一件事，但不可把做官作为读书追求的根本目的。只求做官，则未必能做人；只求做人，即便不做官也不失为好人。碰上机会才应当做官，而且一定要做好官，不要受百姓唾骂，不要遗祸子孙。"[①]

不管是读书做人，还是读书做官，在古人看来，最重要的就是必须先立定志向、端正心术。这是因为志向是万事的根基，凡事必须先立定志向、拿定主意、认定道路、站定脚跟、咬定牙关去做，才能做成事情。若做事之初不预立一定不可变易的志向，或是见异思迁，或是萎靡不振，最终必定是一事无成。就做官而言，儒生士人在未入仕之前，谁不想做好官，为何一入仕途，就前后判若两人？最根本的原因就是由于没有立定志向，讲吃、讲穿、讲排场，一味钻营请托、跑官取巧，结果走错道路而迷途不返。古人认为，心术志向端正是人立身行事的大根大本，心术志向是否端正直接决定着政事的善恶成败。正如孟子所讲，有怜悯体恤他人的心，才会有怜悯体恤百姓的政治；相反，放荡、邪恶的心一产生，就会造成政治上的危害。而心术志向是正是邪，全在公私之分。心能至公则忠诚而正直，一心谋私利则奸

[①] 汪辉祖：《学治臆说》卷下《勿贻毒子孙》，见《官箴书集成》（第五册），黄山书社1997年版，第293页。

诈而邪恶。故而端正心术志向首要的就是必须"一洗谋利之心",官员心地干净,政事自然就能得到治理。①

除了立定志向、端正心术,入仕做官还需要不断增长见识学问和为政阅历。孔子常教育弟子们说:不必担心自己得不到职位,而要担心自己有没有立身任职的本领。而学问和阅历可以说正是一个人居官为政的两大基本资格条件。清人方大湜曾经说,当官要有血性,没有血性就不能干事,但是光有血性而没有学问不行,因为不学无术而光有血性则有时反而会坏事;当官也要有聪明,没有聪明也干不成事,但光有聪明而缺乏阅历也不行,因为缺乏阅历不明事理则聪明有时也会误事。②

如何才能增长和丰富自己的学问和阅历呢?首先,增长学问要靠读书,尤其是读圣贤留传下来的文史经典,不仅可以增长智力识见,更重要的是可以净化心灵、涵养德性、拓展心胸,进而懂得修己化人、为官理政之道。自古有作为的官员大都好学读书。其次,丰富阅历须靠历练,人必须经过政事的历练,然后才能明白治事理政的道理,历练越久对这些道理就越通达明晓。

古人先哲对于已经身居官场的官吏的具体行为和为官之道方面的具体训诫主要集中于清正廉洁、实心爱民、勤勉奉公、谦虚谨慎四个方面,从中我们可以体认和领悟到古圣先贤心目中对为官从政的政治价值追求和对官员的理想化政治角色期待。

---

① 方大湜:《平平言》卷一《立志》,见《官箴书集成》(第七册),黄山书社1997年版,第596页;王永吉:《御定人臣儆心录》序,见《四库全书》(第六〇二册),上海古籍出版社1987年版,第761页。

② 方大湜:《平平言》卷一《学问阅历》,见《官箴书集成》(第七册),黄山书社1997年版,第616页。

1. 清正廉洁

清廉是古今中外人们所公认的为官应具备的最基本和首要的品质，按照中国古人的说法就是："廉者，政之本"，"为政必自廉始"，"居官首重维清"。古人往往把官员的清廉比作妇女的贞洁，认为官员万分廉洁也只是小善，一点贪污便是大恶，且一旦玷污就终身不可弥补。[①] 先贤们所理解的清廉，其本义乃是官员通过自我约束、收敛来克制、战胜内心的贪念，对凡是超越本分之外的利益都不妄取分毫，而不仅仅是不窃取公财、不收受贿赂。正所谓"一陷贪墨，终身不可洗濯。故可饥可寒可杀可戮，独不可一毫妄取"[②]。

明代学者薛瑄曾把世上的廉吏分为三等：上等的廉吏明达义理、知道为官理当清廉，因而不想非分妄取；次等的廉吏崇尚、爱惜自己的名节，因而不愿苟且索取；下等的廉吏则仅仅是因为害怕法律制裁、想要保住官职禄位，故而不敢违法谋取而勉强能不贪污。[③] 这种不想贪、不愿贪、不敢贪的优劣等差品分表明，古人认为官员廉洁的养成应以自律为首要途径。以自律来养成廉洁的具体办法主要有：

一是戒私欲嗜好。先哲们非常清楚，不仅声色货利等私欲是贪污之源，即使是读书、赋诗、书法、作画等爱好也可能开启贪污之途、引发贪污之弊。众所周知，凡是想要向官员行贿的人，一定会窥伺官

[①] 费枢：《廉吏传》卷上《季孙行父》，见《四库全书》（第四四八册），上海古籍出版社1987年版，第285页；揭傒斯：《文安集》卷八《送李克俊赴长兴州同知序》，见《四库全书》（第一千二百〇八册），上海古籍出版社1987年版，第222页；方大湜：《平平言》卷一《清慎勤》，见《官箴书集成》（第七册），黄山书社1997年版，第613页。

[②] 陈襄：《州县提纲》卷一《洁己》，见《官箴书集成》（第一册），黄山书社1997年版，第39页。

[③] 薛瑄：《薛文清公从政录》，见《官箴书集成》（第一册），黄山书社1997年版，第244页。

员的嗜好性格以便投其所好，官员喜欢饮酒就献上美酒，喜欢美色就献上美女，喜欢文学就献上诗文辞章，喜欢游戏玩乐就献上器皿、书画，喜欢花草树木就献上奇花异草，等等。因此，官员只要稍有私欲就很少不被诱惑的，即使想要廉洁清正也不可能。[①] 事实上，能否克制内心的私欲恰恰是官员廉洁自律中最难和最根本的一个环节。

在廉洁自律方面，明朝的海瑞（1514—1587年）可以说是中国历史上最为著名的一位清官典范，一生从政做官二十多年，虽然生前官至二品，任南京都察院右都御史，但死时却仅留下白银二十两，连自己身后殓葬的资费都不够用。海瑞的清廉正派之所以可贵，就在于他生活在大明王朝由盛而衰的转折性的中后期，皇帝无能和不作为、宦官专权以及官僚贪污腐化等日益严重，政治生活愈来愈趋于黑暗腐败，生活在这样的政治生态下，海瑞却能耿直地坚守着从政为官的价值底线和清正廉洁的理想追求，他那清廉正派和忠诚谏诤的人格与官品也才显得尤其可贵。

二是戒奢崇俭。古人普遍认为，一个官员是贪污还是廉洁，其根源在于其生活是奢侈还是节俭，官员要想廉洁首先就应当生活节俭。古人云："惟节俭可以养廉。"[②] 官员生活不节俭则必贪赃，因为平时过惯奢侈生活的人，一旦窘迫穷乏必定不能忍受，于是便起贪财之念。下属摸准了上司的心意就进献牟利的计策以便从中渔利，这些计策大多在可以取可以不取之间。官员以为取后对廉名伤害不大，不妨姑且一试。利途一开，就再也不可能堵上了。这样发展下去，为情势

[①] 汪天锡：《官箴集要》卷上《持廉篇·正身修己》，见《官箴书集成》（第一册），黄山书社1997年版，第266页。

[②] 吴遵：《初仕录·崇本篇·正家法》，见《官箴书集成》（第二册），黄山书社1997年版，第38页。

所逼则欲罢不能，会被下属牵着鼻子走。一旦贪墨之行败露则自己遭殃，或祸及子孙，这都是由不节俭造成的。因此，要想清清白白做官，必须从去除奢侈、节省用度做起。① 而且，节俭的意义要远超过养廉本身，实为各种官品政德的涵养之源，正所谓"俭则安分，俭则洁己，俭则爱民，俭则惜福"②。在这个意义上，为官能去一分奢侈，便少一分罪恶，而多一分德义。

为官节俭就是要求官员能过清苦平淡的日子，从中体会百姓生活的艰难。如南宋名儒真德秀说："百姓脸上不可一天出现饥饿青黄的菜色，士大夫不可一天不知道菜味。"如果自品级最低的官员以至于公卿将相，都是能啮得菜根的人，那么他们必定知道各自的职分所在，百姓又何愁没饭吃？③ 古来名垂青史的清官大多生活清苦。清代廉吏于成龙为官数十年始终躬先俭朴、清苦高洁，每日只吃粗粮糙米、清粥稀饭配青菜，"终年不知肉味"，被百姓称为"于青菜"，去世时只留下一身丝绸棉袍、床头盐制的豆豉和一些简单的日常用具。(《清史稿·于成龙传》)

三是管束家人。历代官箴书也都指出，官员之所以不能守身清白，很多时候都是由家人骄奢腐化、借权谋私造成的，并对此作了深刻分析：官场衙门习气，最容易带坏官员的家人子弟。他们平日里锦衣玉食、嬉戏悠闲，身心松懈、不学无术，官府里无所不有；在任官员忙于处理公务，无暇细察家事，于是家人背着本官搜刮钱财，收受

---

① 陈襄：《州县提纲·节用养廉》，见《官箴书集成》（第一册），黄山书社1997年版，第40—41页；汪辉祖：《学治臆说》卷下《不节必贪》，见《官箴书集成》（第五册），黄山书社1997年版，第288页。

② 觉罗乌尔通阿：《居官日省录》卷之六《俭》，见《官箴书集成》（第八册），黄山书社1997年版，第190页。

③ 罗大经：《鹤林玉露》甲编卷之二《论菜》，中华书局1983年版，第35页。

他人贿赂，借权势经商牟利，在民间放高利贷，一旦事情败露，则本官必被连累而丢官受辱。[1] 有鉴于此，在任官员一方面一定要严格管束家人，限制他们与外界的往来，真正做到"禁家人侵渔"；另一方面一定不要以裙带关系用人，尤其"至亲不可用事"，因为一旦任用家人亲属当权做事，他们就很容易狐假虎威，为谋私利而滥用权力欺压百姓，而且他们的罪行一旦败露就会置官员于秉公执法还是保全亲情的两难境地，由此造成的弊病不胜枚举。[2]

当然，为官清廉只是对官员最基本的要求，在此基础上，古人还对廉洁自律的官员提出了更高的要求：一是廉而不求人知。明代学者颜茂猷说，为官清廉而怕人知道的，是最好的官员；为官清廉而怕人不知道的，是次一些的官员；为官贪污而怕人知道的，是更差一些的官员；为官贪污而不怕人知道，公然受贿索贿的，是最坏的官员。[3] 二是廉而勿苛刻、不傲慢。廉洁从政乃是为官者的本分，是官品政德中最基本的一条底线。若官员自恃廉洁而骄傲自满，则各种乖戾的脾气、害人的弊政也都会随之产生，如治政专务严苛，执法特别严酷，随意评判他人，故而算不得好官。这好比妇女自恃能守身如玉，便詈骂公婆、压制丈夫、叫嚣妯娌，显然也绝不是贤妇一样。[4] 三是廉而能办事。康熙皇帝曾说，当官的人不谋取不义之财，一心为国效力，

---

[1] 汪辉祖：《学治臆说》卷下《子弟不宜轻令随任》，见《官箴书集成》（第五册），黄山书社1997年版，第286—287页；张养浩：《牧民忠告》卷上《禁家人侵渔》，见《官箴书集成》（第一册），黄山书社1997年版，第208页。

[2] 汪辉祖：《学治臆说》卷下《至亲不可用事》，见《官箴书集成》（第五册），黄山书社1997年版，第286页。

[3] 陈宏谋：《从政遗规》卷下《颜光衷官鉴》，见《官箴书集成》（第四册），黄山书社1997年版，第273页。

[4] 陈宏谋：《从政遗规》卷下《王朗川言行汇纂》，见《官箴书集成》（第四册），黄山书社1997年版，第293页。

就是好官；有的官员操守虽然清廉，但不能办事，这样的清官于国于民又有何用呢?① 光是清廉而不能治理政事民务，就是今人所说的"不作为"，与贪污同属误国害民的弊政。

有一则寓言，讽喻的就是那些"不作为"的所谓清官廉吏。据说，有一位官员死后，身着公服昂首挺胸进入冥府，自称生前任职没有任何的贪污行为，可以无愧于鬼神。但阎王要治他的罪，当堂责问他道："设置官员的目的是要治理百姓，掌管驿站、闸门的小官，都有应当处理的事情。如果不贪污就是好官，那么在堂上放一个木偶，它连水都不喝，岂不是比你更廉洁吗？"这位官员辩解说："我虽没有功绩，但也没有罪过。"阎王说："你事事自我保全，碰到刑狱为避免嫌疑就不审断，碰到繁重的工作就畏难而不办，如此，既辜负了民众的期望，又有负于国家的重托。无功即是有罪。"于是以炮烙的刑罚来惩处他。② 这个故事告诉我们一个道理，一个人为官一任就应当造福一方，除了为官清廉，身为官员就应当积极履行治国理政的职责，其中首要和根本的一条就是要实心爱民。

2. 实心爱民

设官以为民是古代贤哲们所公认的一项基本政治原则，而且，为官之道，最重要的就是要"以爱民为本"，所谓"官必爱民，乃为尽职"。③

---

① 中华书局影印：《圣祖仁皇帝实录》卷二百六十一"康熙五十三年十二月壬辰条"，见《清实录》（第六册），中华书局1985年版，第577页。

② 纪昀：《阅微草堂笔记》卷一《滦阳消夏录（一）》，上海古籍出版社2016年版，第4页。

③ 张经田：《励治撮要·自序》，见《官箴书集成》（第六册），黄山书社1997年版，第46页；徐栋：《牧令书》卷一《治原》，见《官箴书集成》（第七册），黄山书社1997年版，第17页。

事实上，一切当官从政者都不会愚蠢到公然地反对这项原则，即便是贪官、酷吏、庸吏等也时常把爱民挂在嘴边，但官场习气往往使官僚集团所标榜的爱民流于虚伪的形式，如清人陈宏谋曾精辟地指出：官场习气已经很重，从上到下的官员们每天都忙忙碌碌，虽然有治民的排场，其实却没有惠及民众的实事。鉴于此，先哲们一再强调，为官者应崇尚实政实事而不饰虚文，必须"以爱人之实心，发为爱人之实政"；"本爱民之实心，行惠民之实政"。①

在中国古代，官员通常被称为"父母官"，然而大多数官员都是有"父母"之名而无"父母"之实。清人觉罗乌尔通阿说，父母对于子女，无不多方保护，教诲成全，且考虑得无微不至，谋划得长久深远，像这样才叫作爱；官员既为民之父母，也要时刻想到保护和成全百姓，施行每件政事都应与父母爱子女无异，若"稍存隔膜之见"，则百姓必受苦不堪。② 刚毅说，知州、知县有教养斯民的责任，民众才称其为父母。既然如此，就应当与民众休戚相关，实心实力教养兼施，以使民众各得其所、安居乐业，如此才不负"民之父母"的称号。③ 于成龙也说，"父母官"应深体圣人"如保赤子"的比喻，保育婴儿必须侍候他的饮食，体察他的冷暖，做每件事都出自爱护婴儿的一片至诚之心。同样地，保育百姓也应当时时关注他们的饥寒，勤

---

① 汪辉祖：《学治续说·治贵实心尤贵清心》，见《官箴书集成》（第五册），黄山书社1997年版，第305页；陈宏谋：《从政遗规》卷下《于清端亲民官自省六戒》，见《官箴书集成》（第四册），黄山书社1997年版，第284页。

② 觉罗乌尔通阿：《居官日省录》卷之二《爱民》，见《官箴书集成》（第八册），黄山书社1997年版，第44页。

③ 刚毅：《居官镜·臣道》，见《官箴书集成》（第九册），黄山书社1997年版，第279页。

加抚恤，耐心劝勉和教化他们，做每件事都要出自爱民的诚心实意。①

宋儒程颐分析得更深刻，婴儿没有知识，也不会说话，所以有什么欲求只会呱呱啼哭，别人都不知道他需要什么，而唯有他的母亲知道，为什么呢？因为母亲对他的爱是最真诚的，正因为爱得真诚所以才无微不至。官员对待百姓如果能像父母对待自己的婴儿一样，哪里还会有什么过失呢？②

总之，官员既然被称作"民之父母"，就应"将父母二字坐实"，一存心、一发念、一开口、一举动都如父母对待子女一般，真心实意地做到爱民如子，施实德于人民。州县一级的地方官吏是最接近百姓的官员，国家的一切实政实治都在州县，他们将政令直接施及百姓，故"造福莫如州县，造孽亦莫如州县"。③那么，如何才能造福而不造孽，真正做到实心爱民，先哲们提出了以下四个要求。

一是要以"平易近民"为从政的根本。具体而言，官员仪表要得体，对待民众应当态度谦和，和蔼可亲，不要摆架子、打官腔以显耀官威，妄自尊大，自以为高贵，与百姓隔绝疏离，使百姓不敢接近。北宋政治家欧阳修曾打比方说，官员治民就如同医生治病，能治好病人的疾病就是好医生。同样的道理，能关心民生、拯救百姓疾苦的就是好官，不是"美官服、作官样、操官音"才称作官。④

二是为政宜宽平简易，不要多事烦扰。官府多一事则民众多一

---

① 陈宏谋：《从政遗规》卷下《于清端亲民官自省六戒》，见《官箴书集成》（第四册），黄山书社1997年版，第284页。
② 程颢、程颐：《二程集》（下），王孝鱼点校，中华书局2004年版，第1217页。
③ 方大湜：《平平言》卷一《造孽莫如州县》，见《官箴书集成》（第七册），黄山书社1997年版，第596页。
④ 袁守定：《图民录》卷四《治民如治病》，见《官箴书集成》（第五册），黄山书社1997年版，第224页。

扰，如教令烦扰则民迷惑而难以听从，征收烦扰则伤民财，兴作烦扰则劳民力，改革烦扰则民不能习惯，政事烦扰则民难以承受，民间的怨恨诽谤必然由此兴起。①

三是州县官员要主动走到民众中去，与民众亲近，打成一片、融为一体。治民最要紧的是官民之间能保持沟通而不至于隔阂，官民上下情意相通则治，不相通则不治。而官民相通意味着，官员施行的政令不被胥吏和差役所阻隔，爱民惠民的政令措施能够直达于民众；民众的诉求也不被胥吏和差役所障隔，意愿和实情能够得以面陈于长官。② 在官尊民卑的传统社会体制下，官员想要亲近民众，民众尚且会因为畏惧而不敢接近，何况是碰到懒惰、愚昧、贪残又傲慢自大的官员，民众自然无不望风而逃。③

四是要以"视民如伤"的情怀为民除弊兴利。所谓"视民如伤"，意思是看待和爱护百姓，就像他们受到了伤害一样去细心照顾。这体现了古老中国的一种悠久深厚的政治精神传统。孟子对这种精神传统作过深刻论述，他说：大禹想到天下有人遭受水患淹没，就好像是自己使他们淹没在水中一样；后稷想到天下有人还在挨饿，就好像是自己使他们挨饿一样，所以他们拯救万民才那样的急迫；伊尹想到天下有一个人还没有受到尧舜之道的恩泽，就好像是自己把他推到沟壑中一样；文王治理天下已经使百姓安乐了，但看待百姓仍然好像他们受到了伤害一样去照顾。（《孟子·离娄下》、《万章下》）这些古代的圣

---

① 徐栋：《牧令书》卷一《治原》，见《官箴书集成》（第七册），黄山书社1997年版，第24页。

② 袁守定：《图民录》卷三《上下之情必通》，见《官箴书集成》（第五册），黄山书社1997年版，第218页。

③ 徐栋：《牧令书》卷一《治原》，见《官箴书集成》（第七册），黄山书社1997年版，第34页。

贤人物把解除天下人的疾苦当作自己的责任来担当，而且把责任担当看得如此之重！

"视民如伤"的责任意识是官员为官为政能否真正做到实心爱民的一大根本，一切仁心惠政都是根据这四个字来做出的。[①] 善于治民理政的官员对民生疾苦有着一种痛痒相关、发自内心的真切之痛，听到百姓挨饿受冻就为之感到哀怜痛心，看到百姓劳作辛苦就为之感到忧戚悲伤，正所谓"闻其饥寒为之哀，见其劳苦为之悲"（《说苑·政理》）。这样的官员会自觉地把兴利除弊作为替民众解决痛苦、谋求幸福的急迫任务。对于身陷水火之中的百姓而言，尤其需要优先考虑先除弊而后兴利，除弊可以解除百姓的痛苦，解民于倒悬，能够为百姓带来即时的安乐；兴利的本意虽也是爱民，但必须使用民财、劳役民力，其前提需要首先赢得民心的支持，否则会引发民怨。[②] 那些假借为民造福之名，但事实上却违背民情民意而轻率兴建的各种政绩工程，本身就是没有体恤百姓反而骚扰百姓，就是以破坏百姓生计、加重百姓负担、增添百姓痛苦为代价来满足当政者好大喜功的私欲，其结果必将滋生出无穷的弊端。因此，不论是除弊还是兴利，都应当广泛采集民意舆论，民众认为应当改革的弊政就立即革除，民众认为不便利的政策就不要推行，民众认为不能办到的事就不要勉强去做，这就叫作与人民同好恶、共忧乐，诚所谓"百姓所利，官亦曰利"，"百姓所苦，官亦曰苦"。[③]

[①] 陈宏谋：《从政遗规》卷上《李九我宋贤事汇》，见《官箴书集成》（第四册），黄山书社1997年版，第256页。

[②] 觉罗乌尔通阿：《居官日省录》卷之二《爱民》，见《官箴书集成》（第八册），黄山书社1997年版，第46页。

[③] 袁守定：《图民录》卷四《采舆论》、《同好恶》，见《官箴书集成》（第五册），黄山书社1997年版，第229页。

一句话，实心爱民是当官从政者的根本政治责任。那些能切实履行这一责任的官员在古代被称作"循吏"或"良吏"，他们始终以宽仁至诚之心对待百姓，体恤百姓的疾苦，爱惜百姓的劳力，节用百姓的钱财，因而受到了百姓的衷心拥护和真诚爱戴，所谓"所居民富，所去见思，生有荣号，死见奉祀"（《汉书·循吏传》）。清人孙德钟曾说："做官的只要事事想一想，这事究竟是为百姓为自己，便可做循吏。"① 官员离任之时，其为官之好坏立刻就能见分晓：民间有一片留恋惜别之声，他就是一位好官；百姓相互庆贺，群起而诟骂，那他就不是一位好官，即使他是因升官而离任也不能堵住悠悠众口。②

宋代有位叫郑清臣的官员，他做槐里县令时，虐待役使百姓，让许多百姓无辜受罪、含冤莫白。后来因调任离职，全县的百姓都拦路唾骂他。郑清臣以辖下百姓侮辱官长为由上奏天子，宋真宗说："为政的根本在于赢得民心，如今民心像这样，你为政的情况就可以知道了。"于是贬降了他的官职。③ 清代有位叫陆陇其的官员，为官廉能清正、宽仁爱民，人民对他也"爱之如父母"。他任职嘉定县知县三年，离任的时候，县民罢市，整日在巡抚衙门前号啕大哭，乞求让他留任；后来又任职灵寿县知县七年，离任的时候，百姓也拦路挽留，哭泣着为他送行。（《清史稿·陆陇其传》）

---

① 徐栋：《牧令书》卷一《治原》，见《官箴书集成》（第七册），黄山书社1997年版，第38页。

② 汪辉祖：《学治臆说》卷下《当思官有去日》，见《官箴书集成》（第五册），黄山书社1997年版，第292页。

③ 觉罗乌尔通阿：《居官日省录》卷之二《爱民》，见《官箴书集成》（第八册），黄山书社1997年版，第45页。

3. 勤勉奉公

官之为官，除洁己、爱民之外，还须克己奉公，勤勉政事。为政最忌厌倦懈怠、懒散拖沓，所以孔子明确提出为政要"无倦"。孔子弟子子张询问为政之道，孔子回答说："为官居职不可厌倦懈怠，推行政事要尽心尽力。"另一位弟子子路也曾询问为政之道，孔子回答说："要率先垂范，再使民劳作，为官居职应持之以恒而不要厌倦懈怠。"周初政治家周公为政务求施行禹、汤、文武之道，日有一事不合于三王之道，便仰天思虑，白天没想好，晚上接着想，一旦想通了，就坐等天亮马上施行。明人薛瑄做官，每晚就寝时，一定反思这一天所做的事，都做得合理才安然入睡，有做得不合理的就辗转反侧无法入睡，一面思考弥补过失的办法，一面忧虑自己始勤而终怠的问题。①

明人吕坤曾说，为官不贪财、不害民，只是不残虐而已。如果设官只是考虑避免百姓受到残虐，那大可不必设官，民就可免于被残虐了。设官是为了使百姓家给人足，社会移风易俗，政事兴利除害，国家转危为安。假设有官员清廉寡欲，对百姓利益没有分毫损害，但事事废弛，对百姓也没有分毫助益，那也逃不过"尸位素餐"四个字。② 其实，为官者掌握权力而不作为、不办事，必将遗祸百姓、损害国家。

南宋大儒朱熹就曾深刻揭露过他那个时代官员疲政、怠政给人民造成的苦难。他说，如今的官员做事都只是苟且因循、逐渐消磨、能

---

① 陈宏谋：《从政遗规》卷上《薛文清公要语》，见《官箴书集成》（第四册），黄山书社1997年版，第234页。
② 吕坤：《呻吟语》卷五《治道》，学苑出版社1993年版，第288页。

挨得过时就挨过去，官场上下都以不要生事相互慰藉，要求办事不要太过认真。于是大小官员都变得圆滑起来，随大流混日子。遇到民事之是非曲直，完全不予理会，希望这样百姓就自然不来告状，以此为止息争讼的办法。百姓有冤屈而无处申诉，只得忍气吞声；即便有百姓前去诉讼，也是半年、一年都不见消息，得不到裁决，投诉的人也只得自行撤销告诉，当官的于是就认为百姓无冤可告、自己也就没有案件需要审理。这样的官场风气，真是令人毛骨悚然！① 清人汪辉祖也说，官员称职在于勤政，怠政对百姓造成的祸害，比贪污残酷更严重。因为贪污残酷都有事迹可寻，一旦查明，人人痛斥。而懒散推托的危害则具有隐蔽性，无迹可察，极难指陈数落。亲受其害的人痛切肌肤，而看见的人则无关痛痒，有人还会替官员辩解说："官府事务繁忙，势必无暇顾及。"官员于是习以为常，殊不知是在积累罪孽。②

无论国家还是地方上的政事，都属于公共事务，为官者必须勤勉奉公而不厌倦懈怠，将这种克己奉公、勤勉尽责的要求落实到行为上，对任何一个官员来讲都是不容易的，但又必须要这样做。明儒吕坤曾说："世上没有一个官是好做的，即使是个守门的小吏，也须夜行早起，才能算称职。说官好做，便不是做好官的人。说职事好做，便满腔都是玩忽轻视之心，因而没有一件事能做得好。"③ 正因为这样，所以为官者必须知道做官本是苦事，为官者本是苦人，不可贪图安逸地坐在官位上做享福的人。职位越高，责任就越重大；责任越重

---

① 朱熹：《论治道》，见《朱子语类》（第七册），中华书局1986年版，第2686页。
② 汪辉祖：《学治说赘·勤怠之分》，见《官箴书集成》（第五册），黄山书社1997年版，第310页。
③ 方大湜：《平平言》卷一《官不易做》，见《官箴书集成》（第七册），黄山书社1997年版，第596页。

大，忧虑就越深远。身居一职，不忧虑自己的责任而以职位为乐的人，就是占据职位而不干事的"尸位素餐"之辈。①

君子当官任职，不论官职高低，不计职事难易，都应尽心尽力地做好本职工作，而不能为自家图谋私利，要做到"国耳忘家，公耳忘私"（《汉书·贾谊传》），而且临大事要有担当，能将个人名利置之度外。北宋政治家范纯仁任职庆州知州时，有一年遇上大饥荒，饿殍遍野，州衙官仓没有赈灾粮，他想打开常平仓封存的粮食来赈济灾民，其他州郡官员都劝阻说："按照朝廷律法，擅自将常平仓的粮食支出，罪不可赦。"范纯仁却说："朝廷把整个环庆路的生民都托付给我，岂可坐视百姓饿死而不救？"众官说："为何不先奏请圣上，得到圣旨后再发放？"范纯仁说："一个人七天没粮食吃就会饿死，怎么可以等到上报朝廷？等圣旨下来，即便是有赈恤灾民的旨意，也已经来不及了。你们不用参与此事，我愿一人领罪。"于是即刻发粮赈灾，救活了无数的灾民。②

再具体讲，勤勉奉公要求官员必须每日早起办公，不可图舒适悠闲而积压滞留应办的公事，因为积压公务、玩忽职守会给奸人留下作奸舞弊的机会；同时应退出那些喧闹、娱乐、应酬的场所，一则摒除政事之外的一切"声色饮燕不急之务"③，以免耗费精力而使意志消退、身体疲倦；二则省却不必要的官场应酬，以免受到请托关照的干扰。此外，在处理复杂的日常政务过程中，尤须坚持两大原则。

---

① 张养浩：《牧民忠告》卷下《轻去就》，见《官箴书集成》（第一册），黄山书社1997年版，第221页。

② 方大湜：《平平言》卷一《担当》，见《官箴书集成》（第七册），黄山书社1997年版，第615页。

③ 陈襄：《州县提纲》卷一《专勤》，见《官箴书集成》（第一册），黄山书社1997年版，第40页。

第一是必须耐烦。明代官员耿定向作《耐烦说》，强调耐烦是为官的第一要领，更在廉洁之上。当官从政，每天日出后事情就产生，要每件事都亲自料理，没有人不觉得苦。一旦有了厌苦的心思，便会有不耐烦的念头。于是或者草率了事，或者假手他人，或者拖沓推延，或者仓促无序。民众就会因此而蒙受牵连，事情也得不到公平处理。而且，一旦不耐烦，心里就会生出怨愤情绪；怨愤之心一生，上下之间的情意就会出现隔阂，结果免不了要出现重大失误。[1] 清代官员袁守定也说，官场中繁多的诉讼案件、文书簿册、交际应酬，往往使官员应接不暇。稍有不耐烦，就会漏洞百出、弊端丛生。比如，对公文不耐烦，就不能详加阅览，从而使奸吏得以趁官员懒惰之机而作恶；对诉状不耐烦，就不能详细审问，从而使奸民得以趁机施展欺诈；接待下民不耐烦，言辞脸色就会傲慢草率，从而使仰慕者失望离去，心存芥蒂者就会寻隙制造事端。[2]

第二是必须渐进持恒。孔子弟子子夏做莒父的县长，询问孔子如何为政，孔子回答说："欲速则不达。"孟子也说，前进太猛的人，后退起来也会很快。清人汪辉祖指出，为官者的勤政之道确实不容易，急于求治的官员，毛病在于急躁，如同人要是步子快了就走不好，时间一长，必然要跌倒，这种人要做到勤政贵在循序渐进。一鼓作气的官员，毛病在于迅猛，如同强弩之末连极薄的鲁缟也射不穿，最终将难以为继，这种人要做到勤政贵在持之以恒。循序渐进能根据时机办事，有条有理而且都合时宜；持之以恒则心志坚定、精力充沛，能长

---

[1] 陈宏谋：《从政遗规》卷上《耿恭简公耐烦说》，见《官箴书集成》（第四册），黄山书社1997年版，第244—245页。

[2] 徐栋：《牧令书》卷一《治原》，见《官箴书集成》（第七册），黄山书社1997年版，第26页。

久地干下去而不倦怠。①

4. 谨慎谦虚

谨慎既是做人处事的一条基本守则,更可以说是一条根本的为官从政之道。在古人公认的居官三字诀——"清、慎、勤"中,以"慎"为当官首要之法的大有人在。如三国时李通认为"慎"比"清"更重要,因为"清者不必慎,慎者必自清"②。清人刚毅则对"慎"的内涵及重要性作了比较全面的论述,他说:所谓谨慎,就是立身处世必须日夜检查自己的言行以求问心无愧,谋划事情必须周密思考,事事为百姓身家考虑,不要因为喜怒而放纵地施威作福;处处都如同有鬼神监视,不因为独处就昧着良心。如此,则一言一行、一取一与都不敢不谨慎。行事谨慎就知道深思熟虑、审慎处理,不至于因为胡思妄动而败坏政务;立身谨慎就知道守法奉公,不至于因为贪污纳贿、祸害百姓而遭受罪罚。③ 简而言之,为官从政能做到谨慎,事实上也就能勤勉而不怠忽、清廉而不贪污。

子张向孔子请教求得官职俸禄的方法,孔子说:多听,对疑惑不解的问题不随便评论,而加以保留;对其他有把握的问题也要谨慎地发表意见,这样就可以少犯错误。多看,对感觉危险的事情不要参与,也加以保留;对其余有把握的事情也要谨慎地去做,这样就能减少后悔。说话少犯错误,做事少后悔,官职俸禄就在其中。(《论语·

---

① 徐栋:《牧令书》卷一《治原》,见《官箴书集成》(第七册),黄山书社1997年版,第30页。

② 郝经:《续后汉书》卷三十五《李通传》,见《四库全书》(第三八五册),上海古籍出版社1987年版,第359页。

③ 刚毅:《牧令须知》卷一《居官》,见《官箴书集成》(第九册),黄山书社1997年版,第215页。

为政》）孔子的这一教诲成为后世的一条重要官箴。明人薛瑄说，为官谨慎首先要在思想上提高警惕，注意事情的先兆；然后慎言、慎行、慎兴事，一个字也不可轻易给人，一句话也不可轻易许人，做任何一件事都不能苟且而敷衍了事，即便是极小、极容易办的事也应当慎重地处理而不可轻忽。① 清人郑端进而强调，官员的衣着、举止必须端正。戏谑放荡的话一句都不要讲，轻佻亵慢的事一件都不要做，对待他人不可无礼轻慢，即便是对待守门小吏，也像对待客人一样。这样，自然就能够和颜悦色而使百姓畏服。②

可见，为官谨慎意味着对人对事必须恭敬谦虚。孔子说，"君子泰而不骄"（《论语·尧曰》），老子说，"富贵而骄，自遗其咎"（《老子·第9章》）。因此，官员自己持身、与人交际、侍奉上级、役使下属，都应恭敬。持身要做到一个"敬"字，待人要做到一个"谦"字。③ 为官者要大度能包容；地位高、权力大，要想到克制自己；听到赞誉之词，要想到谦退；百姓安乐时，要想到他们仍有疾苦而加以抚恤；政事有成时，要想到还很庞杂而有待勤理；颂声四起时，要想到百姓还有诉求。这样终日小心谨慎，不敢萌生丝毫怠惰放荡的想法，就可以从政了。④

从消极方面来讲，谦虚敬慎其实就是要求官员从政为官不可任

---

① 薛瑄：《薛文清公从政录》，见《官箴书集成》（第一册），黄山书社1997年版，第243页。

② 郑端：《政学录》卷三《居官立政·居敬》，见《官箴书集成》（第二册），黄山书社1997年版，第268页。

③ 汪天锡：《官箴集要》卷上《正心篇·主敬》，见《官箴书集成》（第一册），黄山书社1997年版，第263页。

④ 郑端：《政学录》卷三《居官立政·守谦》，见《官箴书集成》（第二册），黄山书社1997年版，第267页。

性、不可放肆。正所谓"敖不可长，欲不可从，志不可满，乐不可极"（《礼记·曲礼上》），意即傲慢不可滋长，欲望不可放纵，心志不可满足，享乐不可穷极。元代名臣张养浩曾说，如果为官者能就自己性格的短处痛加克治，那么官就不难做，事情就没有做不成的。松弛缓慢就用敏捷灵活来克治，浮华轻薄就用庄重严肃来克治，草率简略就用详审细密来克治，繁杂苛细就用大要总体来克治。如果一概顺着自己性格的偏狭来处事，那么很少有不败事的。[①]

可见，谦虚谨慎作为一项为官之道，实际上就是要求身居官位者要战战兢兢地当官，小心翼翼地行使手中权力，持身戒惧慎独，处事谨小慎微，始终做到如临深渊、如履薄冰，切不可倚仗权势，任性妄为，多行不义，否则终将一败涂地。

总的看来，贯穿上述官箴政德与为官之道的一个基本理念是，为官者的品格德行和操守名节为重，才智和能力相对次要。郑端在《官评》中明确指出，官员以品格为上，操守次之，才能又次之。除了品格之高低，还须看操守与才能如何。若两方面都具备，就属上品；若有操守而才能不足，也属上品；若才能和操守都没有，虽然不是良吏，但因为没有才能，毒害百姓也不会太严重。唯有那些无操守却有才能的人，贪婪奸猾无比，取利时分毫都不放过，敲剥吸尽百姓的骨髓，不可不除。[②]

为了给当官者提供反面鉴戒，明代学者吕坤作《吏品》，把品格操守低劣的官吏分为十种：喜欢多事的官吏，虽然于品格无亏，但对

---

① 张养浩：《牧民忠告》卷上《克性之偏》，见《官箴书集成》（第一册），黄山书社1997年版，第206页。

② 郑端：《政学录》卷二《官评》，见《官箴书集成》（第二册），黄山书社1997年版，第258页。

生民有损害；昏庸无能的官吏，如同木偶在堂，对治理毫无用处；损耗侵蠹公共财富的官吏，奢靡享乐，纵欲殃民；麻木不仁的官吏，不体恤百姓生活，不关心人民疾苦；懒惰怠慢的官吏，百事无成，四境不治；阴柔邪辟的官吏，阿谀显贵、徇私包庇，而虐待穷民；狡诈作伪的官吏，粉饰遮掩、虚报政绩，百姓怨怒而上官称颂；谄谀逢迎的官吏，四处奉承讨好而不顾是非，依附权势而坐享荣华，品格最为卑劣；严酷暴虐的官吏，崇尚刑罚，动辄使用酷刑；贪污鄙陋的官吏，时时注视钱财，事事垂涎欲滴，不放过任何一次捞钱的机会。[1]

　　鉴于此，先贤们强调操守名节对人的极端重要性，认为人只要能保守节操，即使没有钱财也是富有的，即使没有一官半职也是尊贵的；相反，官员丧失节操，只会趋炎附势，因而即使有其他优点，也不足以改变其卑琐的形象。所谓爵禄易得而节操难保，就是说爵禄失去之后，还有可能重新获得；而节操一旦亏损，终身也不可能挽回了。[2] 所以为官者须有终身之忧，尤其要注意保守晚节，做到善始善终。《诗经》所谓"靡不有初，鲜克有终"，也就是说为官从政，开始往往都信念坚定，一腔热血，保持节操。可是官做久了就容易产生倦怠思想，志向达到后就容易产生骄傲情绪，于是渐渐地放松了操守、淡忘了理想信念，最终难免流俗而难以自拔。因此，人到晚年还能保守节操、谨慎收尾是件很难的事。[3]

　　进而言之，为官者能否始终保守节操，关键看其是否知耻尚耻。

---

　　[1] 郑端：《政学录》卷二《吏品》，见《官箴书集成》（第二册），黄山书社1997年版，第255—257页。

　　[2] 张养浩：《牧民忠告》卷下《风节》，见《官箴书集成》（第一册），黄山书社1997年版，第223页。

　　[3] 张养浩：《牧民忠告》卷下《克终》，见《官箴书集成》（第一册），黄山书社1997年版，第220页。

顾炎武曾说，廉洁和知耻，是立身做人的两大节操。不廉洁则无所不取，不知耻则无所不为。做人要是既不廉洁又不知耻，就会有祸乱败亡降临到他头上。做官的要是无所不取、无所不为，天下哪有不乱、国家哪有不亡的？然而其中，知耻尤为重要。人不廉洁以至于违背礼制、干犯义理，其根源都出于不知耻。因此，士大夫没有羞耻心，就是国家的耻辱。相反，士人都有廉耻，那么天下就会有良好风俗。[①]所以，当子贡问孔子如何才称得上是士人时，孔子回答中首要的一条便是强调"行己有耻"（《论语·子路》），意即自己在行为上要保持羞耻之心。《礼记》曾列举了君子所认为的五种耻辱，即身居其位而无良言善谋，有良言善谋而不能付诸实行，开始凭德行、才学获得职位而后来又因无德无能而失去职位，管辖土地有余而百姓数量不足，众人所得多寡都相当而自己却数倍于他们。这也就是告诫为官在位者应以有位无德、窃位苟禄、不能保民、贪财妄取为耻。

最后，先哲们还特别强调，德行操守必有其实，不可沽名钓誉。如果为官者一心只想着要猎取虚假声誉而觊觎优厚职位，那么，百姓本来安静无事，他必定要借故生事，改变前任的做法，以求上司褒奖；奸险狡猾之徒本应惩治，他必定要枉法庇护，以讨小人欢心；甚至做些奇异偏激、违逆常情的事，以钓取正人君子的美名。如此，终日为虚名而谋划周旋，不仅无丝毫的实利惠及人民，反将侵扰、祸害人民。[②]

[①] 顾炎武著，黄汝成集释：《日知录集释》卷十三《廉耻》，上海古籍出版社2006年版，第772—773页。

[②] 陈襄：《州县提纲》卷一《勿求虚誉》，见《官箴书集成》（第一册），黄山书社1997年版，第41页。

◈（四）中国廉政文化的制度建设

在中国古代的廉政观念中，可以说以官员的廉洁自律为第一原则，然而，仅仅依靠官员自身的道德自律，真正能够自觉做到的好官恐怕还只是官员群体中的少数人。"忠良之吏"，统治者虽然"求之甚勤"，却"得之至寡"（《后汉书·循吏列传》），现实的情况往往是"廉吏十一，贪吏十九"[1]。于是，历代统治者都高度重视廉政的制度化建设，使更多的官吏"不敢腐""不能腐"，从而弥补道德自律途径的不足。古代较重要的廉政制度有三个。

一是御史监察制度。主要效能是对现任官吏进行监督、纠察、弹劾、惩戒。从战国始，直至清代，这一制度逐渐得到完善，并日趋严密。为了提高监察的效力，并对不法官吏形成震慑，监察制度设计有两大重要特点：首先是实行监察权与行政权相分离，中央监察机关独立于行政机关，直接向皇帝负责，地方监察机构也不隶属于地方衙门，都直属中央，独立行使监察权；其次是监察官秩卑而位尊、官小而权重，关于这种"以卑察尊""以小监大"的制度设计意图，清代学者赵翼曾精到地评论道："官轻则爱惜身家之念轻，而权重则整饬吏治之威重。"[2]

二是官吏考课制度。定期对现任官吏的品行才能和政绩表现进行考核，然后以考核结果为依据对其进行相应的奖惩黜陟，从而达到整

---

[1] 李新：《跨鳌集》卷十九《上皇帝万言书》，见《四库全书》（第一一二四册），上海古籍出版社1987年版，第555页。

[2] 赵翼：《陔余丛考》卷二十六《监司官非刺史》，商务印书馆1957年版，第539页。

饬吏治的目的。历代统治者都非常重视建设和完善考课制度。

三是任官回避制度。中国社会自古以来重视人情关系，为了防范官吏因同宗、同乡、同年、同门等关系而结党营私，朋比为奸，逐渐在官员选任上发展出一套日趋严密和完备的回避制度，包括籍贯回避、亲族回避、师生回避等详细规定。汉代就开始有了籍贯和亲族回避的规定，到清代，任官回避的规定已经至为周详完备。大略而言，回避制度要求官员不得在出生籍贯之省地任官，有血缘姻亲关系的官员不得共事任职于同一衙门中。另外，对科举考试中存在考生与考官之间师生关系者也有相应的回避规定，这些规定主要就是为了防止官员之间利用各种私人亲情裙带关系来拉帮结派、营私舞弊，为个人或亲友谋取私利。

上述制度运行得如何，往往决定了政治秩序的优劣、国家治理的好坏。不可否认，这些制度在历史上往往沦为专制君主统治的工具，常常被专制君主的个人专断权力和私欲所利用和败坏，也常常被特权利益阶级和维护自身特权利益的官僚集团所阻碍和破坏。然而，这些制度设置的初衷的确是要防范官员权力的滥用，规范官员的政治行为，使之服务于国家的长治久安和民生利益。即使是出于维护君主专制制度的稳定运行，这些制度在一定程度上也起到了规范和约束官员行为及其手中权力、防止和惩处贪官污吏乃至激浊扬清、缓和官民关系的作用。譬如，御史监察制度使官员们不敢任性胡为；官吏考课制度使在任官员不敢懈怠放肆；任官回避制度使官员在很大程度上不能枉法弄权、徇私舞弊，等等。

综上所述，为官之道的最大问题莫过于对民生的漠不关心。如何防范以权谋私，培养官员治政为民的品格；如何防范权力的滥用，培养勤政爱民的公义公心，自古以来就是政治家和思想家们普遍关注的问题。

秦朝的《为吏之道》明确规定:"凡为吏之道,必精(清)洁正直","临财见利,不取苟富"。

汉文帝说:"廉吏,民之表也。"(《汉书·文帝纪》)

唐朝女皇武则天《臣轨·廉洁》说:"理官莫如平,临财莫如廉,廉平之德,吏之宝也。"

南宋儒家学者真德秀在《西山政训》中讲到为官"四事",即:"律己以廉,抚民以仁,存心以公,莅事以勤。"

南宋赵鼎告诫子孙说:"凡在仕宦,以廉为本。人之才性各有短长,固难勉强,唯廉勤二字人人可至。"①

明初学者梁寅说:"清、慎、勤,居官三字符也。"(《明史·梁寅传》)

明人薛瑄《从政录》说:"正以处心,廉以律己,忠以事君,恭以事长,信以接物,宽以待下,敬以处事,此居官之七要也。"又说:"不欺君,不卖法,不害民,此作官持己之三要也。"

清康熙帝说:"崇尚清节,乃国家为治之要务,为官者皆清,则百姓自然得遂其生矣。"(《康熙起居注》)

清人汪辉祖《佐治药言》说:"官之得民,要在清、勤、慈、惠。"

清朝人张伯行居官清廉,时称天下第一清官,曾撰《禁馈送檄》说:"一丝一粒,我之名节;一厘一毫,民之脂膏。宽一分,民受赐不止一分;取一文,我为人不值一文。谁云交际之常,廉耻实伤,倘非不义之财,此物何来?"(《清朝野史大观·清人逸事》)

古代衙门前的大屏风上面,一般都写有"尔俸尔禄,民脂民膏;

---

① 转引自牛润珍《廉:清白正气的根基》,红旗出版社2000年版,第106页。

下民易虐，上天难欺"这四句话，已经流传下来一千多年了。①

"吃百姓之饭穿百姓之衣莫道百姓可欺自己也是百姓，得一官不荣失一官不辱勿说一官无用地方全靠一官"，这副对联出自河南省南阳市内乡县，为清代内乡知县高以永任内所写，真可谓地方官员的良规宝箴。

由上述历代有关吏道、臣轨、官箴、政训的警言劝诫可知，在任何时代，居官清廉都是从政做官的根本之道。为官者廉洁、仁爱、公正、勤勉，可谓国家之福、人民之幸；为官者贪污、麻木、偏私、倦怠，正是国家之祸、人民之殃。

为官清廉只是政治道德的伦理底线，是对从政为官者最基本的要求，廉还必须要有所作为，多做有益于人民、有益于国家的事情。

宋代大儒周敦颐说："官清赢得梦魂安！"② 信哉斯言！

---

① 南怀瑾：《论语别裁》（上），复旦大学出版社2012年版，第161页。
② 周敦颐：《周敦颐集》，陈克明点校，中华书局2009年版，第73页。

九

以史为鉴，居安思危

——中国人的历史智慧与政治忧患意识

在中华文明五千年的历史长河中，悠久博大的史官文化培育了中国人重视从历史中汲取经验教训和探求治国之道的人文传统，形塑了中国人的政治思维方式和政治历史智慧，其基本社会政治功能是鉴于往事以有资于治道。中国历代史家修史首重秉笔直书的基本原则和褒善贬恶的春秋笔法，目的在于敦促现世的统治者谨言慎行、戒惧修德，同时为后世留下鉴戒和启示，从而推动政治道义的继承和弘扬。通过修史、读史、评史，中国人对历代王朝治乱兴亡的经验教训进行了深刻总结，并结合自己所处当下的社会政治现实进行反省审察，从而形成了一种深切悠远的政治忧患意识。这种意识，充分体现了统治者出于对政治事务和社会公众的历史责任感，力求解决现实政治难题和预见并防范潜在社会政治危机的一种深谋远虑或远见卓识，"制治于未乱，保邦于未危"。周初的"成康之治"、汉初的"文景之治"、唐初的"贞观之治"和明初的"洪武之治"等，都是这种历史智慧和政治忧患意识的生动写照与诠释。

◇（一）创业难，守成更难

《贞观政要·君道》篇记载，唐贞观十年（636年），太宗君臣就创业与守成难易问题进行过一番有意思的对话，揭示了一个深刻道理，具有非常重要的启示意义。

一天，太宗对侍臣们说："帝王的事业，开创和守成哪一样事情艰难？"

尚书左仆射房玄龄回答说："天下大乱的时候，各路英雄豪杰竞相起兵，彼此攻战，靠实力才能取胜。这样说来，创业艰难。"

魏征回答说："帝王兴起，必然是乘着世道衰败混乱的时候。消灭掉那些昏暴狡狂的人，百姓就乐于拥戴，天下人都来归服，上天授命，人民归往，这并不算艰难。然而，已经获得成功、夺取了天下之后，统治者的志趣逐渐趋向骄奢淫逸，老百姓希望休养生息而各种徭役却无休无止，人民生活穷困而奢侈的事务却一刻不停息，国家的衰败弊端常常由此而产生。这样说来，守住保持已经建立的功业才是艰难的。"

太宗听完他们各自的看法，最后说："玄龄过去跟随我平定天下，饱尝了艰难困苦，出入于万死之中而侥幸地得到一条生路，所以看到的是创业的艰难。魏征和我一起安定天下，担心孳生骄奢淫逸的萌芽，必定重蹈危亡的境地，所以看到的是守成的艰难。现在创业的艰难，既然已经过去，而守成的艰难，我应当考虑与你们谨慎地对待。"

创业所经受的艰难可以由后来的成功及其所建立的功业来补偿，而守成不慎所付出的事业失败、王朝灭亡的惨重代价却是无法弥补的。创业靠打拼,守成须谨慎。只有打拼才会赢,而谨慎则须以史为鉴、居安思危。

◈(二)中国源远流长的史官文化

中国人最为重视通过总结和反思历史来找到通向美好未来的道路。因此,中国人很早就开始记载历史和评述历史,而修史的工作主要是由以史官为代表的知识阶层专职负责。政府专门设立史馆,命史官专职编修史书,并成为一种经久不衰的制度惯例,这样的文化政治现象只有中国才有,是独一无二的。因此德国哲学大师黑格尔说:"中国'历史作家'的层出不穷、继续不断,实在是任何民族所比不上的。"①

在中国古代,经学和史学是两门最基本、最重要的学问,而"经史合参"是中国人理解圣人之道的基本方法。清代史学大家章学诚提出过"六经皆史"的经史观,认为作为中国古代学术之渊薮的"六经"②都是史籍,都是古圣先王治国所留下的政典,都是用来说明政治历史得失的规律、存续王道的正统、给后世留下教导和鉴戒的经典。梁启超说:"中国于各种学问中,惟史学最为发达。"③进而言之,中国古代史学之发达,端赖史官们的史笔,他们本着探求历史真相、洞悉得失成败之理、通达古今历史之变的基本精神,以强烈的历史使命感和社会责任心记录下历代的国家大政和帝王言行,并以道义

---

① [德]黑格尔:《历史哲学》,王造时译,上海书店出版社2001年版,第118页。
② 指儒家的六部经典,即《诗》《书》《礼》《乐》《易》《春秋》。
③ 梁启超:《中国历史研究法》,上海古籍出版社1987年版,第10页。

为准绳对其进行褒贬评断，从而形成了源远流长的史官文化。

1. 史官文化的渊源流变

相传，最早黄帝时就已经创设了史官一职，由仓颉、沮诵担任。但那时的史官身兼巫官的职事，巫史不分，相互交融。巫官是沟通天人的神职人员，他们负责祭祀天地鬼神、消灾祈福、修天文历法、占卜算卦等职事。脱胎于巫官的早期史官，虽以记事为主要职责，但所记之事往往重神事而轻人事。商、周之变带来了史官文化的重大变革，史官开始与巫官分途，成为以记载人事为主要职责的官员。据《周礼》《礼记》所载，周代的史官名目众多，有太史、小史、内史、外史、左史、右史等职，太史负责掌管国家政教方面的六大典籍，小史负责记载国家的大事，内史负责起草诰示敕命，外史负责起草与四方邻国的往来国书，左史与右史负责记录帝王的言论和行事。(《史通·史官建置》)

然而，真正意义上的史官文化实肇始于孔子作《春秋》。章学诚说："史书所注重的是史义，所记载的是史事，所赖以传世的是史文。"(《文史通义·史德》)而孔子作《春秋》正是在周代史官记事的基础上，发掘了史官文化劝善惩恶的道德评判功能和经世匡时的政治意义，从而完成了对史官文化的彻底改造。孟子曾对此作了深刻的评论：先王采诗的事迹止熄了，旨在讽谏劝正、提供历史鉴戒的《诗》也就亡佚了。《诗》亡佚之后，世衰道微，邪说暴行随之兴起，孔子深为忧惧，于是创作了《春秋》。各国都有叫作"春秋"的史书，晋国的《乘》，楚国的《梼杌》，鲁国的《春秋》，都是一样的。它们记载的事情都不过是齐桓公、晋文公之类，所用的文法也都不过是一般史书的笔法。而孔子的《春秋》则不然，他说："《诗》三百篇中所寓褒善贬恶的大义，我在《春秋》里便借用了。"《春秋》著

成之后，乱臣贼子才知道害怕。(《孟子·滕文公下》、《离娄下》)

古人对于孔子所开创的修史的"春秋笔法"的基本认识是："《春秋》以一字为褒贬，一字之褒荣于华衮，一字之贬严如斧钺。"①意即孔子在《春秋》中对善恶作出褒贬评断时，每一个用字都非常讲究，以求作出最为公正的评断，所以得到《春秋》一个字的褒扬比身着华丽的衣服还要光荣，因为将光耀千古永垂不朽；受到《春秋》一个字的贬损比身受斧钺之刑还要严酷，因为将被永远地钉死在历史的耻辱柱上。经过对史官文化的这种改造，孔子成为历代史家的宗师，《春秋》则成为修史的圭臬，如宋代史家郑樵所言，历代"凡秉史笔者，皆准《春秋》，专事褒贬"(《通志》序)。

孔子之后，世道更加衰乱，至秦朝焚灭先王典籍，史官遗制遂荡然无存。直到汉武帝时，才开始设立太史公，来重新掌管史官之职。然而，当时太史公并不以记述国史为职，而仍是职掌天时、星历、祭祀、灾祥方面的工作。因此，太史公的设立并没有为传承史官文化带来实质性的助益，这引起了身为太史公的司马氏父子的深重忧虑。司马谈临终前托付儿子司马迁说，从鲁哀公西狩获麟而《春秋》绝笔，到现在四百多年了，其间由于诸侯兼并混战，史书丢散、记载中断。如今汉朝兴起，海内统一，明主贤君、忠臣义士的事迹，我作为太史没有予以评论记载，中断了国家的历史文献，对此我感到十分不安，你可要记在心里啊！(《汉书·司马迁传》)后来，司马迁子承父业，并出于高度自觉的历史文化担当意识，在职事之外经过艰苦卓绝的努力，终于著成了不朽的史学名著《史记》，从而继承并光大了孔子作

---

① 邱濬：《大学衍义补》(中)，林冠群、周济夫校点，京华出版社1999年版，第717页。乾隆朝编纂的《御览经史讲义》卷二十七《史》也说："春秋之法，善者赏之，恶者罚之。其赏善也，人谓一字之褒荣于衮；其罚恶也，人谓一字之贬严于斧。"

《春秋》的伟业。不过，孔子和司马迁所从事的都是私人修史的事业。

唐贞观三年（629年），政府正式设立史馆，作为独立的修史机构专职修史，确立了官修史书的制度，成为从私人修史向官方修史的转折点。宋代以后，为了更好地汲取前朝兴亡的经验教训，每个新的朝代都为前朝修史，并成为一种正式的国家制度。

2. 资治经世：史官文化的政治功能

历代史官修撰的史书名目不一，总的来说有两大类：一是记载之史，二是纂修之史。记载之史是史官对本朝帝王言行政事的记录，起居注和时政记是这类史书的主要代表。纂修之史则既包括对以往朝代历史的整理编修，也包括对本朝重要言论政事的汇纂编集，名目有正史、实录、会要、宝训等。[①]

不管是记载之史还是纂修之史，基本功能都是在如实记录史实的基础上，根据大义对历史人物和事件作出褒贬评断，以昭明是非、助行赏罚，并从中总结成功的经验与失败的教训，一方面敦促现世的统治者谨言慎行、恭行正道，以此引导乱世走上治世的正确轨道；另一方面确立准的、垂鉴戒于后世，引导和规范后人的行为，使其不敢胡作非为，以此为万世开太平。分别而言，史官文化的政治功能主要表现在惩劝和鉴戒两大方面，前者是记载之史的主要功能，后者则是纂修之史的主要功能。

首先讲秉笔直书的惩劝。

《汉书·艺文志》说：古代帝王世代都有史官，君主的举动一定会被记录下来，目的是以此督促君主谨言慎行，使其言行可作为民众

---

① 章如愚编：《群书考索》续集卷十六《诸史门·国史》，见《四库全书》（第九三八册），上海古籍出版社1987年版，第222页。

的模范。魏征等在《群书治要》一书的序中说：左史、右史记录史事和言论，都是为了彰明美德而杜绝错误，劝勉人为善而惩罚罪恶。因此，凡是有嘉言懿德的都会被载入史籍，其影响如同和煦的春风传扬千秋万代；相反，有言行不符合法度的也会被记录下来，用以警戒后代子孙。所以综观历代古圣先王，凡是顺应时运、接受天命而成为帝王的，恐惧得如同用腐朽的缰绳驾驭烈马一般。他们自强不息，终日勤勉谨慎而不敢疏忽懈怠。大概原因就在于此吧。

以周制为源头，后世有职官起居注专门负责记录君主的言行举止。作为日记之史，起居注奉行的是"君举必书"的修史原则。从汉武帝开始就设有禁中起居注，此后历代沿用不辍。由于记录帝王言行责任重大，为了保证起居注敢于如实记录、秉笔直书，唐、宋以后都有天子不得观史、宰相不得监史的制度规定。

唐贞观十五年（641年），名臣褚遂良迁任谏议大夫，兼管起居事。唐太宗曾问道："卿主管起居，记录些什么事情，一般来说君主是否可以观看呢？"遂良回答说："如今的起居，就是古代的左右史，记录君主的言语和行事，并记载善恶，作为鉴戒，希望君主不做非法之事。没有听说过帝王亲自观看史书的。"太宗说："我有不善的表现，卿一定都记下吗？"遂良说："遵守道义不如忠于职守，臣的职责在于记载，君主的一切举动都一定要记录。"黄门侍郎刘洎说："假使褚遂良不记，天下人也会记下啊。"（《旧唐书·褚遂良传》）

宋太祖也曾对内臣说："你们认为帝王可以容易行事吗？偶尔有错误过失，史官一定会记录下来，从前人们说史官的权力，与上天和君王的权力相当，确实是这样啊！"[①] 有一次，宋太祖在后花园用弹

[①] 章如愚编：《群书考索》续集卷十六《诸史门·国史》，见《四库全书》（第九三八册），上海古籍出版社1987年版，第223页。

弓打鸟雀,有位大臣说有急事求见。太祖急忙召见他,但他所奏报的不过是寻常的事罢了。太祖大怒,责问那位大臣为何声称有急事。大臣回答说:"我以为这些事要比打鸟雀更重要。"太祖听后更加恼怒,于是用柱子上的斧柄击打他的嘴,打下了两颗牙齿。随后,那位大臣慢慢地俯身捡起牙齿放在怀里。太祖骂道:"你把牙齿放在怀里,是想以此为证据控诉我吗?"大臣回答说:"我不能控诉陛下,不过自然会有史官如实记下这件事。"太祖听了心里恐惧,于是赏赐他黄金丝帛来慰劳他。[1]

当然,史官要发挥其惩劝的功能,首先自身必须恪守秉笔直书的修史根本法则。"史"字的本义就是秉直中正的意思,许慎《说文解字》云:"史,记事者也,从又持中。中,正也。"它要求记述史事要求真务实、符合公论,既不做虚假的赞美,也不掩饰隐匿丑恶的人和事。能遵行这一修史法则的史官,被称为"良史"。

《左传·襄公二十五年》记载:齐庄公和大夫崔杼的妻子棠姜私通,屡次到崔家去。崔杼怀恨在心,想找机会杀死齐庄公。五月,崔杼推说有病,不办公事。十七日,齐庄公去问候崔杼,乘机又与棠姜幽会。崔杼于是与曾遭齐庄公鞭打过的侍人贾举合谋,杀死了齐庄公。对于这件事,齐国太史记载说:"崔杼弑其君。"崔杼愤怒之下杀死了太史。太史的弟弟接着这样写,也被崔杼杀了。还有一个弟弟又这样写,崔杼没办法,只好放了他。南史氏听传闻说太史都因秉笔直书而被杀了,就拿了自己写好了同样记载的竹简前去,听到已经如实记载了,这才回去。由此可见,前赴后继置个人生死于不顾,坚持秉笔直书、记载真实史事的原则,这就是中国史官文化所流传下来的优

---

[1] 司马光:《涑水记闻》卷一《太祖弹雀》,中华书局1989年版,第7页。

良传统。

唐代史家刘知几在《史通》一书中，专门赞颂了"直书"的修史原则和精神，他说：史家的任务，在于劝诫人们弃恶从善，树立良好的社会风尚。一旦有贼臣逆子、淫君乱主，如果秉直如实地记载他们的所作所为，不掩盖他们的罪行，那么污秽行迹公布于天下，恶名就会流传千载。史家之言的作用如此巨大，真是可怕啊！比如南史、董狐坚持正义如实书写历史，而不畏避强权暴力，不惜搭上身家性命；韦昭、崔浩纵情奋笔直书，而不苟且迎合偏袒。虽然不能保护自身，但却流芳百世，直到今天人们还在称颂他们。比起王沈的《魏书》，借歪曲历史而获取高官显位；董统的《燕史》，用巴结奉承来窃取荣华富贵，真是天渊之别也不足以形容他们的高下。(《史通·直书》)

其次是以史为镜的鉴戒。

"鉴"即镜子，它能够分辨人的形貌美丑，衣冠是否整齐、瞻视是否庄严，都可以照着它来加以端正。以史为鉴，就是把过去的历史当作镜子来对照和审察自己，用先贤的功业来考量当今做得如何，用前人的失败来警诫自己，在此基础上努力避免重蹈历史上导致危乱败亡的覆辙，而遵循历史上带来长治久安的治道。

东汉思想家荀悦指出，夏朝和商朝的衰亡，是因为不借鉴于大禹和商汤；周朝和秦朝的弊政，是因为不借鉴于群臣和民众。所以君子一定要把借鉴视为很重要的事情。

历代史籍编修的目的正在于通过记述过往的事情来总结前人得失成败和历代盛衰兴亡的关键，从中提炼出经邦济世之道，作为今后治国兴邦的借鉴。司马迁修《史记》，目的就在于"搜罗天下散失的遗闻旧事，考核历史事实，研究事业成败的原因，探索朝代兴衰的道理，想用它来反映自然和社会的关系，通达从古到今的变化，形成一家之言"(《汉书·司马迁传》)。班固作《汉书》也意在以史为鉴、探求治道，即纵观古今的得失，考察行事的成败，考证历代帝王的兴衰。司马光在遍读前代史籍后，经常忧虑的是，自司马迁、班固以来，各种史书文字繁多，许多文人学士尚且都不能读遍，更何况是日理万机的帝王。于是，删削冗文长篇，择取关键要义，专门撷取事关国家兴衰存亡与百姓忧乐祸福，编集成一书以供人主观史鉴戒之用，正所谓"善者可以为法，不善者可以为戒"。他毕生的志愿是希望宋神宗经常省阅观览这部书，从中借鉴前世的兴衰，考察当今的得失，嘉奖善良、警戒邪恶，抉取正确、舍弃错误，发扬书中所稽考的上古圣德，达到空前的大治，以使四海黎民都蒙受福泽。而神宗赐书名《资治通鉴》，表明他领会到了司马光通过这部书传达的鉴于往事以资于治道的深刻用意。

对于以史为鉴、资于治道的用意，清代学者王夫之也曾做过深刻阐述。他认为，"资治"就是要求从以往朝代治理的成败经验中寻求治国的资源，以便对现今有实际的借鉴作用。善于读史的人，择取古人国家的安危，从中找到使自己国家转危为安的办法；择取古时民情的利病，从中找到为自己百姓兴利除害的办法。"通鉴"即意味着古人之得可资借鉴，古人之失也可资借鉴。治国是否善于借鉴，全在于用心思考和审断。善于借鉴的人，对于成功的事情，都要找出它成功的原因；对于失败的事情，也一定要找出它失败的原因，思考不同的情况下怎样成功和类似的环境下怎样避免失败。(《读通鉴论·叙论四》)

能将"资治"与"通鉴"结合起来的善于以史为鉴者，就能"通古今之变"。这种通变正是以史为鉴的最高境界，它意味着对前史往事有所因革损益，从治乱的常道和时变中，洞察规律、预知未来。这也就是《易传·系辞下》所谓"彰往而察来"和《礼记·经解》

所谓"疏通知远"。

正是由于认识到以史为鉴的重要意义,古来中国人有一种"国亡而史不可亡"的深刻历史意识。如蒙古灭金后不久,儒臣刘秉忠就建议撰修《金史》,因为"国灭史存"是"古之常道",应当使这一代君臣的治国事业不废坠于后世,以勉励世人。(《元史·刘秉忠传》)公元1276年,元军攻克南宋都城临安,指挥攻城的元军统帅董文炳告诫前往受降的翰林学士李槃说:"国家可以灭亡,历史不可以泯没。宋朝有16位皇帝,统治天下300余年,它的太史所记载的史事都在史馆之中,应当全部收集起来以便考察其制度和礼仪。"(《元史·董文炳传》)1368年,灭元入继大统的朱元璋也说:"元朝虽然亡国了,但其史事应当记载。史书记载国家成败兴亡,表明劝善惩恶的评断,不可以废弃!"(《明实录·太祖高皇帝实录》)

通过史官尤其是记载之史的秉笔直书,有的人流芳百世,有的人却遗臭万年,足见史官奖善惩恶的权力之重。唐朝宰相韦安石曾说:"世人不知道史官的权力重过宰相,宰相只能管制活人,史官却能兼管活人和死人,这是古代的圣君贤臣之所以畏惧史官的原因。"(《新唐书·朱敬则传》)明代王世贞认为,宇宙之间,威势极盛、权力极重的,首先莫过于上天,其次则是天子,再其次则是作史书的人。从古至今,拥有权势而使人畏惧、退避而又尊敬的,只有这三者。其中,作史书的人实际上比上天和天子还要权重势大。因为上天和天子对于生杀、荣辱的处置只能行于一时,而作史书的人通过史笔所书的只言片语的褒贬,都能行于万世而永不磨灭。(《纲鉴会纂·序》)正因为秉史笔者权力如此之重,才能惩戒和迫使有权有势者知道害怕而不敢猖狂,才能激励和促使那些志在永垂不朽的贤人君子保持敬慎戒惧之心而自强不息、积极进取。

◇◇（三）中国人居安思危的政治忧患意识

政治忧患意识的产生，体现了一种基于对国家治乱兴衰的历史反思和深谋远虑而来的政治远见。它与中国人源远流长、重视史鉴的史官文化传统有着密不可分的关系，正是重视史鉴、居安思危的政治忧患意识，使统治者可以深切感受到对政治治理现状的深刻危机和对国家前途命运的重大责任。这种政治忧患意识蕴蓄着统治者对自己行为负责和勇于担当的坚强意志和奋发有为精神，激励着他们通过不断修德保民来克服危机而达致长治久安。①

1. 祸福盛衰之理：忧患意识的根据

早在中华文明初始阶段，先哲们就已经深刻地认识到了祸福相倚、泰极则否和盛极则衰的天道运行规律和自然法则，并以此为根据，把忧患意识注入了中华民族的文化基因之中。

老子说："灾祸就倚傍在福祉里面，福祉又潜伏在灾祸里面。谁能知道究竟是福是祸呢？它们并没有一个定准。正忽而转变为邪，善忽而转变为恶。"（《老子·第58章》）

《周易·泰卦》九三爻说："无平不陂，无往不复；艰贞，无咎；勿恤其孚，于食有福。"泰卦（☷）的下卦是乾，上卦是坤，因而卦象是天气下降、地气上升，天地交合而万物生成，意指天地万物、国家事业由衰而盛，亨通吉利。然而，九三爻在诸阳爻之上，属于泰的

---

① 参见徐复观《中国人性论史·先秦篇》，上海三联书店2001年版，第18—20页。

隆盛之时，在下的乾体将复归于上，在上的坤体将复归于下，于是天地复将闭而不通。爻辞指出，宇宙事物没有常安平而不险陂者，也没有常往而不返者。平地化为险坡，往者必将复返，这是天地法则、自然规律。九三处在泰盛之时，不敢以安逸自处，而常常思虑艰险危难，行为居守正道，如此则可以无咎。能居安思危，坚守正道，就可以常保通泰，进而能以信义自明，而不须担忧不能取信于人，则自然能食享俸禄而有福庆。[1]

《周易·乾卦》九三爻说："君子终日乾乾，夕惕若，厉，无咎。"意思是，君子整天都勤勉努力，自强不息，到了夜晚还是忧惧戒惕，不敢稍有松懈，因而即使面临危险，也能免遭祸害。《易传·系辞下》指出，事实上整部《易经》都是由心有忧患的君子所创作，创作时间大概在殷商末年、西周初年即文王臣事商纣王期间，"因此它的卦爻辞多有忧危之义。心怀忧患可以使人平安，掉以轻心必将导致倾覆。这个道理十分宏大，任何事物都不例外。自始至终保持警惕，其要旨归于慎求'无咎'，这就是《易经》的道理"。晚清思想家魏源进而认为，"六经"其实都是"圣人忧患之书"，如孟子所说"天下之生久矣，一治一乱"就是指出治乱系于是否有忧患，治平久就习惯了安定，安定滋生享乐，享乐产生动乱；动乱久就习惯了患难，患难产生忧劳，忧劳产生安定。[2]

2. 居安思危：忧患意识的核心

孔子说：凡是倾危的，都曾经逸乐而安居其位；凡是灭亡的，都

---

[1] 参见王弼注，孔颖达疏《周易正义》，北京大学出版社1999年版，第67—68页；高亨《周易大传今注》，齐鲁书社1979年版，第150页。
[2] 魏源：《魏源集》（上册），中华书局2009年版，第38—39页。

曾经自以为能长保生存；凡是败乱的，都曾经自恃治理好了。因此，君子安乐而不忘倾危，生存而不忘灭亡，治定而不忘祸乱，如此则自身可以常安，国家可以长保。(《易传·系辞下》)

孟子说：一个人，只有经常发生过错，然后才能真正有所改正；平日里不能做事谨慎，只有到事穷势迫以至于内心困苦、思虑横塞，然后才能奋发而有所作为；不能洞察几微，只有到事理暴露显著而表现在人的脸色上，吐露在人的言语中，然后才能警悟而有所晓谕。同样的道理，一个国家，国内没有信守法度的大臣和足为辅弼的贤能之士，国外没有敌对邻国的困扰和值得忧虑的外患，就容易被灭亡。由此可以知道，忧愁患难能够使人维持生存，而安逸享乐容易使人走向死亡。(《孟子·告子下》)孟子"生于忧患，而死于安乐"的名言警句，正是对中国人居安思危之忧患意识最真切而鲜明的表达。

可见，自古圣哲先贤们都深知政治忧患意识的核心和关键是居安思危，所以他们非常注重劝导君主要居安思危。鲁哀公有一次问孔子说："寡人出生在深宫之中，在妇人的怀抱中长大，从来不知道什么是悲哀，从来不知道什么是忧虑，从来不知道什么是劳苦，从来不知道什么是恐惧，从来不知道什么是危险。请告诉寡人怎样才能知道这些呢？"

孔子回答说：您走进宗庙，抬头可以看见椽子栋梁，低头可以看见先人灵位，虽然器物还在，但祖先已经亡故了，您这样想一想，自然会感觉到悲哀；您早起听政，一件事情处理不当，就会是祸乱的开始，您这样想一想，自然会感觉到忧虑；您天亮了上朝，日落时退朝，诸侯的子孙一定有在朝堂最末的位置上侍奉您的，您这样想一想，自然会感觉到劳苦；您走出国都城门，远望鲁国的四郊，亡国遗留下的废墟一定有许多处，您这样想一想，自然会感觉到恐惧；君主

就好比是船，百姓是水，水既可以载船，水也可以打翻船，您这样想一想，自然会感觉到危险。（《荀子·哀公》）

春秋首霸齐桓公，有一次与管仲、鲍叔牙、宁戚一起饮酒。桓公对鲍叔牙说："能为寡人说一些祝贺的话吗？"鲍叔牙端酒起身说："祝愿国君不要忘记曾经落难出奔在莒国的时候，祝愿管仲不要忘记曾经在鲁国被捆缚的时候，祝愿宁戚不要忘记曾经站在车旁喂牛的时候。"桓公听后离席拜了又拜说："寡人和二位大夫，都不要忘记鲍先生的话，齐国就一定不会有亡国的危险了。"（《新序·杂事四》）然而，后来鲍叔牙和管仲先后去世后，齐桓公不听管仲的建议，用人不当，宠信易牙、竖刁和公子开方等人，结果这几位奸佞幸臣弄权祸乱宫中，齐桓公最后死于宫中十多天，尸虫爬出户外，人们才知桓公已死，而且死后数月都不得殓葬，一代霸主竟落得一个如此可悲的下场。

历史告诉我们，就算是一个有为的君主如齐桓公和后来的隋炀帝，也可能会因为取得了一些政绩，国家一时富强，而头脑发热、忘乎所以，进而贪图享乐，骄奢淫逸，结果导致了国家的败亡。

常人之情，不遭乱离之苦就不知道太平的可贵，不患疾病之痛就不知道无病的福气。然而，一般人在患难倾危时心怀忧患并不困难，难的是在安平无险时仍能保持忧患、思虑祸难。所以，古代贤哲和有识之士常常劝告警示统治者要始终抱持克勤克俭、如履薄冰的谨慎态度和居安思危的忧患意识。一个人经常想想穷困落魄的时候，就一定不敢骄纵放肆；一个统治者经常想想水能载舟亦能覆舟的道理，就一定不会恣意妄为。

3. 知惧、无逸、慎微：忧患意识的具体内容

具体而言，居安思危的政治忧患意识包括知惧、无逸、慎微三大

内容和要求。

知惧，就是知道害怕，人只有知道害怕，才不会乱来。如《诗经·小雅·小旻》所说："战战兢兢，如临深渊，如履薄冰。"心怀忧患的统治者持有深刻的危机意识，因而不敢放纵自肆，而以敬慎警惕、战战兢兢的态度时时调整其统治行为以合于正道。西汉史家刘向说："贤明的君主常有三怕，一怕身居尊位而听不到自己的过错，二怕事情顺利而得意忘形、骄傲自满，三怕听到天下最好的言论却不能实行。"（《说苑·君道》）相反，一国之君如果不知惧或不懂得怕的道理，就必然会被臣下的阿谀奉承所蒙蔽，造成心智的壅塞。据《吕氏春秋·壅塞》记载，齐宣王喜好射箭，喜欢别人夸自己能用有力的强弓。他经常使用的弓拉力不过三石（约合360斤），拿给左右侍从看。左右侍从去拉弓，只拉开一半弓弦就假装拉不动而停止了，都说："这张弓的拉力不下九石，不是大王，有谁还能用这样的弓？"宣王一辈子都自以为用的是拉力九石的弓。所以，造成国家动乱的君主，毛病在于用的弓只有三石却自以为是九石。

无逸，就是不贪图安逸享乐，而保持克勤克俭、忧劳敬业的精神，这是政治忧患意识的底线要求。舜帝的贤臣皋陶在与大禹讨论治国之道时强调：治理国家的人不要贪图逸乐、嗜欲无节，应当谨慎戒惧、勤恳踏实，因为每天的事情都变化万端。（《尚书·皋陶谟》）商王太甲即位初期纵欲败德，贤臣伊尹便反复告诫他"无轻民事，惟难；无安厥位，惟危。慎终于始"（《尚书·太甲下》），意即不要轻视民事，要考虑它的艰难；不要苟安君位，要忧虑它的危险。自始至终都要小心谨慎。欧阳修在《新五代史·伶官传·序》中讲，是逸乐还是忧劳，关系着国家的盛衰兴亡：忧虑辛劳可以使国家兴盛，安逸享乐可以使自身灭亡，这是自然的道理。

慎微，就是慎重地考虑和对待微小的事情，能够察觉事物的隐微变化和潜在危机，早做准备从而防患于未然。这是忧患意识的最高要求。国家的治乱兴亡都从细微之处发起，因为统治者的善行与恶行都是积微至著的。老子曾说："局面安稳时容易持守，事变没有迹象时容易图谋；事物脆弱时容易消灭，事物微小时容易散失。要在事情尚未发生以前就早做准备，要在祸乱没有产生以前就处理妥当。合抱的大树，是从细小的萌芽生长起来的；九层的高台，是从一筐筐泥土垒筑起来的；千里的远行，是从脚下一步步走出来的。人们做事情，常常在快要成功时失败。事情快要完成时也能像开始时那样谨慎，就不会败事了。"（《老子·第64章》）孔子也说过："善行不积累不足以成就美名，恶行不积累不足以灭亡其身。小人以为小善无益于事而不屑去做，以为小恶无伤大体而不愿改正，所以恶行积累到满盈而无法掩盖，罪行发展到极大而不能解救。几微的事理，是事物变化的微小征兆，吉凶的结局预先隐微地显现出来。君子发现几微的事理就立即行动，决不等待一天终了。"（《易传·系辞下》）一言以蔽之，正如三国时期蜀汉政权的建立者刘备临终诫子所说："勿以恶小而为之，勿以善小而不为。"

总之，以居安思危为核心的政治忧患意识，在历史长河中从知惧、无逸和慎微三方面培养和塑造了中国人的生存危机意识、责任担当情怀和勤恳谨慎性格，正是这些精神品质支撑着中华民族不断克服种种艰险患难而绵延发展至今。诚如钱穆所说："我中华民族5000年来的整部历史，乃常是一部居安思危，履险若易的历史。惟其能居安而思危，所以能履险而若易。"[1]

---

[1] 钱穆：《中国历史精神》，台北联经出版事业股份有限公司1998年版，第210页。

❖（四）中国历史上以史为鉴、居安思危的史例

许多王朝建立初期的统治者大多都能自觉以前朝灭亡为鉴戒，怀着深重的政治忧患意识，不敢骄奢逸乐，及时调整统治理念、方略和政策，从而成就了一番治世的功德事业，建立了一代长治久安的国家基业。

1. 周初的"殷鉴"

殷周之际，天命更革，政权兴替，周初统治者取代殷商成为新的胜利者，但他们并没有表现出趾高气扬的傲慢姿态，而是保持着深重的忧患意识。这种忧患意识，直接来源于对殷商亡国教训的鉴戒。从《尚书》和《诗经》的记载来看，"殷鉴"的内容集中于以下三方面。

其一，敬畏天命。自恃天命不改，是商纣王肆行虐政而无所忌惮以致亡国的重要原因。而亲自征服殷商、建立了周朝的武王和周公则深刻认识到"天命不易""天命靡常"的道理。伐纣成功后，武王回到周地，彻夜不眠。周公来到王的住处，问："为什么不睡？"武王说："只因上天不接受商朝的享祭而让它灭亡，所以才有了今天我周朝的成功。上天建立了商朝，商朝登用的贤人有360人，既不重用也不废弃，所以能维持到今天。我还没有真正得到上天的保佑，怎么能睡得着觉呢！"（《史记·周本纪》）周公曾对召公说："由于纣王无道，干尽坏事，上天把丧亡之祸降给了殷。现在殷已经丧失了天命，由我们周朝承受了。但我不敢说我们刚开始的基业就会这样美好下去。天命不可信赖，我也不敢说我们的国运能否长久。要鉴戒殷朝丧

亡的大祸,永远不忘上天的惩罚。"(《尚书·君奭》)

其二,敬德保民。敬畏天命落实到人事上就是要敬惧修德、保养小民。《尚书·蔡仲之命》说:"皇天无亲,惟德是辅。民心无常,惟惠之怀。……尔其戒哉!慎厥初,惟厥终,终以不困;不惟厥终,终以困穷。"意即上天不分亲疏,只辅助有德之人;民心没有常主,只归附仁爱之主。你(指蔡叔之子胡)要警戒呀!谨慎对待每件事情的开始,考虑它的结局,就不会陷入困境;凡是不考虑结局,终将陷入困穷的境地。敬德保民也是以史为鉴得出的基本结论。如周公说:我们不可不以夏为鉴,也不可不以殷为鉴。我只知道他们不敬慎修德才早早地失掉了天命。现今我王继承了天命,我们也该思考夏、殷两国受命、失命的原因。(《尚书·召诰》)

其三,无自逸乐。敬德保民体现在政治施为中,就是必须勤勉理政,戒除安逸享乐。周公作《无逸》,告诫成王要以殷商的灭亡为戒,不可贪图安逸享乐,应了解耕种收获的艰难,才会知道百姓的疾苦,要效法历代圣王勤政爱民。过去殷王中宗治理百姓敬慎戒惧,不敢荒怠、安逸,所以他享国75年;到了高宗,先前在外吃了不少苦,于是惠爱小民,即位之后也从不敢荒怠、安逸,国家治理得很太平,从百姓到大臣都没有怨言,所以他享国也有59年;祖甲本不想做王,沦落在民间很久,即位后深知百姓疾苦,能安养爱护众民,对孤苦无依的人也不敢轻慢,所以他享国33年。此后,即位的殷王都贪图安闲逸乐,不体察百姓的劳苦,只知寻欢作乐,所以他们当中没有一个能长久在位的,有的十年,有的七八年,有的五六年,有的三四年。只有我们周家的太王、王季能够谦恭敬惧,文王秉承两位先王的德行,亲身从事卑下的工作,以仁爱恭敬之心关怀爱护小民,施惠于孤苦无依的人,从早到晚常常忙得顾不上吃饭,丝毫不敢沉湎于游玩寻乐，为的是使万民生活安定和谐。所以他即位时虽已到中年，但仍能享位长达50年。从今往后的继位君王切不可沉迷在观赏、安逸、嬉游和田猎的享乐之中，更不要像商纣王那样迷惑昏乱、酗酒无度以致丧失天命、招来灭亡之祸啊！

　　武王、周公之后的几代周王，也确能继续保持忧患意识，发扬先王勤勉谨慎的优良传统。如周成王曾这样告诫百官：要顺从先王的治国大道，"制治于未乱，保邦于未危"（《尚书·周官》）。周初统治者之所以能够达致"成康之治"的太平局面，并奠定下周王朝八百多年的基业，原因就在于能以殷为鉴、保持忧患。周初的"殷鉴"思想，可以说是我国最早关于历史鉴戒的思想，而其政治忧患意识以及直承此忧患意识而来的畏天、敬德、保民等观念，奠定了中国传统政治文化的基本范型，对后世政治的发展产生了深远的影响。

2. 汉初的"秦鉴"

　　汉初统治集团以亡秦为鉴，总结亡秦教训，是从下面这个故事开始的。

　　儒生陆贾早年追随刘邦平定天下，刘邦登基称帝后，陆贾向刘邦进言时常常称引《诗》《书》等儒家经典，刘邦很不高兴，大骂道："老子是靠骑在马上南征北战打下天下的，哪里用得着《诗》《书》！"

　　陆贾回答说："骑在马上得天下，难道也可以骑在马上治天下吗？商汤、周武，以武力夺取天下，却顺应形势以文教守成，文治武功并用，这才是长治久安的办法啊。当初如果秦朝统一天下后，施行仁义，效法先圣，陛下哪能夺得这天下呢？"

　　刘邦听了后面露惭愧之色，对陆贾说："你试着为我写下秦为什么失天下，我为什么得天下的原因，以及古代国家成功和败亡的事例。"陆贾于是粗略地总结和论述了国家存亡的事迹和道理,共写了12篇,刘邦读后没有不称赞的,群臣也都高呼万岁,并把陆贾的书称为《新语》。(《史记·郦生陆贾列传》)

在《新语》中,陆贾强调治国要以道德为首要,行政要以仁义为根本。德行浅薄者其位必危,抛弃道义者其身必亡,谋大事而不依靠仁义者必然失败,根基没有筑牢而立于高处者必然崩塌,这是万世不变的法则、古今相同的规律。一言以蔽之,"万世不乱,仁义之所治也"。秦朝二世而亡,就是因为违背了这一法则,不行德政、废绝仁义,专恃刑罚武威,而且治国手段太过凶残、刑罚太过严酷,所以才导致了二世而亡的命运。

继陆贾之后,贾谊作《过秦论》3篇,对秦亡的教训进行了集中而深刻的总结。《过秦论上》说:秦以整个天下为己所有,把崤山、函谷关作为宫垣。然而一个小小的陈胜起事发难,秦王朝就遭灭亡,身家性命死在别人手中,被天下人耻笑,这是因为不施行仁政,攻和守的形势发生了根本变化。《过秦论中》说:秦王怀着贪婪卑鄙的心思,自以为有高超过人的智慧,废弃王道而实行暴政,焚烧《诗》《书》及百家著作而信用严刑酷法,先行权诈与暴力而轻视仁义礼法,开创了以暴虐统治天下的先河。凡行兼并战争必然崇尚权诈与暴力,安定天下则须以顺应民心、知权达变为贵,这就是说攻取和守成的策略是不同的。秦王天下之后,治国之道却没有更替,政策也没有改变,依然是夺取天下时所用的手段。独行霸道而占有天下,所以六国人很快就看到了秦的灭亡。假如秦王能研究上古治国的历史,遵循商、周先王的方略来治理国家,后代即使有淫佚骄横的君主,也不会很快出现倾覆危亡的祸患。

在汲取亡秦教训的基础上,汉初统治者实行休养生息的政策,到文帝、景帝时实现了家给人足、天下大治，史称"文景之治"。后来，汉武帝倾全国之力连年对匈奴用兵，一度给汉家统治带来了危机，于是有识之士纷纷提醒武帝要思危知惧，及时调整统治政策。汉武帝晚年感受到了潜在的危机，于是及时下《轮台罪己诏》，把政策重点转向国内，及时补过、安定百姓，终使汉家天下得以维持不坠。

3. 唐初的"隋鉴"

与秦朝一样，隋朝也是二世而亡，而且是因富强而恣意妄为所致，这对亲身经历隋末动乱的唐太宗君臣产生了极大的触动，如何避免重蹈隋亡的覆辙成为他们忧思的核心。魏征指出：隋朝还没有乱的时候，自以为一定不会乱；还没有亡的时候，自以为一定不会亡。所以穷兵黩武，徭役不息，直到被杀受辱，竟然还不知道自己覆灭的原因，不可悲吗！照见相貌的美丑，一定要站在静水跟前；鉴视国家的安危，一定要对照败亡的国家。能以隋朝为借鉴，那么存亡治乱的道理就可以知道了。如果能在平安无事的今天，像过去一样恭敬节俭，就能尽善尽美，根本没有必要得意而自我颂扬。（《旧唐书·魏征传》）

唐初太宗君臣的历史智慧主要是围绕如何居安思危、保持大唐基业这一核心。魏征上疏劝诫太宗时说：自古以来，凡是君主上承天命，创业伊始没有一个不是深切忧虑、小心谨慎从而君道显著的，可是一旦大功告成，德行就日渐衰落。开头做得好的人很多，但是能坚持善行到最后的人实在太少了，难道是夺取天下容易而守住天下困难吗？过去夺取天下游刃有余，现在要守住基业却力不从心，这是什么原因呢？大概是创业之时忧患深重，必然竭诚对待下属；一旦得志功成，就骄奢放纵，不可一世。（《贞观政要·君道》）贞观六年（632年），太宗也曾对近臣说："自古以来行善道的帝王，大多数不能坚持

到底。我不敢自恃天下安宁,而常常考虑危亡来使自己警戒畏惧,以此来保持到最终。"(《贞观政要·慎终》)

贞观十三年(639年),魏征发觉太宗渐渐开始滋长骄逸奢纵的不良习气,便上了《十渐不克终疏》,以激烈的言辞批评了太宗追求享乐、喜宝马珍玩、加重百姓赋役、听不进谏言、误用小人、好狩猎游玩等十种骄纵倾向,提醒太宗这样下去国家将会有倾败的危险,要求立即改正过失、回归正道。魏征的这道奏疏,的确在某种程度上把太宗从危险的邪路上拉了回来。太宗看了奏疏后,诚恳地接受了魏征的批评,对魏征说:"我现在知道自己有过失,能即行改正,也许还能做到善始善终。如果我违背了这句话,还有颜面和你相见吗?我把你的奏疏贴在屏风上,早晚恭敬地观看。又抄录下来交给史官,希望传之后世。"

贞观十六年(642年),太宗对魏征说:"我观察自古以来的帝王,有传位至十代的,也有传位一两代的,还有自己取得又自己失去的,所以经常感到忧惧。有时担心人民没有各安其所,有时又害怕自己产生骄矜放纵的毛病。"魏征说:"陛下深谋远虑,居安思危,希望您经常能够自我克制,以保全善始善终的美德,那么千秋万代的基业就有了依靠。"(《贞观政要·慎终》)

总之,唐初太宗君臣之所以能够成就一番"贞观之治"的伟业,并奠定下唐王朝近300年的基业,正是因为他们深深地懂得"水能载舟,水能覆舟"的道理,而且能够"居安思危,孜孜不息"(《贞观政要·慎终》),常常相互诫勉、相互激励而终始如一。

4. 宋初的史鉴和忧患

赵宋直承五代乱世而兴,这使宋初君臣对五代时国家分裂、社会动乱所造成的灾祸和苦痛的体会尤为切近而深刻。宋太祖开国之初，一方面加强中央集权，一方面确立了以文治国的基本国策。宋初的几位帝王都喜好读书，尤其是读史书，高度重视以史为鉴、以史资治。宋人刘安世记载：太祖极好读书，每夜在寝殿中看历代史，有时直至深夜时分，只是别人不知道、嘴上不说罢了。① 为了总结五代乱亡的教训，建国后不久他就下诏编修《五代史》以资鉴戒。此后的太宗、真宗、仁宗也都喜欢读史书，并重视以史为鉴。

至仁宗朝，宋代居安思危的政治忧患意识可以说达到了高潮，因为此时国家已经历了近百年的承平时期，各种政治积弊问题开始突显出来，引发了朝廷内外有识之士的深切忧虑。景祐元年（1034 年），参知政事宋绶见宋仁宗因天下无事而渐渐安逸享乐，于是进谏说："自古以来守成的君主，都小心谨慎、谦抑敬畏，不忘顾念省察，为什么？人心因为长久太平无事而安逸，祸害产生于所轻忽之处。因此，在事情开始时便确立防范，在变故还未萌发前就予以消弭。希望陛下整饬勉励百官，不要因为国运承平就自我懈怠。"②

学者李觏也对当时朝廷上下都以承平自息而"不思明日忧，但取今日乐"的现状深感忧虑，于是劳心苦思、殚精竭虑地写下了《富国策》《强兵策》《安民策》各 10 篇和《周礼致太平论》51 篇等许多策论文，提醒统治集团认识日益严重的统治危机，要求他们虑乱于治，早做准备、及时改革，以致治、保国于未乱、未危。他提出的"亡国之君不皆恶"理论尤其值得后人借鉴：纵观历朝历代，末代亡国之君并非都像夏桀、商纣般穷凶极恶，相反大部分都是有心救国而

---

① 马永卿编，王崇庆解：《元城语录解》卷上，见《四库全书》（第八六三册），上海古籍出版社 1987 年版，第 336 页。

② 李焘：《续资治通鉴长编》（第九册），中华书局 1985 年版，第 2694 页。

无力回天，原因在于祸患的逐渐积累，即前任先主奠基下祸患，而由亡国之君承受。那些"基祸"的君主，因为天下长久安定而沾沾自喜、自以为贤德，治道渐衰、人心渐失而不知反思，权柄被奸臣乱贼所窃取而不知醒悟，不过仰赖祖宗的恩德还未泯没，民心还未土崩瓦解，所以有幸免于灭亡。"受祸"的君主，乘乱世而即帝位，名义上虽然是皇帝，但实际上治国的权力并不在自己手中，只不过是囚拘在深宫之中，得不到忠臣义士的扶助。此时天下乱势已积重难返，民心已土崩瓦解，所以不幸而遭受亡国。如汉献帝、唐昭宗，本人有什么罪过呢？所以，明智的君主能深谋远虑，不认为眼下不足为患，而是考虑将来成为子孙的祸患。因为祸不在自身而在子孙，所以明君应替万世计虑。①

正是由于宋初君臣以史为鉴从而确立了以文治国的方略，加上承平时期明君贤臣基于忧患意识而推动的锐意改革（如庆历新政、王安石变法等），才使得宋朝虽然自始就面临四周契丹、西夏、蒙古、金等强大少数民族政权的不断侵逼，仍然维持了三百多年的基业。

5. 明初的忧患与史鉴

朱元璋从一介平民，历经艰险磨难，九死一生，终于推翻元朝政权并力挫群雄而建立大明王朝。由于得来不易，登上皇位之后的朱元璋，始终"忧悬于心""未尝一日忘其忧"，劳心焦思爱民安天下之道，且十分注重以史为鉴。在明代史官余继登编纂的《典故纪闻》一书中，记载了这方面的言论和事迹。

朱元璋认识到"自古贤君，皆安不忘危，治不忘乱"（《典故纪

---

① 李觏：《庆历民言·虑永》，见《李觏集》，王国轩点校，中华书局2011年版，第242页。

闻》卷三）的道理。他曾与翰林待制吴沈谈论修身保业之道说：安定生于危乱，危乱生于安定。安定了却不忧虑危乱，就会导致危乱；危乱后能思考如何安定，就能达至安定。安危治乱，全在于能否谨慎忧思。（《典故纪闻》卷四）又与侍臣谈论守成之道说：人常常忧虑危险，才能不陷入危境；常常忧虑祸患，才不会遭遇祸患。车子在险峻的路上走得平稳，而在平坦的路却翻倒了，这是因为人们的心理，总是艰难时谨慎，顺利时疏忽。保守天下就如同驾车，虽然安定太平，也不能不谨慎小心啊！（《典故纪闻》卷五）

朱元璋居安思危的意识直接来自他创业的艰苦经历，这种忧患意识使得他做了皇帝后仍然寝食难安。他曾多次对臣下谈及自己极度不安，片刻也不敢忘记警戒畏惧。一次，在宴会群臣时说："我身居至尊的天子之位，常常想天下如此广大，生民如此众多，有待处理的政务如此繁多，因此半夜总是睡不安稳，忧愁思虑悬系在心头。"刘基回答说："如今天下一统，应当稍微舒缓一下您的忧虑。"太祖说："像尧舜那样的圣人，处在太平无事的时候，尚且还忧虑天下。更何况是德行不如尧舜的帝王，其治理成效还未达到太平和乐，且天下万民刚从创伤残虐中解脱出来，怎能不忧虑呢？"（《典故纪闻》卷一）

朱元璋的忧患意识还具体体现为"三畏"，他说："上畏惧天，下畏惧地，中畏惧人。从早到晚，都保持戒惧警惕。君主以天为父、以地为母，而为民之父母。如果所作所为违背天地生民之道，就是违背了父母的心意；不能使百姓过上安稳的生活，就会失尽天下人心。像这样，难道不可怕吗？"（《典故纪闻》卷三）

朱元璋不仅自己保持忧惧，还经常教导皇子和群臣，要他们与他一同常怀忧患。他曾教谕皇太子说："自古帝王以天下为忧的，唯有创业的君主、中兴的君主和守成的贤君能做到。那些庸常的君主则不以天下为忧,反而以天下为乐,国家的灭亡由此开始,为什么呢?帝王起初得天下时,上天必定把天下授予有德的人,创业的君主时时忧患而后得天下,因为得之艰难,所以忧之也深重。如果守成继位的君主,常常心存敬畏,把祖宗忧天下的心情作为自己的心情,就能永久地享有天命。如果滋生怠慢之心,危亡就必定会到来,所以一定要敬畏啊!"(《典故纪闻》卷二)又曾训示群臣说:"古代贤明的君主,常常忧虑如何治理国家。古代贤能的臣子,则常常忧虑如何引导君主走上正道。贤臣忧虑格正君主,所以君主常常能地位安稳。明主忧虑治理国家,所以国家常常治理得好。如今国家疆土地域日益广阔,百姓人口日益增多,但我的心一天也不曾忘记忧虑。众位卿家能和我保持同样的忧虑吗?能和我同忧,就有望感格天意而获致和乐的气氛。如果没有才德而窃取名位、苟求利禄,对生民利病漠不关心,等到灾祸败亡随之而来,就不能挽救了。这难道不值得畏惧吗?"(《典故纪闻》卷一)

正是因为有着深切的政治忧患意识,所以朱元璋治国理政十分勤勉而不畏烦劳,片刻也不敢贪图安逸。一次,他听完侍臣讲解《尚书·无逸》篇后说:"自古以来一国之君,没有不因为勤勉而兴盛、因为逸乐而衰亡的。勤勉与逸乐,关系着国家的治乱兴衰啊!君主应当常常保持敬惧勉励,不可稍有懈怠,以求能善始善终。……我每次看这篇文章,一定反复详加体味,探求古代圣人的良苦用心,曾命令儒臣把它写在宫殿的墙壁上,朝夕审视阅览,以便作为鉴戒。"(《典故纪闻》卷五)又一次,他与学士陶安等人议论前代兴亡的事迹时说:"丧亡动乱的根源,是由于骄奢淫逸。大概身居高位的人容易骄纵,身处逸乐的人容易侈靡。骄纵就听不进善言而不知道自己的过失,侈靡就不能立定正道而行为无所顾忌。像这样治理国家,从来没有不灭亡的。"(《典故纪闻》卷二）更重要的是，他确实把这些认识化作每天的行动。据史书记载，洪武十七年（1384年），8天之内，太祖共批阅内外诸司的奏折达1660份，处理国事计3391件，平均每天批阅200多份奏折，处理400多件国事。[①]

另外，朱元璋也特别注重以史为鉴，经常翻阅诵读史籍。关于元朝灭亡和明朝兴起的原因，他指出："元代末年，君主安乐于上，群臣跋扈于下，国家用度无常法，征收赋税日益促迫，水旱灾荒连年不绝，天怒人怨，盗贼蜂起，群雄逐鹿。我不得已，起兵以图保全自身。等到兵力日渐强盛时，便东征西讨，开拓疆土。假使元朝君主能敬畏天命，不自安逸乐，臣子各尽其职而不敢骄横，那么天下豪杰又如何能乘隙而起？"而且，从历史鉴戒中，他认识到以道德仁义治国才是长治久安之道："用仁义安定天下，虽然见效迟缓但可以长久；用诈术权力夺取天下，虽然易于见效却导致速亡。只要对照周代和秦朝的先例，这个道理就显而易见。周代以仁厚治国，可以作为效法；秦朝以暴虐治国，可以作为警戒。"（《典故纪闻》卷二）

最后，不论是出于忧患意识还是基于史鉴智慧，朱元璋都强调要把实心爱民作为行政的根本。他曾对中书省官员说："天下犹如一家，百姓与国同体，有不得其所的百姓，我们应当思考如何安定和养护他们。以前我在民间的时候，目睹了百姓的疾苦。那些鳏寡孤独、饥寒困顿的百姓，常常厌生而恨不得马上就死去。我流离失所时遇到这种情况，心中深感同情和不忍。因此才举兵，立誓使四海清平，而不只是求得我自己一家的安宁。如今代天治民已经十多年了，如果天下百姓有流离失所的，那么不仅有悖于我当初的志愿，也没尽到身负的天

[①] 台湾"中央研究院"历史语言研究所校勘：《明太祖实录》卷一百六十五"洪武十七年九月己未条"，见《明实录》（一），上海书店1982年版，第2544—2545页。

职。"(《典故纪闻》卷三)

由于出身民间,朱元璋非常清楚老百姓的真实愿望,因而强调爱民一定要落到实处,不可流于虚伪的形式。有一次,他问刘基:"如今天下已经平定,要怎么让百姓休养生息呢?"刘基回答说:"办法在于宽仁。"太祖说:"不给百姓实惠,而笼统地讲宽仁,没有什么好处。依我看来,宽仁就必须使人民财产富足而民力得到休息。我们不节省用度,民财就会枯竭;不减省徭役,民力就会困乏;不彰明教化,百姓就不知礼义;不禁贪止暴,百姓就无法安息生养。像这样还说'宽仁',就是徒有其名,而没有使百姓实际享受到恩惠。"为了使惠民实政在执行过程中得到保障,朱元璋还以重刑惩治贪腐。他这样训诫群臣:"我以前在民间时,看见州县官吏大多数都不体恤百姓,往往贪财好色,饮酒坏事,凡是百姓的疾苦都漠不关心,因此我心里对这样的官吏着实愤怒。所以,今天法度禁令森严,只要遇有官吏贪污侵害百姓的,就依法治罪绝不宽恕。"(《典故纪闻》卷二)

综上所述,前事不忘,后事之师,能否以史为鉴关系着一代之盛衰。源远流长的史官文化给予中国人的基本历史智慧,就是使人们认识到,尽管自古以来,治世很少而乱世很多,得天下很难而失天下很容易,但治乱之道,古今是一贯的,"走与治者相同的道路,没有不兴盛的;干与乱者相同的事,没有不灭亡的"(《尚书·太甲下》)。因此,善于治理国家的统治者,应通晓这一治乱兴衰的历史规律,通过读史、学史来观察和借鉴往古的得失,考察和审断当今的政治施为,见贤则思齐,见不贤则内自省,顺应时势调整变革统治方略,这样才能使国运长久、社会平治。

忧劳兴国,逸豫亡身,能否居安思危决定了一国之兴亡。深长悠远的政治忧患意识赋予中国人一种深沉的历史和社会责任感。善于谋国的统治者，面对已经取得的治理政绩，必能忧危知惧、沉毅持重，充满政治焦虑和富于政治远见，不敢苟且偷安，更不敢放纵自肆，而继续以戒慎恐惧、终始一贯的态度勤勉不怠、自强不息，敬惧修德、爱民保民，最终谋得国家的长治久安。

十

持中贵和，有容乃大

——中国人中正不偏、宽大包容的政治文化精神

持守中道，崇尚和谐，可以说最鲜明而独特地体现了中华民族源远流长、持久一贯的价值取向和精神特质。自上古圣王尧舜时期起，持中贵和或中道和谐的观念就始终贯穿于古今中国人的社群伦理与政治生活的实践与思想当中，由此而孕育出的不偏不倚的哲学智慧和中正无私的政治情怀，正是中华民族永不衰竭的生命力的精神源泉。持中贵和或中道和谐，亦可简称为"中和"。"中和"一语出自儒家经典文献《中庸》，中和的观念充分体现了中国文化和儒家思想中最为根深蒂固的价值取向和精神特征，以中为本、以和为贵的价值信念，造就了中华民族中正不偏、宽大包容的政治文化精神，自古就被中国历代政治家和思想家奉为下可化解家国矛盾、上可调和天人关系的黄金法则之一。这一价值信念逐渐渗透到社会生活的方方面面，对于形构和塑造中国人的哲学思维方式、道德行为规范、为人处世原则和治国理政模式等，产生了难以估量的历史影响和作用。

◇（一）礼以制中，谦和辞让

据儒家文献《礼记·仲尼燕居》记载，一天，孔子在家休息，弟子子张、子贡、子游陪侍在他身旁，师徒交谈中说到礼的问题。

孔子说："你们三人坐下来吧。我给你们讲讲礼的问题，以便使你们能够将礼周全地运用各处，无不可以遍及通行。"

子贡站起来离席回话说："请问怎样做才合乎礼呢？"

孔子说："虔敬而不合乎礼，叫作土气；谦恭而不合乎礼，叫作巴结；勇敢而不合乎礼，叫作乖逆。"

孔子接着说："巴结混淆了仁爱。"

孔子又说："子张做得有些过头，子夏又嫌做得不够。"

子贡又离席对答说："请问一个人的行为靠什么才能做到适中？"

孔子答道："礼呀礼呀！这礼就是用来节制行为使之适中的。"

由上面的故事可知，孔子主要教导他的学生要用礼来节制自己的行为，既不做得过头，也不做得不够，这就叫作适中合礼。

可见，在孔子看来，礼的作用就是调节人的行为而使之适中的。孔子的另一位弟子有子也说过一句名言："礼之用，和为贵。"（《论语·学而》）综合孔子和有子所说这两句话的意思，正体现了古来中国人持守中道、崇尚和谐的思想信念以及有关人际交往关系和处世之道的理想准则，而且，它渊源有自，流传深远，影响广泛。

正是在崇礼贵和的优良传统影响下，形成了古来中国人谦和辞让的精神品格。下面这个人们耳熟能详的"六尺巷"由来的故事便充分说明了这一点。据姚永朴《旧闻随笔》和《桐城县志略》记载，清康熙年间文华殿大学士兼礼部尚书张英的老家人与邻居吴家在宅基的问题上发生了争执，两家大院的宅地都是祖上的产业，时间久远了，本来就是一笔糊涂账。想占便宜的人是不怕算糊涂账的，他们往往过分相信自己的铁算盘。两家的争执顿起，公说公有理，婆说婆有理，谁也不肯相让一丝一毫。由于牵涉到尚书大人，官府和旁人都不愿沾惹是非，纠纷越闹越大，张家人只好把这件事写信告诉张英。家人飞书京城，希望张英凭借自己的官威权势可以"摆平"吴家。

不料，张英大人阅罢来信，只是释然一笑，旁边的人面面相觑，莫名其妙。只见张大人随手拿起大笔很快写了一首诗。诗曰："千里家书只为墙，让他三尺又何妨？长城万里今犹在，不见当年秦始皇。"将诗交给来人，命其快速带回老家。家里人一见书信回来，喜不自禁，以为张英一定有一个强硬的办法，或者有一条锦囊妙计，但家人看到的却是这样一首诗。一开始感觉很是沮丧，但后来一合计，确实也只有"让"这唯一的办法，房地产是很可贵的家产，既然争之不来，不如让三尺看看。于是立即动员家人将垣墙拆让三尺，大家交口称赞张英和他家人的宽和礼让态度。张英的行为正应了那句古话："宰相肚里能撑船。"尚书一家的忍让行为，感动得邻居一家人热泪盈眶，全家一致同意也把围墙向后退三尺。两家人的争端很快平息了，两家之间也空出了一条巷子，有六尺宽，有张家的一半，也有吴家的一半，这条几十丈长的巷子虽短，留给人们的思索却很长。由于两家的院墙之间因礼让而留出了一条宽六尺的巷子，村民们也可以方便地经过这条巷子而自由通行。这便是"六尺巷"的由来。

◇（二）以和为贵、允执厥中的古老传统

中国人凡事都讲求一个"和"字，崇尚"万事和为贵"，比如人与自然之间的"天人合一""天人相与""天人同德""和谐共生"，人与人之间的"礼尚往来""和睦相处""和而不同""和衷共济"，家庭伦理关系的"家和万事兴""夫妻和睦""家族和合""邻里和顺"，国家关系的"协和万邦""和平天下""睦邻友好""合作共赢"，等等。可以说，作为中华民族优秀传统文化重要组成部分的和谐思想，既是我国先民社会实践与生活智慧的结晶，又是中国人民渴望安定、追求幸福生活的美好愿景的如实反映，更是维系民族团结、国家统一的精神纽带。

依据现存中国最古老的历史文献《尚书》中的记载来看，在上古圣王统治的时代，即传说中的尧舜禹时代，"和"之为"和"便是一个非常重要的观念，而且，自始便是一个具有鲜明政治色彩的观念。在当时，"和"的观念主要表达的是以"协和万邦"、"神人以和"、养民和民为追求目标的政治理念。这种以追求和谐（邦国家族之间、神人之间和君民之间关系的和谐协调）为目标的政治理念对后世产生了深远影响。如果说上古贵"和"的思想观念还具有一定历史想象成分的话，那么降至西周时期，"和"则已成为周初统治者所实际奉行的一个重要政治观念，他们深切希望通过敬天保民、明德慎罚的方式来体察民情、发政施教，以便上奉天命而下和万民，更好地维护周王朝的统治。

在西周时期，"和"除了被主要用作表达政治目标的重要概念之

外，还是一个与人们的日常生活密切相关的概念，常常被用来描述和表达日常生活中的各种活动（涉及祭祀、音乐和饮食）和人际关系的美好状态。《诗经》中载有许多诗文，都是旨在描摹和表达一种由琴瑟鼓乐、和鸾奏鸣、酒旨和羹所营造、带来或象征的神人欢愉、和谐、协调的气氛与状态，由此可见，古人"和谐"的意识与观念实则深深地扎根于日常的社会生活体验。

尤其值得我们注意的是，西周末年，周太史伯明确提出"和同之辨"的问题，开始对"和"的问题进行哲学意义上的分析和论述。据《国语·郑语》记载，郑桓公向史伯提出了一个敏感的政治问题，即当时的周王朝是否将会走向衰败，史伯明确回答道："周王朝是必然会走向衰败的。"为什么呢？史伯认为，原因就在于如今的周幽王"去和而取同"，意思是说：正直之人能够正言直谏，纠偏补弊，这样的君臣关系才是一种真正和谐的关系；反之，奸邪之徒只是一味地曲意逢迎君王的个人偏好和权力意志，君臣上下沆瀣一气、臭味相投，这只是一种"同"（比同谋私）的关系。前者利国利民，后者危国害民，因此，"去和而取同"的结果必然导致王朝的败亡。不仅如此，在接下来的解释中，史伯更提出和揭示了一个哲学上深刻的道理，那就是"和实生物，同则不继"，意即和谐是事物产生、发展的根本法则，而同一则使事物的生存与发展无法继续。具体而言，把多样性的不同事物加以协调平衡叫作"和"，所以能丰富发展而使万物归于统一；把相同的事物简单重复或数量相加叫作"同"，用尽之后就完了，并不能生成新事物。只有一种声音就无法倾听，只有一种颜色就没有文采，只有一种味道就不成为美味，只有一种事物就无法进行衡量比较。所以，先王治理家国天下之事，都务求做到和谐而不是同一，通过力行教养来使万民和乐相处如一家人，从而达到和谐的极致。可是，周幽王却要抛弃和谐而专尚同一,如此不明智就必然要走向衰败。

除了贵和之外,上古三代的圣王还留传下来一种重要的政治传统,它集中体现为尧、舜、禹彼此相传的一种治国理政之道,即《尚书·大禹谟》所谓的"允执厥中",或《论语·尧曰》所谓"允执其中"。所谓的"允执厥中"或"允执其中",意即指持守中道而治国理政,其实也就是《尚书·洪范》所说的"无偏无陂,遵王之义;无有作好,遵王之道;无有作恶,遵王之路。无偏无党,王道荡荡;无党无偏,王道平平;无反无侧,王道正直。"[1] 这是说,统治者治国理政必须奉行中正公平而无所偏私的王道政治,正因为如此,王道政治才是广远、平易而正直的。

事实上,"和"与"中"是密不可分的,唯有"允执厥中"才能实现和谐之治,而和谐之治也正是"允执厥中"的作用和效果。因此,综合以言,以和为贵、允执厥中乃是上古三代留给后世中国人的一种宝贵政治文化传统和精神遗产。自古以来,中华民族之所以将自己生息繁衍其上的地理疆域称为中原,将自己的国家称为中国,将自己的族群称为华夏、中夏或中华,从根本上说,皆源自其深厚悠久的持中贵和的价值理念和文化传统。

◇(三)和而不同、执两用中的儒家智慧

春秋战国时期,"和"的思想观念更广泛地被运用于社会政治生

---

[1] 宋儒蔡沈《书经集传》注曰:"偏,不中也。陂,不平也。作好作恶,好恶加之意也。党,不公也。反,倍常也。侧,不正也。偏陂好恶,己私之生于心也;偏党反侧,己私之见于事也。……荡荡,广远也。平平,平易也。正直,不偏邪也。"

活的方方面面，而且形成了一个诸子百家纷纷谈"和"、论"和"的思想高潮，"和"被注入了各种新的意涵，奠定了以后中国人重"和"、贵"和"的理论基础。其中，道家极力主张人类应消极顺应自然和万物平等齐一的天人和谐思想，墨家特别强调伦理上兼爱无别、政治上尚同一义的和平同一思想，法家倾向于借助强权和法制来维持整齐划一的治理秩序、实现富国强兵的单一目标。而孔子和儒家则对"和而不同"特别是持中贵和的"中庸""中和""中行""中道"思想的深化和发展作出了最为独特而突出的理论贡献。

春秋时期，齐国大夫晏婴继承和发展了史伯尚和去同的思想，进一步阐发了"和同之辨"的命题及其政治含义。据《左传·昭公二十年》记载，齐侯景公从打猎的地方回来，晏子在遄台随侍，梁丘据也驾着车赶来了。齐侯说只有梁丘据是与自己相"和"之人。晏婴对齐侯这一说法大不以为然，并借此机会向齐侯阐述了君臣之间的相处之道。晏婴认为，梁丘据与齐侯并不是"和"，只不过是"同"而已。他以"和羹""和声"为例生动而深刻地揭示了相反相济、相反相成的道理：和谐如同做羹汤，用水、火、醋、酱、盐、梅来烹调鱼和肉，用柴火烧煮，厨师加以调和，味道太淡就添加调料，味道太浓就加水冲淡，从而烹调出鲜美的鱼和肉；声音也像味道一样，必须组合一气、二体、三类、四物、五声、六律、七音、八风、九歌来生成乐音，并在清浊、小大、短长、疾徐、哀乐、刚柔、迟速、高下、出入、周疏之间进行调节，才能创作出美妙的音乐。如果只用水煮水，谁能喝它；只用一种乐器弹出一种声音，谁能听它？同样地，在处理君臣关系时也应如此，君臣之间的"和"应当如"宰夫"以五味来烹调美味的羹汤，如乐师以五声奏出美妙的音乐一般，只有不同性质的事物之间"相成""相济"以达成多样性的统一才是"和"的状态,因此臣下对君主不应随声附和,君主说可行的也说可行,君主说不可行的也说不可行;相反,君主所认为可行而其中有不可行的,臣下应指出其不可行的部分而使可行的部分更加完备,君主所认为不可行而其中有可行的,臣下应指出其可行的部分而去掉不可行的部分。这样政事才能平和而不相抵触,百姓才会没有争斗之心。相反,梁丘据却不这样,君说可行的,他也跟着说可行,君说不可行的,他也跟着说不可行,这就好比以水加水是做不出人们能吃的美味食物的,用琴瑟弹奏单一的曲调也是弹奏不出人们能听的美妙音乐的。

孔子在总结和继承前人"和同之辨"理论观点的基础上,进一步明确提出了"和而不同"的重要理念,并将它看作规范和处理一般人际交往和不同意见之间关系的理想准则,他说:"君子和而不同,小人同而不和。"(《论语·子路》)意思是说,君子内心平和中正而没有乖戾争夺之意,在社会交往中能够对他人抱持一种和谐友善的态度,但能持守正道、遵循义理、献可替否,坚持自己独立的意志和品格,而不随意与人苟同合污。而小人则不然,他们往往为了个人一己之私利而朋比结党、相互勾结,形成一个个帮派和圈子,他们巧言令色而不讲求是非原则,一味追求与他人保持一致,乃至人云亦云、随声附和而从不违逆,但其实内心争名好利而并不能真正与人和谐融洽相处。有鉴于此,孔子在另一处又说:"君子矜而不争,群而不党。"(《论语·卫灵公》)意思是君子只是庄敬自守,但没有乖戾之心,所以不与人相争;与人相处能合群,但不会结党营私。一句话,和则不必同,所以不争不党;同则结党争利,所以不能和。

由上可见,孔子所谓的"和"并不是毫无原则、不讲是非的调和。孔子曾说:"乡愿,德之贼也。"(《论语·阳货》)所谓"乡愿"就是一般所说的"好好先生",因为这种人为人行事努力讨好别人,避免与人结怨,所以成为全乡之人众口称赞的所谓"好人"。但"好好先生"虽然有着好的名声,却不讲原则,没有真正的是非观念,为求与人相安无事甚至混淆是非,孔子认为这种人及其行为是败坏真正道德的大祸害,所以斥之为"德之贼也"。而在孔子看来,真正的道德行为必须要合乎仁义的标准和原则,也必须要合乎礼的行为规范。孔子说:"巧言令色,鲜矣仁。"(《论语·学而》)意思就是说,满口说着讨人喜欢的话,满脸装着讨人喜欢的脸色,这样的人恰恰是缺乏仁德的。孔子弟子有子也曾说:"礼之用,和为贵。先王之道斯为美,小大由之。有所不行,知和而和,不以礼节之,亦不可行也。"(《论语·学而》)意即礼的运用,目的在于以和为贵。以前先王治理国家,最可贵的地方就在这里。无论大小事情,都遵循了这一原则。但是不能只知道要和或一味为了和而讲和,如果不用礼来进行节制和规范,任何事情都是行不通的。总之,在孔子看来,不能脱离开仁、义、礼来单纯地讲和,和应符合仁义的标准,应是礼的作用体现,只有这样,以和为贵才不会流于无原则、不讲是非的庸俗调和;而且,人的行为和社会生活只有合乎仁、义、礼的标准和规范,才能构建一种儒家理想意义上中道和谐的秩序状态,故孔子曰:"礼乎礼!夫礼所以制中也。"(《礼记·仲尼燕居》)

更为重要的是,孔子还首次提出了"中庸"的说法,他说:"中庸之为德也,其至矣乎!民鲜久矣!"(《论语·雍也》)孔子视"中庸"为至德,可谓推崇备至,但他认为人们已经很久不能践行这一美德了。所谓的"庸",主要有三种含义,第一种含义为"用",所谓"中庸"就是"用中"的意思,这与老子单纯地崇尚柔弱谦下和法家一味地强调强权霸道显然不同,"中庸"或"用中"表达的乃是一种中道和谐的思想观念,如《礼记·中庸》所谓"执其两端,用其中于民"。第二种含义为"常",所谓"中庸"意为"用中为常道"的意思,即将中作为一种常道来奉行而不可直情径行、任性而为。第三种含义为"平常",所谓"中庸"意指日用常行之道、中和常行之德。以上三层含义彼此相互关联,共同构成了"中庸"的全部内涵。要而言之,所谓"中庸",其最基本的思维形式就是"把对立两端直接结合起来,以此之过,济彼不及,以此之长,补彼所短,以追求最佳的'中'的状态"[1]。因此,总的来讲,所谓"中庸",乃是与过与不及的两端行为相对而言的,故孔子力主奉行中庸、中和、中行之道,而反对过与不及的偏颇、极端行为,但同时他又认为,如果不能依中道而行,勇于进取和洁身自好而有所不为的狂狷之行也自有其必要性和合理性。不管怎样,在孔子看来,中和之道、常行之德虽然平易广大,一般人却鲜能践行,虽然日用常行,却又是至为高明可贵的。

对于"中庸"或"中和"的思想,《礼记·中庸》篇作了更加系统而深刻的阐发。《中庸》曰:"喜怒哀乐之未发,谓之中;发而皆中节,谓之和;中也者,天下之大本也;和也者,天下之达道也。致中和,天地位焉,万物育焉。"意思是说,当人们喜怒哀乐的情感还未发露而无所偏倚,这就叫作中;发露出来而都能够中节合宜,这就叫作和。中是天下义理的根本,和是天下通行的大道。达到中和,天地就各正其位,万物就各遂其生。要而言之,《中庸》所谓的"中和",乃是以"中"为体、以"和"为用的。同时,《中庸》还提出了"时中"的观念,所谓"君子之中庸也,君子而时中;小人之中庸也,小人而无忌惮也",就是说君子行事既"合乎时宜"同时又能"随时变通",而小人则无所顾忌,故其行为肆无忌惮。

---

[1] 参见庞朴《"中庸"平议》,见杨朝明主编《孔子文化奖学术精粹丛书·庞朴卷》,华夏出版社2015年版,第27—29页。

此后，在继承和发扬孔子中道和谐思想的基础上，孟子不仅大力倡导儒家仁爱、仁义、仁政的思想主张，而且格外强调"人和"的根本重要性。《孟子·公孙丑下》篇中有一段非常著名的论述。孟子说："有利的时机不如有利的地势，有利的地势不如人心的和谐。……老百姓不是靠封锁边境线就可以限制住的，国家不是靠山川险阻就可以保住的，扬威天下也不是靠锐利的兵器就可以做到的。拥有道义的人得到的帮助就多，失去道义的人得到的帮助就少。帮助的人少到极点时，连亲戚也会叛离；帮助的人多到极点时，全天下的人都会顺从。以全天下人都顺从的力量去攻打连亲戚都会叛离的人，必然是不战则已，战则无不胜了。"古往今来，天时、地利、人和三者的关系问题都一直是人们所关注的，但三者之中孰轻孰重却从未有人明确提出来。在这里孟子观点鲜明地提出了"人和"是战争胜负成败的关键因素，其重要性远远高于"天时""地利"等条件，具有"不战而屈人之兵"的优势。那么，怎样才能够实现"人和"呢？孟子认为，只要"得道"就可以赢得"多助"，在战争中就可以立于不败的地位。孟子所说的这个"道"，其实就是要求统治者要施行"仁政"，以获取民心，而赢得了民心的普遍支持和广泛拥护，就可以"仁者无敌"了。可见，孟子的"人和"思想与其主张的"仁政""民本"思想是密切关联为一体的。不仅如此，孟子还在继承孔子"中庸"和《中庸》"中和"观念的基础上，形成了自己独具特色的"中和"思想。最能体现孟子"中和"思想的莫过于孟子对杨朱、墨翟极端主义思想主张的拒斥和批判。孟子之时，杨朱"为我""贵己"与墨子"兼爱"、利他的思想盈满天下，孔子之道、儒学思想趋于衰微。孟子对杨朱"拔一毛而利天下，不为也"的极端个人主义和墨子"摩顶放踵利天下，为之"的过度利他主义进行了激烈批评，似乎体现了孟子主张"执中"的思想态度和理论立场。但是,孟子认为,单纯一味地"执中"也有问题,他说:"执中无权,犹执一也。"而"执一"即是"贼道",会导致"举一而废百"的不良后果。(《孟子·尽心上》)孟子的意思是说,既要持守中道而同时又要懂得变通,否则执着于一点,会损害大道,抓住一点就不管其他了,这是孟子所深感厌恶的。

继孔、孟之后,荀子则进一步从礼义、名分的角度对儒家"和"的思想加以阐发,提出了"义分则和"的理念。荀子认为,人虽然"力不若牛,走不若马",但是却可以役使牛马,这是因为人可以结合、组织成社群,牛马则不能。人之所以能结合、组织成社群,是因为人类懂得礼义和等级名分。按照礼义确定名分,人们就能和睦协调。所以,在荀子看来,礼义和等级名分是实现人类社群和谐的重要基础和前提条件。在"义分则和"思想的基础之上,荀子又进一步提出了"群居和一"的著名观点。荀子说,人生而有好利之心、耳目声色之欲,如果顺从、放纵人类的本能欲望,必然会走向恶。因此,人既然是一种群居性的社会动物,就必须要节制自己的本能欲望,过一种分工协作、差等有序的社群生活。正所谓"离居不相待则穷,群居而无分则争"(《荀子·富国》)。荀子在政治上之所以极力主张实行礼治主义,其根本用意就在于,一是用礼来调节人类欲望的无限性与物质资源的有限性之间的矛盾,使两者能够"相持而长",以便实现人类社群及其文明生活可持续生存与发展的目的;二是以礼制序,用礼规范人的行为、进行必要的社会角色定位和职业分工,使每一个体在社会中根据其才能大小、德行高低、性别年龄地位的差别而分别赋予人们而使之享有相应的资源、权力和地位,以便建构一种等差有序、人人各载其事、各得其宜的和谐生活秩序,这就是所谓的"群居和一之道"(《荀子·荣辱》)。对荀子而言,无论"分义而和",还是"群居和一之道",其根本标准就是礼义,而按照荀子的说法,所谓礼义也就是儒家所谓的"中"(《荀子·儒效》)。显然,荀子的礼治主义亦可以说是一种"中和之道"的思想主张。

汉儒董仲舒对天人关系进行了深入系统的探讨,提出了一套颇具神学色彩的天人感应学说。他认为,人是上天生成化育,人受命于天,所以天人相副相类,可以相感相应,天能够干预人事,人也能够回应上天。当然,天人感应主要是通过王权统治来实现的,因此,董仲舒"天人之际,合而为一"的思想一方面为王权统治提供了一种天命合法性的神圣基础,另一方面也是为了限制王权统治的专断和任性,他希望统治者能够奉天法古、遵循天地中和之道而治国理政,所以他说:"中者,天地之所终始也;而和者,天地之所生成也。夫德莫大于和,而道莫正于中。……是故能以中和理天下者,其德大盛;能以中和养其身者,其寿极命。"(《春秋繁露·循天之道》)意即因为适中,所以天地才能终始运行不息;因为和谐,所以天地才能生育化成万物。德行中没有比和谐更伟大的,而道理中没有比适中更正确的。所以,能用中和来治理天下的人,他的德行就伟大盛美;能用中和养护自身的人,他的寿命就很长。

与董仲舒同时代的《淮南子·氾论训》篇的作者也说:"天地之气,莫大于和。……生之与成,必得和之精。故圣人之道,宽而栗,严而温,柔而直,猛而仁。"这是说,天地氤氲、阴阳调济而产生"中和之气",有了"中和之气"才能阴阳调和,昼夜分明,万物才能生长,乃至于成熟。而圣人懂得这一道理,所以在治理国家时能够"宽而栗,严而温,柔而直,猛而仁",能够"正在刚柔之间",恰如其分,达到均衡和谐的治理秩序状态。

将儒家"中庸""中和"思想作了更加精致化和更富哲理性阐发的是宋明理学家,他们将上古圣王尧舜禹递相传授的"允执厥中"和孔子、《中庸》的"中庸""中和"推崇、尊奉为圣圣相传的"道统""心法"。朱熹诠释"中庸"之"中"字和"喜怒哀乐之未发,谓之中;发而皆中节,谓之和"一句的含义说:"中者,不偏不倚、无过不及之名。""喜、怒、哀、乐,情也。其未发,则性也,无所偏倚,故谓之中。发皆中节,情之正也,无所乖戾,故谓之和。"[①] 可见,朱熹视"中"为"天命之性",而性为人类情感未发露之前的道德和义理的本原,因其无所偏倚,即中正无私,故谓之"中";而喜怒哀乐之情发露,只有中节合理,合乎天命之性原,才会无所乖戾,才是正确合宜的情感表达,乃至性情和悦,故谓之"和"。这是从性理的角度对"中和"思想所作的深度诠释。尽管宋明儒者包括朱熹本人对于"中和"的理解和解释存在这样那样的差异,但总的来讲,他们将"中""中正""仁义中正""大中至正"等看作天地圣人之道,是人君治国理政应当持守、遵循的基本价值准则,乃至谓"大中"为"皇极"、以"中道"为"极善",认为唯有"允执厥中"、持守中道,使万物各得其所,万事各得其正,万民各安性命,这便是所谓的"天理流行"。

不过,明末清初之际,著名思想家王夫之反对用"无过不及之名"来解释"中"的含义,对"中"的含义更进一步作了别开生面、独树一帜的诠释,他说:"盈天下只是个中,更无东西南北;盈目前只是个中,更无前后左右。"(《读四书大全说》卷七)"中"是天下万事万物或天下事理的终极理想或绝对标准,而"中"既然是"皇

[①] 朱熹:《四书章句集注》,中华书局 2011 年版,第 20 页。

极""至善",人们的所作所为便只可能失之"不及",而不可能有超出"中"的"过"的情况存在。因此,在王夫之看来,所谓"中庸",绝对不能说是与过和不及相对而言的,天下的事理也并不是有"一过一中一不及"这样三条路线可供人们选择,好像只要"撇下两头,拿住中间做"就可以了(《读四书大全说》卷七)。也就是说,如果用"中"来衡量的话,人们的行为只可能是"不及"(达不到)的,而不可能是超过"中"的,而王夫之之所以强调"无有可过"的问题,其目的乃在于"不欲使人谓道有止境,而偷安于苟得之域",即希望人们能够积极进取而永不停息地努力追求达到"中"的状态。[1]

综上所述,在儒家思想文化的历史演化过程中,尽管存在着一种阶段性的变化和差异,但亦始终贯穿着一种持守中道而不偏执一端、重视差异而追求多样性统一的精神传统。儒家始终坚持和而不同、执两用中、不偏不倚的观念,反对过犹不及的偏颇和极端行为,坚持权时变通,反对执一无权,虽然有时显得有些保守和庸常,但也极富"择善固执"、仁义中正、义理不偏的理想色彩和合乎道德理性的人文精神,充分体现了儒家思想"极高明而道中庸"的哲理性的深邃智慧。

◇(四)敷教在宽、有容乃大的政治精神

据《中庸》记载,孔子曾经这样称赞舜说:"舜一定有大智慧呀!舜喜欢向他人询问请教,而从不刚愎自用,即使是浅近的言论,

---

[1] 参见庞朴《"中庸"平议》,见杨朝明主编《孔子文化奖学术精粹丛书·庞朴卷》,华夏出版社2015年版,第51页。

也一定要细心考察，隐其言之未善者而宣扬其言之善者；人们的言论各持两端，议论纷纷，各自不同，舜则执取、考察两端之论而加以审视度量，谨慎地择取其中，然后加以施行。这就是为什么舜有大智慧的原因！"

孔子盛赞舜是一位执两用中、拥有大智慧的古代圣王，那么，将执两用中的大智慧落实在政治上，舜究竟是如何具体治国理政的呢？根据《尚书·舜典》记载，舜选拔任用了许多贤人来和他一起治国理政，让大禹平治水土，让稷教民播植百谷，让皋陶职掌刑法，让垂管理百工之事，让益掌管山林川泽事务，让伯夷主管宗庙祭祀，让夔典守乐舞声律。还有就是让契担任司徒教化之官，庄敬谨慎地敷布五种道德教化，以宽大的态度和方式对待和引导人民，以便使人们能够过上一种父子相亲相爱、君臣以义合作、夫妇内外有别、长幼差等有序、朋友讲求信用的社群伦理生活。这就是所谓的敷教在宽。孔子说："宽则得众。"（《论语·阳货》）意即治国理政能做到宽大，才能赢得大众民心，所以孔子明确反对"居上不宽"（《论语·八佾》），认为居上治国应以仁爱、宽大为本。

不过，为政一味地讲求宽还不行，有时还须辅之以猛。据《左传·昭公二十年》记载，春秋时期郑国的贤大夫子产临终前曾经告诫他的继任者子大叔说："我死以后，你一定会执掌国政。只有有德之人才能以宽大的治国方法使人民心悦诚服，其次只有使用刚猛的治国方法才能使人民畏服。就像火的猛烈，人们会因畏惧而逃避，所以很少有被烧死的；而水是柔弱的，人们常常戏水玩耍，被水溺死的人就很多。所以为政以宽是相当困难的。"

但是，后来大叔为政治国，不忍心用刚猛的方法，而采用宽大的方法。结果，郑国发生了盗贼聚集的祸患。大叔非常后悔，于是，下令派兵攻杀了盗贼。

孔子曾经这样评价说:"好啊!为政宽大则人民轻慢而犯刑法,人民轻慢而犯刑法则以刚猛加以纠正。刚猛则人民会受到残虐,受到残虐则施行宽大之政。宽以济猛,猛以济宽,为政治国就能达到和谐的目标。"

可见,古人所谓"宽",并不是一味放纵;而所谓"猛",也不是一味严酷。以德化民、为政以宽乃是治国为政的常道,而为政以猛、用刑治罪则是一种补救和辅助性的手段。"宽"主要是指针对善良的百姓,要运用道德教化的方式和优裕宽容的态度来教育和引导人民,以便使人民能够逐渐受到感化而实现其善良的天性。而"猛"则是针对奸诈邪恶之徒、难以教化之辈,当然需要用刑罚加以惩治。这样一种宽猛相济的治国理念,基本为后世思想家和政治家所普遍接受和认同。

南宋著名思想家陆九渊曾说:"宽也者,君子之德也。"然而,"遏恶扬善,举直错枉"皆为"宽德之行"。所谓的"宽"或"仁",绝不是指"徒欲为容奸廋(隐藏,藏匿)慝"而已,甚或"以不禁奸邪为宽大"。在陆九渊看来,"贪吏害民,害之大者",必须严惩害民之贪吏,而所谓的"宽仁"乃是指对人民应实行宽厚仁爱之良政善治。①

针对"宽猛相济"的治国理念,明末清初思想家王夫之曾提出不同的观点和看法,他反对"猛"的说法,而主张易之以"严",而其根本用意与陆九渊的上述主张是一致的。他认为,为政以猛有可能会伤及人民,而为政以宽,其失却"非民之害",但假如"驭吏以宽",

---

① 陆九渊:《陆九渊集》,钟哲点校,中华书局1980年版,第71—73页。

却可能对人民造成很严重的残害。因此，像陆九渊一样，王夫之也极力主张治国理政应以宽待民而以严治吏，正所谓："严者，治吏之经也；宽者，养民之纬也；并行不悖，而非以时为进退者也。"（《读通鉴论》卷八）这是说，严以治吏和宽以养民，这两个方面犹如线条的经纬一样，可以相辅相成而并行不悖，宽、严的区别在于其针对的对象不同，而不能理解为根据不同的时势情况而先后对同一个对象（官吏或人民）实施或宽或严（猛）的不同治理。

不管怎样，儒家虽然主张对人民实行道德教化和宽仁之政，但也并不一概反对使用刑罚的手段，问题的关键是针对谁和如何使用，而且，更为重要的是，德教和刑罚需有先后轻重之分。要而言之，孔子和儒家继承上古圣王的政治传统，重德教而轻刑罚，认为德教的方式相对于刑罚的手段更为根本和重要，故极力主张德主刑辅、先德教而后刑罚，而且处理政事和执法用刑一定要不偏不倚、合乎中正无私的准则，要力求做到公平公正而不徇私情、罚当其罪。

另外，在古人看来，治国为政不仅要宽，还要能容。周初的开明政治家周公曾经留给后人一条政治训诰，就是"无依势作威，无倚法以削，宽而有制，从容以和"。意即不要依仗权势来作威作福，不要倚恃刑法来侵削百姓，宽大而有节制，从容而能和众。后来，周成王便根据周公的这一遗训告诫君陈说："尔无忿疾于顽，无求备于一夫。必有忍，其乃有济。有容，德乃大。"（《尚书·君陈》）意思是说，你不要怨愤而疾恶他人冥顽不化，不要求全而责备他人没有能力。必须能够有所容忍，而后事业才能有所成就。必须能够宽宏包容，而后德行才能广大。后人所谓"有容乃大"即本于此。

治国理政者必须具备博大包容的精神品格，在一定意义上这可以说是诸子百家在政治上的思想共识。

孔子主张"泛爱众"(《论语·学而》)和"博施于民而能济众"(《论语·雍也》),儒家所谓仁爱具有一种由亲亲而仁民、由仁民而爱物的不断推广扩展的博大包容品格。孔子弟子子张也曾说:"君子尊贤而容众,嘉善而矜不能。"(《论语·子张》)意即,一个具有仁德修养的君子,既尊重贤能之士,同时又能够宽容众人,既嘉许善人,同时又能够哀怜那些无能的人。可见,儒家之君子正是那种具备宽大包容之精神品格的人。

儒家经典文献《大学》则明确主张,有仁德的君主应该喜爱、发现和举用那些能够容人的贤臣,而憎恶、黜退那些不能容人的臣下并把他们驱逐到远方。那么,怎样做才算是能够包容他人,怎样做才算是不能包容他人呢?《大学》引用了《尚书·泰誓》篇中的说法来加以说明:那种心胸宽广、有着博大容人之量的贤臣是这样的人,别人有技能,就好像他自己有技能一样,别人有贤德才智,他就发自内心地喜欢爱护,这样的人是确实能够包容他人的。相反,别人有技能,他就心生妒忌厌恶,别人有贤德才智,他就想尽一切办法压制阻挠,这样的人便确实是不能包容他人的。

老子曾说:"江海所以能为百谷王,以其善下之,故能为百谷王。"(《老子·第66章》)意即江海之所以能够为百川所归往,正因为它处在河水汇归的低下之处,能够容纳众多的川流。在老子看来,海纳百川、博大包容不仅是江海的特性,更是自然大道的特性所在和统治者所应具备的精神品格。

墨家的创始人墨子更极力主张和倡导实行"兼相爱、交相利之法"(《墨子·兼爱中》)。在他看来,上天对于所有人都是一视同仁而无差别地"兼而爱之、兼而利之"的(《墨子·法仪》),因此,统治者应该引领人们共同奉行天志仪法,彼此之间平等相待、相互关爱、互惠互利，而不是"以水火毒药兵刃以相贼害"（《墨子·天志下》）。墨子所谓的"兼爱"，无疑体现了一种包容一切的博爱精神。

《管子·形势解》篇说："天之裁大，故能兼覆万物；地之裁大，故能兼裁万物；人主之裁大，故容物多而众人得比焉。"又说："海不辞水，故能成其大；山不辞土石，故能成其高；明主不厌人，故能成其众；士不厌学，故能成其圣。"意思是说：天的成就广大，所以能够同时覆盖万物；地的成就广大，所以能够同时生成万物；人主的成就广大，所以能够容纳众多事物而被众人比拟、效仿。大海不辞让河水，所以才能够成就其广大；高山不辞让土石，所以才能够成就其崇高；明主不厌弃人民，所以才能够成就其众多；士人不厌弃学问，所以才能够成就其圣贤。

后来成为秦王朝丞相的李斯在他著名的《谏逐客书》中也曾说过："臣闻地广者粟多，国大者人众，兵强则士勇。是以泰山不让土壤，故能成其大；河海不择细流，故能就其深；王者不却众庶，故能明其德。"意思是说，土地广阔粮食才会富足，国家强大人民才会众多，兵器强盛战士才会勇猛。因此，泰山不辞让土壤，所以能成就它的高大；河海不选择细流，所以能成就它的深广；君王不拒斥庶民，所以能成就它的明德。

上面这些思想家的名言警句，其实说到底都是意在劝告统治者能够像天地包含化育万物而无不覆载那样具备博大包容的精神品格，一个君主只有能够包容品类不齐和才能各异的臣民大众，才能彰显自己光明的德性，实现国家的优良治理，乃至使整个天下治平安乐，正所谓"大道容众，大德容下"。

据《说苑·君道》篇记载，有一次，齐宣王问尹文："人君应如何治国理政？"尹文回答说："人君治国理政，应不要多事妄为而能够包容臣下。事寡不繁则容易遵从，法令简明则容易遵守，所以人民不会因为违反政令而犯罪。大道能够包容众人，大德能够包容臣下，圣人不多事扰民而天下就会得到治理了。"宣王说："讲得好！"这个故事告诉我们的是，治国理政之道贵在君主能够具备一种包容天下臣民的博大品格。

战国中期的思想家慎到也极力主张，君主应该无为无事，因为君主的见识和能力是有限的，所以必须充分发挥臣下的智能来治国理政。然而，臣下的才智和能力却是"各有所长，各有所短"的，因此，慎到格外强调君主对臣下不应求全责备，而是要用其所长而兼容并蓄。

在中国历史上，西汉王朝的建立者刘邦正是一位能够对臣下兼容并蓄，既能容忍臣下之短而又善于发挥臣下所长的一代英明之主。秦末农民起义推翻了暴秦的统治后，经过四年的楚汉战争，汉王刘邦最后战胜了西楚霸王项羽，在总结自己成功而项羽失败的经验教训时，刘邦说："夫运筹策帷帐之中，决胜于千里之外，吾不如子房。镇国家，抚百姓，给馈饷，不绝粮道，吾不如萧何。连百万之军，战必胜，攻必取，吾不如韩信。此三者，皆人杰也，吾能用之，此吾所以取天下也。项羽有一范增而不能用，此其所以为我擒也。"（《史记·高祖本纪》）可见，刘邦是一位有着自知之明和知人之智的政治家，其成功的关键就在于他具有包容大度的胸怀，能够兼收并蓄各类杰出人才而且能够知人善任、用其所长，而项羽的失败就因为其缺乏容人的雅量。

不仅对臣下应兼收并蓄、包容大度，更为重要的是，治国理政者还应允许人们自由议政、直言批评国家政教之得失，这是明末清初之际著名思想家黄宗羲和顾炎武所提出的重要政治主张，这无疑需要统治者具备更为博大包容的道德修养、政治品格和精神境界。

依黄宗羲之见,学校的作用不仅在于培养士人,尤其应培育健全的政治舆论,发挥批评监督政府的职能。为此,学校教育应着重于使包括上自朝廷而下至民间在内的整个社会都接受儒家《诗》《书》之教的熏染陶冶,逐渐养成一种宽大包容的社会政治舆论氛围,在此舆论氛围之下,天子认为"是"的,人们未必认为"是",天子认为"非"的,人们也未必认为"非",于是天子也就不敢"自为非是而公非是于学校"(《明夷待访录·学校》)。

孔子尝言:"天下有道,则庶人不议。"(《论语·季氏》)意思是说,天下太平、国家治理良好的时候,一般老百姓是不议论政治的。顾炎武发挥这句话的意思说:如果国家的政教、社会的风俗不是十分完善的话,那么就应该允许老百姓批评议论。(《日知录》卷十九《直言》)

无论是黄宗羲所构想的学校议政,还是顾炎武所主张的"许庶人之议",其实都对统治者提出了很高的道德期望和政治要求,那就是统治者必须具备博大包容的精神品格。

在中国历史上,客观地讲,汉唐盛世之所以能够成就一番盛世的伟业,中华文化和中国文明之所以能够绵延悠久而博大精深,正在于其具备一种博大包容的精神品格和海纳百川的胸怀雅量,这不仅体现在其主张尊贤容众、兼容并蓄的政治理性上,更体现在其追求"和而不同""求同存异"的哲学智慧和文化理想上。

除了上文所论"和而不同"之外,中华民族的先哲先贤还提出过"求同存异"的主张。众所周知,做成任何一项事业都有赖于人们之间的协同合作,这既需要充分尊重每一个参与者各不相同的个性特征、知识能力及意见表达等,也强调众志成城、同心同德的合作意识是十分必要的。因此，对于人际协作而言，"和而不同"与"求同存异"都同样重要，两者并不矛盾。"和而不同"的思想本身就内含着对多元事实和多元价值的承认，展示出对事物差异性、多样性的接受与包容态度，强调的是多样性的统一；而"求同存异"则注重的是以"同舟共济"、休戚与共的共同感来构筑人类合作的基础，即在达成某种基本共识的前提下，或在某种远大而共同的理想目标的指引下，暂时将易于引发或导致矛盾和冲突的"异"的一面放在一边，通过协同合作来共同推动人类某项事业的发展。

另外，在中国历史上，许多开明的思想家和政治家在处理不同民族与地域、不同文化、不同学术思想流派和宗教信仰之间的关系问题上，一贯坚持将"和而不同""求同存异"的思想原则加以灵活运用，从而发展出一种"多元一体"的综合智慧和"有容乃大"的包容精神。譬如，在我国多民族文化交融汇合的过程中，虽然也有过摩擦、碰撞和冲突，但主导方面是和平相处、互相学习、取长补短、共同发展，从而形成了中华民族、中华文化和中华思想"多元一体"的基本格局与显著特征。另如，春秋战国时期，中国出现了儒、墨、道、法、名、阴阳等诸子蜂起、百家争鸣的局面，各家各派虽然存在思想主张上的差别、分歧与对立，但彼此之间又是相互启发、相互借鉴和相互促成的，正所谓"其言虽殊，辟犹水火，相灭亦相生也；仁之与义，敬之与和，相反皆相成也"（《汉书·艺文志·诸子略》）。这也就是《易传》所谓"天下同归而殊途，一致而百虑"和《中庸》所谓"万物并育而不相害，道并行而不相悖"的道理。明清之际著名思想家黄宗羲在总结中国学术思想发展的历程时，根据他对"和而不同"的学术思想现象的深刻体认和领悟，而明确提出了"一本而万殊"的学术史观，充分肯定学术思想上的各种不同观点，包括"相反之论"和"一偏之见",皆有其存在的合理价值,都可以启发思想、促进学术与认识的发展。不仅如此,中华文化还曾以开放的胸襟,善于吸收、消化域外宗教信仰和文化精华来使自己获得新的发展生机,东汉末年和魏晋时期印度佛教的传入和兴盛、后来在隋唐时期的中国化,乃至宋明时期儒、释、道三教的会通合流,16世纪以来的中西文化大交汇,都是异质文化在中国交流融合、双向互动的典型范例。中华文化之所以能够在国内多民族文化融合与中外文化交汇中不断丰富和发展,及其所拥有的可久可大、历久而常新的无穷魅力和强大生命力的根源,就在于她那极富特色的寻求多样性统一的和谐思想、注重多元一体的综合智慧和博大融通的包容精神。

古语云:"宰相肚里能撑船。"有一副对联这样描述佛家大肚和尚的可爱形象:"大肚能容容天下难容之事,开口便笑笑天下可笑之人。"前者体现的是一种政治的宽容雅量,后者体现的是一种宗教的包容精神。无论是政治人格和道德修养的宽大容忍雅量,还是思想文化和宗教信仰的多元包容精神,又都可以说是持中贵和或中道和谐理念与智慧的具体运用。因此,综合来讲,所谓的持中贵和、有容乃大,或者是中正不偏、宽大包容,正是中国人崇尚中道平衡的哲学智慧、政治艺术和文化精神的最好体现。

◇(五)中华民族共同体的追寻与创建

正是在持中贵和的价值理念、博大包容的文化精神、有容乃大的政治智慧和多样性统一的精神追求的涵养和哺育下,数千年来,华夏各族群生息繁衍,生生不息,绵延不绝,融通共生,最终形成了我们统一的多民族国家，这就是中华民族共同体，它不仅堪称世界人类文明史上的一大"奇迹"①，更是中华民族自身所拥有的最伟大的政治智慧与历史成就的充分体现。故而，我们愿意在此做一些进一步的论述。

在中华民族共同体逐渐形成、发展和演进的历史过程中，尽管中华各族群之间为了生存竞争而发生过这样那样的冲突、矛盾和斗争，但占据主流的历史趋势却是日趋走向了一种同化融合、凝聚团结乃至和谐共生的共同体生活。费孝通关于"中华民族的多元一体格局"的说法②，可以说是对中华民族共同体之本质特征的最恰当的表述。而且，历史的经验教训告诉我们一个亘古不灭的道理，各族群之间仇则两伤、和则共荣，彼此交流互鉴，取长补短，才能共同繁荣，共创辉煌。那么，在创造和构建中华民族共同体及其认同意识和生活形态的历史过程中，究竟什么因素发挥了决定性的影响和主导性的作用，非常值得我们今人作一些必要的深刻反思和认真总结。

诚如有的学者所说，"追求'归属感'的需求"或者"'共同体的追寻'——寻找认同与故乡"，乃体现了一个"真实而深刻的存在性问题"，是"人类的境况（human condition）本然的一部分"③。在中国历史上，历代中国人对于中华民族共同体的追寻与创建，亦可以说是我们生存境况本然的一部分，是出于中华儿女寻找认同与故乡、追求"归属感"的基本需求。要而言之，中国是中华民族祖祖辈辈生

---

① 梁漱溟：《中华民族是人类一奇迹》，见《中国人：理性早启的人生》，凤凰出版社2009年版，第175—182页。

② 费孝通：《中华民族的多元一体格局》，见《费孝通论文化与文化自觉》，群言出版社2005年版，第61—99页。

③ [美]本尼迪克特·安德森：《想象的共同体——民族主义的起源与散布》，吴叡人译，上海人民出版社2005年版，"认同的重量：《想象的共同体》导读"，第14、17页。

活的故乡,是我们深深依恋并寻找认同和归属寄托的"祖国",我们生活在其中,出于本能,必定天然地深切期望能够寻找到一种生活在自己的家——共同体的家园——中的感觉。那么,究竟何谓共同体呢?正如英国学者鲍曼所说,共同体之所以是共同体,就在于:"首先,共同体是一个'温馨'的地方,一个温暖而又舒适的场所。它就像是一个'家'(roof),在它的下面,可以遮风避雨;它又像是一个壁炉,在严寒的日子里,靠近它,可以暖和我们的手","其次,在共同体中,我们能够互相依靠对方"。① 也就是说,共同体可以给人们提供一种安全感,提供一个温暖而又舒适、彼此关切而又相互依靠的"家"。

历史地讲,中华民族共同体乃是在各种要素错综复杂的历史互动中逐渐创造和构建而发展形成的,而作为一种共同历史的产物和文化的共同体,或者在中华民族对自身共同体的追寻、创造和建构过程中,有几个关键性的要素是绝不容忽视的,即共同的地域、持久一贯的以家庭家族为重心的生活方式和伦理观念、维系共同生活秩序的礼制建构、发展成熟的书写文字及其统一和推行、共同祖先和历史记忆的塑造②、中央集权—官僚体制的形成和滋长、以儒家文化为主体的教育体系的建立以及共同的文化价值观的广泛普及等。但不管怎样,正如法国著名汉学家谢和耐所说,"中国文明如同历史上的其他大文明一样是一部持续创造的大作品"③,准此,我们亦可以说,中华民族共同体如同历史上的其他大民族共同体一样乃是一部持续创造的大

---

① [英]齐格蒙特·鲍曼:《共同体》,欧阳景根译,江苏人民出版社2003年版,第2、3页。

② 相关论述可参阅王钧林、齐姜红《黄帝与华夏民族的抟铸与形成》,《海岱学刊》2016年第1期。

③ [法]谢和耐:《中国社会史》,耿昇译,江苏人民出版社1995年版,第17页。

作品。正是在中华民族共同体持续创造的历史过程中，我们认为，它呈现出了以下一些最为重要的基本特质。

第一，以中原为中心的文明发展模式。

在中华民族共同体逐渐形成和持续发展的历史进程中，对于整个中华民族的基本生存和共同生活来讲，有一个地区起到了至关重要的核心支撑作用，这就是"大体与黄河中游的地域范围相当"[①] 的中原地区。更为重要的是，中原之为中原，它不仅为中华民族的生息繁衍提供了一个共同的生活家园，而且，以中原为中心形成了一种独具特色的文明发展道路或模式。可以说，中原乃是华夏文明的摇篮或中华民族的"文明策源地"，而以中原为中心的文明发展模式乃是在中心—边缘的错综复杂互动模式和动态过程中不断生成、发展、演化和扩展的。

第二，以文化认同为其一贯特色的"中国"意识。

上古华夏民族不仅立足于中原而在新石器中晚期逐渐发展形成了多元一体的民族共同体，而且尤为具有象征意义及根本重要性的便是居于天下之中而立国建都的"中国"观念与意识。这一观念和意识，不仅仅是一个地理疆域的概念，亦不仅仅具有其重要的政治认同意义，更为重要的是，对于中华民族来讲，中国之为中国，还具有一种华夏共同体之自我文化身份与文明特性认同的意义，正所谓："中国有礼义之大，故称夏，有服章之美，故谓之华。"（《左传·定公十年》"裔不谋夏，夷不乱华"之孔疏）另如元人王元亮所说："中华者，中国也。亲被王教，自属中国，衣冠威仪，习俗孝悌，居身礼仪，故谓之中华。"（《唐律疏议释文》）也就是说，所谓的华夏、中

[①] 严文明主编：《中华文明史》第一卷，北京大学出版社2006年版，第73页。

华、中国①，实则具有这样一种文化上的实质性含义：居住在中原之国或中央之国的人们的礼义化生活方式对于四方夷狄之民来讲具有一种"文明"典范的意义。而且，通过这样一种方式，即以中国为中心，并由近及远、由内及外地对周边四夷产生一种文化上辐射性的影响作用，而建立一种和平、统一的天下秩序，乃是中华民族所始终坚守的一种"文化中国"的理想目标追求。正是在作为一种文明理想与文明典范意义的"文化中国"信念的指引与感召下，华夏与夷狄可以在历史上不断地跨越地理、政治和种族上的界限而实现文化和民族的大融合。因为中国与夷狄之间的分野不是固定不变的，而是可以相互转化的，正所谓"夷狄而中国，则中国之；中国而夷狄，则夷狄之"，如梁漱溟所说，"这是中国思想正宗，……它不是国家至上，不是种族至上，而是文化至上。于国家种族，仿佛皆不存彼我之见；而独于文化定其取舍"②。

第三，以家族为根基、伦理为本位的社会共同体。

中外学者有一个基本的普遍共识，中国传统社会乃是一个以家庭为组织单位、以家族为生活重心、家庭家族构成了其牢固根基的社会共同体。虽然中国社会的家族形态在历史上曾经发生过这样那样的历史变化，但这一基本特质却是其最鲜明而持久一贯的特征。尤其是，正如梁漱溟所指出，与商周排他性较强的典型宗法社会相比，秦汉以

---

① 夏曾佑曾言："种必有名，而吾族之名，则至难定，今人相率称曰支那。案支那之称，出于印度，其义犹边地也，此与欧人之以蒙古概吾种无异，均不得为定名。至称曰汉族，则以始通匈奴得名；称曰唐族，则以始通海道得名，其实皆朝名，非国名也。诸夏之称，差为近古，然亦朝名，非国名也。惟《左传》襄公十四年引戎子驹支之言曰：'我诸戎饮食衣服，不与华同。'华非朝名，或者吾族之真名欤！"（《中国古代史》，河北教育出版社2003年版，第7页）

② 梁漱溟：《中国文化要义》，见《梁漱溟全集》第三卷，山东人民出版社1990年版，第162页。

后中国人的家庭家族形态和宗法伦理观念,与其说是"家族本位"的,毋宁说是"伦理本位"的,因为中国人的伦理观念,虽然"首重家庭""始于家庭",但并"不止于家庭",而是常常"举整个社会各种关系而一概家庭化之,务使其情益亲,其义益重","由是乃使居此社会中者,每一个人对于其四面八方的伦理关系,各负有其相当义务;同时,其四面八方与他有伦理关系之人,亦各对他负有义务。全社会之人,不期而辗转互相联锁起来,无形中成为一种组织"。这样一种"就家庭关系推广发挥,以伦理组织社会"的方式,由于"没有边界,不形成对抗",而且能够"由近以及远,更引远而入近",乃至"泯忘彼此",以"天下一家,四海兄弟"为旨归,故能"把中国民族在空间上恢拓这样大,在时间上绵延这样久"。[1] 说到底,"根本上中国是无数家族藉伦理联锁以成之社会"[2]。

第四,以汉族为主体、多元一体的多民族融合体。

在人类文明社会史的发展进程中,人们往往结成群体,既以族类相聚,亦以群类相分,群体与群体、民族与民族之间"既会对抗也会协作";"我们爱自己的国家",乃是"因为它是人类分支中的一个集合体;我们对它利益的热忱是代表我们对自己群体的偏爱",而"对共同危险的感知、敌人的攻击,往往对各民族而言是有利的,因为这可以使其成员更团结,也通过防止分裂和实际的分离,从而消解其内部的不一致意见"。[3] 中华民族共同体发展、形成和演化的历史进程

---

[1] 梁漱溟:《中国文化要义》,见《梁漱溟全集》第三卷,山东人民出版社1990年版,第81—82页。

[2] 梁漱溟:《中国文化要义》,见《梁漱溟全集》第三卷,山东人民出版社1990年版,第245页。

[3] [英]亚当·弗格森:《文明社会史论》,张雅楠等译,中国政法大学出版社2015年版,第20页。

也不例外，它是在中原中心区域与周边地区、华夏诸民族与周边四夷之间交流互动、冲突融合的过程中，维持和强化其自身的文化身份和民族认同意识并成为一体的，当然，这是一个极为复杂的历史过程。不过，总的来讲，秦汉以后形成了一个以汉族为主体、多元一体的多民族融合体。对此，费孝通曾经有过精到的论述和分析，他说：

> 中华民族成为一体的过程是逐步完成的。看来先是各地区分别有它的凝聚中心，而各自形成了初级的统一体。比如新石器时期在黄河中下游都有不同的文化区，这些文化区逐步融合出现汉族的前身华夏的初级统一体，当时长城外牧区还是一个以匈奴为主的统一体和华夏及后来的汉族相对峙。经过多次北方民族进入中原地区及中原地区的汉族向四方扩散，才逐步汇合了长城内外的农牧两大统一体。又经过各民族流动、混杂、分合的过程，汉族形成了特大的核心，但还是主要聚居在平原和盆地等适宜发展农业的地区。同时，汉族通过屯垦移民和通商在各非汉民族地区形成一个点线结合的网络，把东亚这一片土地上的各民族串联在一起，形成了中华民族自在的民族实体，并取得大一统的格局。这个自在的民族实体在共同抵抗西方列强的压力下形成了一个休戚与共的自觉的民族实体。这个实体的格局是包含着多元的统一体，所以中华民族还包含着 50 多个民族。[①]

综上，在中华民族共同体不断创建、发展和形成的历史进程中，以"新石器时期各地不同的文化区可以作为我们认识中华民族多元一

---

① 费孝通：《中华民族的多元一体格局》，见《费孝通论文化与文化自觉》，群言出版社 2005 年版，第 95 页。

体格局的起点"①，迄今为止，大概经历了三个重要的时期，一是先秦特别是夏、商、周三代华夏民族共同体的基本形成，自西周初年"中国"这一名称开始被用来"称呼华夏族所居住的地区"，"秦以前，华夏族称它的祖国为中国"，"中国是华夏各国的总称"②；二是秦汉以后大一统国家的建立和相当稳定的以汉族为中心的民族共同体的形成，汉族"是在独特的社会条件下形成的独特的民族"③，"汉族的形成是中华民族形成中的一个重要阶段，在多元一体的格局中产生了一个凝聚的核心"④；三是近代以来由于遭遇到西方列强和日本帝国主义的侵凌和欺辱，中华民族在共同抵御外侮和团结抗战中由自在而走向自觉，也就是说，"中华民族作为一个自觉的民族实体，是近百年来中国和西方列强对抗中出现的，但作为一个自在的民族实体则是几千年的历史过程所形成的"⑤。"中华民族"的概念也正是在其由自在走向自觉的过程中最早由梁启超、杨度和章太炎等明确提出来的。⑥ 然而，不管怎样，中国人民之所以能够在追寻、创造和构建中华民族共同体之可大可久的伟大事业的历史过程中不断迈向新的实践征程、精神高度和理想境界，无疑与其"在漫长的岁月中，经过一代

---

① 费孝通：《中华民族的多元一体格局》，见《费孝通论文化与文化自觉》，群言出版社 2005 年版，第 64 页。
② 范文澜：《中国通史简编》（修订本）第一编，人民出版社 1955 年版，绪言，第 65 页。
③ 范文澜：《中国通史简编》（修订本）第一编，人民出版社 1955 年版，绪言，第 60 页。
④ 费孝通：《中华民族的多元一体格局》，见《费孝通论文化与文化自觉》，群言出版社 2005 年版，第 68 页。
⑤ 费孝通：《中华民族的多元一体格局》，见《费孝通论文化与文化自觉》，群言出版社 2005 年版，第 61 页。
⑥ 黄兴涛：《民族自觉与符号认同："中华民族"观念萌生与确立的历史考察》，《中国社会科学评论》（香港）2002 年 2 月创刊号。

代先人在实践中不断的探索、积累、完善"而逐渐"形成了一套相当成熟的协调模式"以及"古人高度的政治智慧和中华民族深厚的文化底蕴"是密不可分的。①

2014年9月,习近平总书记在中央民族工作会议上明确指出:"多民族是我国的一大特色,也是我国发展的一大有利因素。各民族共同开发了祖国的锦绣河山、广袤疆域,共同创造了悠久的中国历史、灿烂的中华文化。我国历史演进的这个特点,造就了我国各民族在分布上的交错杂居、文化上的兼收并蓄、经济上的相互依存、情感上的相互亲近,形成了你中有我、我中有你、谁也离不开谁的多元一体格局。"② 因此,"加强各民族交往交流交融,尊重差异、包容多样,让各民族在中华民族大家庭中手足相亲、守望相助"实是中华民族共同体构建的题中应有之义,而且,中华民族与各民族之间理应是一种一体多元、多元合一的关系。

反思历史,是为了更好地走向未来;而走向未来,亦必须立足现实。如果说"对于所有的认同来说,在理论上和实践上真正重要的则是:它是如何、从哪儿、被谁、为了什么,而建构起来的"③,那么,在今天,对于中华民族共同体的建构及其认同意识的培育,必须也理应是从中华各族人民的实际需要出发,为了所有华夏儿女并由全体中国人民来协作合力共同完成的一项伟大事业。在狭隘的民族国家主义

---

① 费孝通:《"美美与共"和人类文明》,见《费孝通论文化与文化自觉》,群言出版社2005年版,第538页。

② 参见新华网北京9月29日电:《中央民族工作会议暨国务院第六次全国民族团结进步表彰大会在京举行》,http://news.xinhuanet.com/2014-09/29/c_1112683008.htm。

③ [美]曼纽尔·卡斯特:《认同的力量》(第二版),曹荣湘译,社会科学文献出版社2006年版,第34页。

主导世界政治格局、霸权主义横行天下、"人类文明有自毁之虞"的今天，增强中华民族共同体的认同意识，把我们的家园和国家首先建设好，这并非出于一种狭隘的自私之心，而是因为中华民族共同体是我们中华儿女共同的家园，是我们首先切己相关、痛痒关心所在，正如明末清初大思想家王夫之所说，"仁莫大于亲亲，非其私之之谓也"①，因为"唯斯二者（爱亲、敬长），痛痒关心，良心最为难昧"（《读四书大全说》卷九《孟子·离娄上篇》）。中国人向来没有狭隘的国家观念和民族意识，我们富有"天下为公，四海一家"的精神，我们追求和向往"天下一家"、大同世界的终极社会理想和崇高政治目标，但我们也从不架空虚设一种高远孤悬的天下主义理想，也不认为可以跨越时代的可能性而一下子实现大同社会的终极理想。为了在理想与现实、家国与天下之间寻求平衡，一方面，我们务必切记，"打铁还须自身硬"，我们必须首先能够实现"全面建成小康社会、实现中华民族伟大复兴的中国梦"的奋斗目标，才有可能逐步引领全人类走向天下为公、大同世界的终极理想和崇高目标。但另一方面，我们也切勿忘记，追求实现天下为公、大同世界的终极社会理想又始终是我们应矢志不移而坚定为之不断努力奋斗的远大而崇高的目标，因为在终极理想的意义上，只有化天下为一家、四海为兄弟，才能使整个天下真正成为一个人类休戚与共的命运共同体，因为只有这样的"天下"，才是"大道之行也，天下为公"的天下，也只有这样的"天下"，就像我们头上的星空和脚下的大地那样，才能真正激起和唤醒我们内心深处的永恒希望，才能真正拥有温暖和鼓舞人心的伟大力量。

---

① 王夫之：《读通鉴论》（下册）卷二十九《五代中》，舒士彦点校，中华书局1975年版，第905—906页。

十一

文明以止，天下大同

——中国人的文明理念与社会政治理想追求

中华文明之所以能够成为人类历史上唯一绵延至今、从未中断湮没的一种文明形态，主要得益于中华民族有其独具特色且持久一贯的文明发展理念。英国哲学家罗素曾说："中国与其说是一个政治实体，还不如说是一个文明实体——一个唯一幸存至今的文明。"[①] 中国人的文明理念可以用《易传》中的"文明以止"一语来概括，即认为"文明"要有所节制，"止"于其所当止，使文明内外、人与自然都"各得其分"，而不能无限度地开发、攫取自然资源和对外征服、扩张。在这种"文明以止"的根本精神指引下，中华民族自古便持有根深蒂固的尚仁贵和、崇文重化的价值偏好，在处理不同民族、不同地域风俗习性之多样性差异的问题上，主张本着"以和为贵""和而不同"的原则，内修文德以怀近来远进而化成天下，也就是以文化示范和道德感化的方式来实现中华礼义文明的和平传播与自愿接受，而反对通过粗暴干涉和军事征服来进行文明扩张。中华民族这种充满着道

[①] 何兆武、柳卸林主编：《中国印象：外国名人论中国文化》，中国人民大学出版社2011年版，第371页。

德主义、和平主义、生态主义气质的文明理念，所追求和向往的社会政治理想便是协和万邦、天下大同，这体现出中华文明的宽广视域与博大胸怀。今天，认真学习和大力弘扬中华民族的这些优秀的文明理念，不仅有助于促进和深化中华民族的自我认同与文化自觉意识，从而不断拓展和提升中华民族的精神品质与文明特性，而且对于应对当今世界许多威胁人类生存和发展的全球性难题，从而推动人类文明未来的健康发展，也显得尤其富有时代价值和现实意义。

◇（一）什么是真正的文明

真正的文明就是：

多一些仁爱和友善，少一些怨憎与仇恨；

多一些真诚和信义，少一些伪装与欺诈；

多一些宽容和善意，少一些狭隘和妒心；

多一些公益和慈善，少一些自私和贪婪；

多一些公平和正义，少一些偏私和不公；

多一些清正和廉洁，少一些贪污和腐败；

多一些民主参与和法治，少一些权力独断和任性；

多一些权利保障和人格尊严，少一些特权独享和身份标签；

多一些德性修持和礼貌教养，少一些骄纵不法和恶语中伤；

多一些自由、平等和获得，少一些支配、奴役和剥夺；

多一些和谐、和平和安宁，少一些争斗、战乱和暴恐；

多一些绿水青山和蓝天，少一些环境污染和雾霾；

多一些不伤财、不害民、使万物各得其所的王道仁政，少一些靡

费奢侈、害民蠹国、扰乱生民的秽绩苛政;

……

"多一些"意味着促进和增益,"少一些"意味着减少和杜绝,目的在追求"止于至善"的目标,以便使人与社会变得更加文明。而且,真正的文明不能靠武力与威胁来强迫和强加,只能通过教育的方式和传播的手段来感化和推进。诚如英国学者克莱夫·贝尔所说:"文明是不可能用威力强加的。……而文明却只存在于一种生活态度之中,存在于某些思想和感受方式之中,因而只能用散播种子的办法达到目的。准备让别人也文明起来的人必须允许人家自己去发现他得到的是较好的生活方式。优越的文明几乎一向都是这样传播的。"而且,"只有在一定数量的文明人聚集在一起的时候,他们才变成传播文明的人。只有成群的文明人才能成为文明的核心"。[①] 说实话,我们并不清楚,克莱夫·贝尔所阐述的这样一种文明的理念,它在西方的思想源头究竟来自哪里,以及它究竟在西方产生过什么样的以及多大的影响,但可以肯定的是,它所表达的这种真正文明的理念,在中国的思想脉络和文化语境中,却有着毋庸置疑的悠久深厚的思想渊源和文化背景以及广泛的社会土壤。

事实上,孔子的士人君子之学及其所谓的"君子群而不党"(《论语·卫灵公》)便直接蕴含着这样一种文明的理念。如所周知,孔子深切希望那些受过教育、具有人文教养或道德修养的士人君子能够义不容辞地担当起追求公共道义、维护社会良心和挽救世界的社会政治职责,并希望士人君子能够以其正确的道德行为为世人树立一种效法学习的典范以便引领整个社会的精神风尚,希望士人君子能够在

[①] [英]克莱夫·贝尔:《文明》,张静清、姚晓玲译,商务印书馆1990年版,第151、118页。

维护和传播中国的礼仪文明和文化教养方面充当先行者和卫道士。正是在这样一种意义上，孔子将士人君子与那些缺乏道德修养、人文理想和文化教养而只知一味追求个人私利的小人从根本上区别了开来。更为重要的是，孔子所谓的"群而不党"实则内含着这样一种非常重要的文明理念，即作为一个富有道德修养、人文理想和文化教养的独立的个人，士人君子不仅应保持自己独立的人格和意志，而且在与他人的交往中应坚持"恪守分际"的自我约束的原则而避免将自己的意志强加于他人；然而，士人君子如果要想充当"文明的卫士"和文明的传播者的话，单靠个人的力量毕竟是有限的，而且文明是不能强加于人的，因此，士人君子不仅需要师长的教诲和"以友辅仁"（《论语·颜渊》），更需要凝聚群体合作的力量，才能发挥其应有的捍卫道义、维护和弘扬仁义乃至传播礼仪文明的作用。因此，真正的文明及其与之相应的生活方式必须由士人君子这样的文明人通过文明的方式来加以和平地传播。不仅如此，《易传》作者更明确而直接地揭橥和阐发了这样一种"文明"的理念。

◇（二）"文明以止"：中华文明的精神特性

"文明"一词在《易传》中总共出现了六次，《易传》的作者可谓揭示和阐发了一种极富"中国"特色的"文明"观念，而其中"文明以止"的说法尤其值得我们注意，这一说法最适合用来概括中华文化的精神特性。《周易·贲卦·彖辞》说："刚柔交错，天文也；文明以止，人文也。观乎天文，以察时变；观乎人文，以化成天下。"这是说，刚柔交错是自然变化的过程与法则，这是自然天文现象；用道德文明准则或礼乐典章制度来约束和规范人类的行为，使其有所依止或"止其所当止"，这是社会人文现象。所谓的"止"，就是有节制、限度之德。或者按照宋代大儒朱熹的解释，"止"的意思是"各得其分"。① 一方面，每个人的行为都应当行其所当行、止其所当止，即《大学》所谓"为人君，止于仁；为人臣，止于敬；为人子，止于孝；为人父，止于慈；与国人交，止于信"，人能知止才能"至于至善之地而不迁"。② 用文德之教和礼乐典章制度来对人的行为进行教化、规范，即主要靠文明之道而不是武力威刑来使人有所止，故谓之"文明以止"。另一方面，文明本身也应当有所节制，使人与自然、化内与化外都各得其所，这是对人道的修饰，故谓之"人文"。治国理政者必须仰观天文物象以考察时序的变化，俯察人文伦制以化育成就天下之人。也就是说，"人文"与"天文"两者须相资为用，而不可偏废。这最能体现出中华民族"人文"意识与精神的特异之处，即虽然注重以"人文"化成天下，但其"人文"意识却并不以逆天而行或支配自然为前提，反而强调天文或天道自然法则乃是人类所当取象效法的对象，且取象效法天文或天道自然法则又以人文化成为目的。

上述强调人的德行应取法天地、顺应时变而普施博化的人文化成观念，在历史上对中国人的道德观念、人文精神和政治文明形态产生了广泛而深远的影响。概括而言，"文明以止"作为中华民族独特的文明发展理念充满着道德主义、生态主义与和平主义三大精神特质。就其道德主义特性而言，所谓的"文明以止"，其本义是说如果为政治民者的德行能够像天地日月一样正大而光明，并用礼乐来教化世

---

① 朱熹：《周易本义》，廖名春点校，中华书局2009年版，第104页。
② 朱熹：《四书章句集注》，中华书局2011年版，第4页。

人,那么天下万民就会被其光明之德所感召和指引,从而遵从礼义规范,最终止其所当止而彼此和乐相处。

就其生态主义特性而言,所谓的"文明以止",其本义是反对通过征服自然或无止境地掠取和耗竭自然资源的方式来满足人类不断膨胀的欲望需求,而主张通过节制人类欲望、保护生态环境、善待自然万物的方式来求得物与欲"两者相持而长"(《荀子·礼论》),最终实现人与自然和谐共生的可持续发展目标,这也是在处理天人关系问题上所达至的"止于至善"。在这方面,中国的古圣先贤深刻地认识到了人与自然之间息息相关、相互依存、内在统一的关系,而对人类自身的认知能力与知识理性抱持怀疑态度,对人类逐物求知而无限膨胀的物欲保持警惕意识。基于此,道家希望人类能够"知止不殆"(《老子·第44章》)、"知止其所不知"(《庄子·齐物论》),即止乎自然本性而不"求外无已",而儒家则更进一步追求以"仁民爱物"和"民胞物与"的仁者情怀与博大精神,实现积极参赞天地、化育万物的目标,乃至上达于法天合德、"以天地万物为一体"的精神境界。

就其和平主义特性而言,所谓的"文明以止",其本义是反对通过强权霸道的统治方式来迫使人民屈服,以求实现国家富强的目标,而强调通过推行"以德行仁""保民而王"的王道理念,以修德正己的方式来充分发挥礼乐对人的教化作用,从而引导人民过一种道德化的文明生活,以求实现社会治理的目标;反对通过武力扩张或军事征服的方式来胁迫异族人民认同和接受自己的文化,而强调通过修文德以来远的方式,以华夏文明典范的内在吸引力来引领对方完成文化上的自我转化与提升,以求实现"协和万邦"、天下大同的社会理想和政治目标。

由于具备了"文明以止"的这三大精神特性,中华文明在古代虽然是世界上先进而强势的文明，但傲慢无礼、强权霸道、滥用武力、征服自然等文明扩张的观念和做法从来不为中华民族所肯认，中华民族所崇尚和追求的从来都是"以德服人"的王道理念、天人合一的生命学问和人文化成的道德化境。而且事实上，是"文明以止"还是文明扩张，可以说正是两种不同性质文明的分界线与分水岭，它们各自植根于性质迥异的两种人文精神，一种是天人不二、物我交融、仁民爱物的人文精神，一种是人类中心主义的、征服自然的、以"动力衡决天下"的人文精神。以"动力衡决天下"的文明扩张，必然会导致"文明的冲突"；而富有反求诸己或自反性的自我克制理性、"己所不欲，勿施于人"的恕道美德以及"和而不同"的和谐理念与"有容乃大"的包容精神的"文明以止"，则会"十分自然地从文明的角度来思考问题，并且把世界看作是一个具有各种不同文明的、而且有时是相互竞争的文明的世界"[①]，乃至努力寻求不同国家与民族和平相处的"全球伦理"，努力通过"文明的对话"来化解"文明的冲突"。

总之，在中华文明与文化中，"文明以止"的理念实具有一种枢轴性的核心意义，它赋予了中华文明与文化以一种既开放进取而又内敛克制、既富有文化优越感而又具备包容平和心态，因而相对于强权霸道的文明扩张理念，它通过中道的平衡显示出"止其身有所不为"的可贵气质。在今天，充分彰显中华文明的这种精神特质，对于避免不同文明之间因价值观的差异而引发的对抗、冲突和战争，以及应对因狭隘的人类中心主义心态所导致的种种严重的环境问题和生态危机，都能作出积极而独特的重要贡献。

[①] ［美］塞缪尔·亨廷顿：《文明的冲突与世界秩序的重建》（修订版），周琪等译，新华出版社2010年版，中文版序言。

◇（三）贵和尚文：中华文明的价值理念

"文明以止"的精神特性决定了中华文明在价值理念上体现出浓厚的贵和尚文色彩，其中包括以和为贵、慎战弭兵、修德怀远三大基本价值理念，而以仁为中心的忠恕精神则贯穿始终，成为古代中华文化传播和文明对话的基础和灵魂，走出了一条"仁和"的文明发展道路。

以儒家文化为代表的中华文明最为珍视社会和平、推重人际和谐，古来中国人有着持久一贯的追求"和"的社会政治理想和生活目标。诚如美国作家赛珍珠所说："和谐是中国文明的关键词：一个人与他周围的人、与自然相处和谐，自然，这样的人是有教养的人。它是智慧的哲学，富于和平和自我控制。"[1] 对于中国人"以和为贵"的价值理念与人文精神传统，本书其他部分已有专门论述，在此不再赘述，下面我们将重点论述慎战弭兵和修德怀远的问题。

1. 慎战弭兵

从中华文明的"轴心时代"——春秋战国之时开始，中国的先哲们就对战争与和平的问题进行了深刻的思考，慎战弭兵成为他们（除法家以外）一致的价值诉求，即要求以谨慎的态度对待战争，尽可能不要动用武力，最好是能消弭战争，即使不得已而使用武力和战争的手段，其目的也在于制止战争、实现和平。

---

[1] 何兆武、柳卸林主编：《中国印象：外国名人论中国文化》，中国人民大学出版社2011年版，第462页。

《左传·宣公十二年》中记载了这样一个故事：公元前597年，楚国赢得了对晋战争的胜利，楚将潘党建议把晋军的尸首收集起来建立"京观"（封土而成的高冢），以便向后世子孙炫耀、显示武功，楚庄王说："这个道理你就不懂了。从文字上讲，'武'字的写法正是'止'加上'戈'，止、戈合起来就是武字。正所谓'止戈为武'，真正的武功乃在于平息干戈暴乱。周武王之所以被称为武王，就是因为他诛杀了暴君商纣，安定了天下，平息了兵戈战乱。所以，武功是用来禁止强暴、消弭战争、保持强大、巩固功业、安定百姓、调和大众、丰富财物的，这是武功的七种美德。而如今，我让两国士兵暴露尸骨，这是残暴；显耀武力以使诸侯畏惧，并不能止战息兵；残暴而不能止战息兵，怎么能够保持强大呢？晋国仍然存在，又怎么能够巩固功业呢？做了许多违背百姓愿望的事，百姓怎么能够安定呢？没有德行而恃强与诸侯相争，如何能够调和人民大众呢？将乘人之危作为自己的利益，将趁人之乱作为自己的安定，妄兴干戈而导致兵荒马乱的年景，如何能够丰富财物呢？武功具有七种美德，而我一种都没有，用什么昭示子孙呢？"于是，只在黄河边祭祀了河神，修建了先君的神庙，报告战争胜利后就回国去了。这个故事充分体现了当时人们对战争性质、武功德性的高度自觉意识，而所谓的"止戈为武"，正可以说是对慎战弭兵这一价值理念的最佳注解和诠释。

　　概括而言，中国古代政治家和思想家所推崇和重视的慎战弭兵的价值理念主要包含如下一些基本内涵。

　　其一，战争的本质是一种杀人的凶器，应以弭兵休战为上策，好战乐战必将危及本国。春秋时期，道家的鼻祖老子就反复强调："兵者，不祥之器，物或恶之，故有道者不处。……兵者，不祥之器，非君子之器。不得已而用之，恬淡为上，胜而不美。而美之者，是乐杀人。夫乐杀人者,则不可以得志于天下矣。"(《老子·第 31 章》) 意思是说,兵戈是带来凶灾的不祥之物,人人都憎恨它,所以有道的君子是不使用它的。即便是万不得已而使用它,也最好是淡然处之,战胜了也不要得意扬扬。如果得意扬扬,就是以杀人为乐。以杀人为乐的人,就不能在天下得到成功。相反,杀人众多,应怀着哀戚悲痛的心情去对待,打了胜仗要用丧礼的仪式来处理。而且,"用兵这件事一定会造成灾难性的后果,军队所到之处就荆棘丛生,大战之后必定会有荒年。所以,用道辅佐君主的人,不靠兵威逞强于天下"(《老子·第 30 章》)。

儒家宗师孔子把战争当作像斋戒、疾病一样应谨慎对待的事情,平时也不讲武力、暴乱之事。据《论语·卫灵公》篇记载,当卫灵公向孔子请教军阵之法时,孔子说自己只学过俎豆之类的礼仪之事,军旅战阵之事则从未学过。其实,孔子并非不懂军事,而是见卫灵公是个好战无道之君,不愿教他行军战伐之事。孔子所向往的治国理政的理想化境是"胜残去杀",即化去残暴、消除杀伐,当不得已而要行军打仗时,他坚决反对逞匹夫之勇而鲁莽行事。孔子有位弟子叫子路,生性好勇,有一次见孔子赞美另一位弟子颜回,就问孔子:"如果您统帅三军而出战,找谁共事呢?"孔子回答说:"赤手空拳和老虎搏斗,不乘船只去渡河,这样死了都不后悔的人,我是不和他共事的。能和我共事的,一定是面临战事敬惧谨慎,善于谋略而能有成功的人。"(《论语·述而》)

出于对民生、民命的深切同情和对好战、乐战的深恶痛绝,孟子抨击说春秋时代没有一场战争是正义的,而战国时代则没有一个君主是不喜好杀人的。而且,当时抓住了君主好战乐战心思的谋士大夫们都"逢君之恶",纷纷出谋划策说:"我能替君主开疆拓土、充盈府库，我能替君主邀结盟国、每战必胜"，他们都被国君称作所谓的"良臣"，但在孟子看来，其实个个都是"民贼"（《孟子·告子下》）。孟子说："为了争夺土地而战，往往杀人遍野；为了争夺城池而战，往往杀人满城；这无异于率领土地来吃人肉，就是处以死刑也难赎其罪。所以，善于争战的人该受最重的刑罚，从事合纵连横的人该受次一等的刑罚，为了充盈府库而驱使百姓垦荒辟土的人该受再次一等的刑罚。"（《孟子·离娄上》）

另外，墨家的首领墨子更是不遗余力地非攻反战，倡导利他兼爱。可见，"兵者，凶器"乃是古圣先贤们的基本共识，因此他们都主张应当慎重对待战争，限制战争的规模和程度，乃至消弭战争。

其二，战争的目的只在于禁暴除害，应以仁义为本，而不能是为了贪侵争夺。先贤们认识到，要使用兵战这样的凶器，必须对手握战争权的统治者进行道德规约，否则不仅不能以战争来消弭灾难、解除民众的祸害，反而必定会加重凶灾。

通过征讨、革命来使百姓安和，是儒家一贯的政治理念，他们认为只有伐暴救民的战争才是合乎正义的。孟子曾以商汤征伐葛国、武王征伐攸国两件事为例，对"吊民伐罪"的正义战争理念作了深刻而生动的说明。汤居住在亳地，与葛国相邻，葛伯放纵无道，不祭祀先祖，屡教不改，为了抢劫饭食连小孩也杀。汤因而兴兵征伐葛国，天下人都说："汤不是贪图天下的财富，是为老百姓报仇。"汤的征伐，从葛国开始，先后征伐十一次而天下无敌，天下人都信服他。向东征讨，西边的夷族人便埋怨；向南征讨，北方的狄族人便埋怨，都说："为什么不先来我们这里征讨暴君呢？"老百姓盼望他，就像大旱久旱的时候盼望雨水一样。征伐所到之处，从不惊扰老百姓，做买卖的照常往来，种庄稼的照常下地，只是诛杀那些暴虐的国君，来抚慰那些被残害的百姓。他的到来，正像天降及时雨一样，百姓非常欢喜。攸国助纣为虐，不臣服于周，武王便东征攸国，来安抚那里的广大民众，那里的官吏用筐装满黑、黄二色丝帛来迎接周的官吏，那里的老百姓则用筐盛着饭、用壶装着酒浆来迎接周的士兵。可见，武王出师也只是为了把老百姓从水深火热中解救出来，而杀掉那残暴的国君罢了。(《孟子·滕文公下》)

荀子对儒家伐暴救民的战争目的论作了如下总结：仁就是爱人，爱人所以就憎恶别人害人；义就是遵循道理，遵循道理所以就憎恶别人搞乱它。用兵是为了禁止暴乱、消除危害，并不是为了争夺。如尧讨伐驩兜，舜讨伐三苗，禹讨伐共工，汤讨伐夏桀，文王讨伐崇国，武王讨伐商纣，这四帝、两王都是以仁义的军队纵横天下的。所以近处的人都喜爱他们的美德，远方的人都仰慕他们的道义；兵刃上还没有沾上血迹，远近的人就来归服了；德行伟大到这种地步，影响就会遍及四方。(《荀子·议兵》)

兵家的战争理论也尤其强调，用兵要以仁义为本。如中国古代重要军事典籍《司马法》的第一篇就是《仁本》，开宗明义地论述了以仁义为本的战争观，其核心内容有：古人以仁爱为根本，用礼义来治国，这是正常的办法。当不再有和平谈判的余地时，就不得不进行战争，但必须符合三个基本前提：诛杀坏人而使好人得到安全，杀人是可以的；进攻别的国家，是出于爱护它的人民，进攻是可以的；用战争制止战争，即使发动战争也是可以的。为了爱护敌我双方的人民，兴兵与否必须合乎时宜，即不违背农时；不在疫病流行时兴兵；不乘敌人国丧时去进攻它，也不趁敌国灾荒时去进攻它；不在冬、夏两季兴兵。所以，国家虽然强大，好战必定灭亡；天下虽然太平，忘忽备战必定危险。这就是所谓的"国虽大，好战必亡；天下虽安，忘战必危"。

在另一部重要的军事典籍《尉缭子》中，也阐发了类似的战争观。作者强调，战争一事必须有根本，"以武力为基干，以文治为种子；表面上是武力，内里则是文治"，所以王者出兵讨伐暴乱，是以仁义为本的，不可以为了泄愤而发动战争；而今战国诸侯则为树立国威、抵抗侵略、互相图谋吞并而进行战争，所以战乱不止。（《尉缭子·兵令上》、《兵谈》）有鉴于此，作者主张，凡是用兵作战，不攻打无过错的城池，不杀害无辜的人民。杀害人家的父兄，掠夺人家的财物，奴役人家的子女，这些都是强盗的行为。战争的目的是诛除暴乱、禁止不义的行为。对于被讨伐的国家，要使农民不停止耕他们的田，商人在市肆中照常做生意，官吏在他们的机关照常办公，因为用兵的目的只在于惩罚祸首一人，所以兵不血刃就能得到天下的亲附。（《尉缭子·武议》）

其三，战争的策略应以守卫为本，而不以攻战为先。这历来被儒家视为兴师用兵的最重要一条原则。因此，儒家的用兵策略主张以守土自卫为上策，其旨归不过是"止于守吾之封疆而已"，即战胜敌人而达到守卫目的后便停止，反对勤兵远伐、穷兵黩武。

战国时期，魏国君主魏文侯问国相李克："吴国之所以灭亡，是什么原因呢？"李克回答说："因为屡次作战屡次获胜。"文侯不解，又问："屡次作战屡次获胜，这是国家的福气啊，为什么反而会因此而灭亡呢？"李克回答说："屡次作战，百姓就疲惫不堪；屡次获胜，君主就骄纵。用骄纵的君主去统治疲惫的百姓，这就是它灭亡的原因。所以，喜好战争、穷竭兵力的君主，他的国家没有不灭亡的。"（《说苑·政理》）

道家同样强调，善用兵的人，达到禁暴除乱、保境安民的目的就会马上停止，而不敢骄矜、夸傲、自恃强大，因为他们深知罪过莫大于贪得无厌，祸害莫过于不知足（《老子·第46章》）；天下事物凡是气势壮盛的就会趋于衰败，这是不合于道的，不合于道很快就会覆灭（《老子·第30章》）；惟能知足就不会有忧辱，能适可而止就不会有危险，才可以保持长久（《老子·第44章》）。

《孙子兵法·作战篇》也说："不能详尽地了解用兵的害处，就不能全面地了解用兵的益处"，"所以作战贵在速胜，切不可旷日持久"，"战争旷日持久而对国家有利的事，从来没有过"。

墨家的"非攻"主张其实也就是反对以攻战相尚，而主张以守备为本，为了阻止各诸侯国之间的攻战，墨家还精研了守备防御的器械和技术，并奋力帮助小国守城以抵御大国的侵略。

总之，古来中国人对战争的基本价值观可以用唐代名相房玄龄所说的一句话来概括，即"兵恶不戢，武贵止戈"（《贞观政要·征伐》），意思是说：战争最可怕之处在于不能止息，武功最可贵之处在于能制止干戈。

2. 修德怀远

中国的古圣先哲们认为，国家的强大根本和长久的基础不是物质的富有和兵力的强盛，而是道德的深厚、崇高、盛大。

老子较早提出了"重积德"的思想，认为治理国家的原则，没有比收敛、含藏、惜用更重要的。收敛、含藏、惜用，就是早做准备而服从于道；早做准备而服从于道，就是不断地积蓄道德；不断地积蓄道德，就没有什么不能攻克；没有什么不能攻克，就无法估量他的力量；具备了这种无法估量的力量，就可以担负保有国家的重任；掌握了治理国家的根本道理，国家就可以长久维持。这就是根深蒂固、国运长久之道。（《老子·第59章》）

儒家所主张的"强",在《中庸》里也作了明确说明:子路向孔子请教什么是强,孔子认为有南方的强、北方的强和君子的强三种,南方的强,宽厚柔顺,不报复无道的行为;北方的强,顶盔贯甲,枕戈待旦,战死不悔;君子待人则既温和又不过于软弱、随波逐流,立身则持中守正、卓尔坚定而无所偏倚,不论国家有道或无道都至死不变节,这才是真正的强!因此,对于治国而言,统治者应增进这种德义之大强、大勇,既不能逞血气之勇而妄动干戈、穷兵黩武,也不能面对敌人侵略而不敢抗争、屈膝投降。荀子也说,懂得强大之道的君主不追求使用强力,而考虑保全自己的实力、积累自己的德行。实力保全了、德行积累了,别的国家就不能削弱他。相反,使用强力去与敌人争战,则伤害敌我双方的民众都会很厉害,结果敌国的民众都众志成城而想要和我战斗,而我国的民众则离心离德而不想为我战斗,这就是国家由强变弱的原因。(《荀子·王制》)

基于这种以德义为根本的强国观,儒家主张把修文德以怀近来远作为国家"以德服人"的根本之道。《论语》中记载了孔子对这一理念的确切表述。鲁国的执政大夫季氏准备攻打附属国颛臾,孔子抨击说:"无论是有国的诸侯或是有家的大夫,不必担忧人民太少,只需担忧政治不均平;不必担忧财用贫乏,只需担忧人民不安定。政治均平,财用就不会贫乏;境内和睦团结,就不会觉得人少;上下相安,就没有倾覆的危险。做到这样,如果远方的人还不归服,就修行仁义礼乐的文治之德来招徕他们;他们来了,就让他们安心。现在,远方的人不归服,而不能招徕;国家分崩离析,而不能保全,反而谋划在国境之内使用兵力。我恐怕季孙的忧患不在颛臾,而在自己的内部呢!"(《论语·季氏》)

楚国的一位官员叶公曾经问孔子如何为政,孔子回答说:"让近处的百姓心悦诚服，让远方的百姓自来归附。"（《论语·子路》）可见，孔子认为，对于国家的安定和天下的平治而言，武力不如文德，所以主张必须先内修文德政事，用文治、施恩泽使境内百姓安和、欣悦，然后才可能吸引远方民众的仰慕而自动前来投奔，而不应当勤兵于远方。

孔子所说的修文德，也就是孟子所倾心颂扬的王道，他说："仗恃实力并假借仁义之名是霸道，行霸道一定要凭借国家的强大；依靠道德来实行仁义是王道，行王道不必以国家的强大为基础——商汤仅用方圆七十里的国土，周文王也仅用方圆百里的国土，推行王道，而使人心归服。仗恃实力来使人服从的，人家不会真正心服，只是由于他们自己实力不够罢了；依靠道德来使人服从，人家才会心中喜悦而真诚地归服。《诗经》上说：'从西面到东面，从南面到北面，无不心悦诚服。'说的就是这个道理。"（《孟子·公孙丑上》）

《中庸》对怀柔远人的具体办法作了进一步的说明：凡是治理天下国家有九条原则，即修身、尊贤、亲亲、敬大臣、体群臣、子庶民、来百工、柔远人、怀诸侯，这是一个由内而外、由近及远的过程。能优待远方来的客人，四方的人就都会归顺；能安抚诸侯，天下的人就都会畏服。来时欢迎，去时欢送，嘉奖有善行的人，怜恤能力差的人，而不用中国的礼仪去约束他们，这就是优待远人的办法；延续已绝嗣的世系，恢复灭亡了的国家，国内动乱就帮助平定，国势危急就给予支援，按时接受朝见聘问，走的时候赏赐丰厚，而来的时候纳贡菲薄，这就是安抚诸侯的办法。然而，修养自身、尊敬贤人、亲爱亲人、敬重大臣、体恤群臣、子爱庶民、招徕百工是优待远人、安抚诸侯的基本前提，即孔子所说的内修政事、惠及近民是怀柔外藩、招抚远人的前提，而归根到底这一切都有赖于统治者修养德行。《中庸》进而为他们树立了修德的典范,即圣人的德行像天空一样广博,像渊潭一样深厚。他一出现,百姓无不起敬;一说话,百姓无不信服;一举动,百姓无不喜悦。他的声名洋溢在华夏大地,传播到南蛮北貊等边远地区;凡是车船能到的地方,人力能通的地方,天所覆盖的地方,地所承载的地方,日月所照临的地方,霜露所降落的地方;凡是有血气的生命,无不尊敬和亲爱他。

把修文德作为怀柔远人、平治天下的根本,这一观念影响深远,体现了中华文明"贵和尚文"的价值理念所具有的和平主义性质,许多中外思想家对此都作过精到的评析和论述。如梁漱溟指出,中国文化的一大特征是"缺乏国际对抗性",重文轻武,民不习兵,几于为"无兵之国"。[1] 林语堂说,"中国人是全世界最低能的战士",因为他们具有"慎重的理性、宽宏的气度、和平的性情","他们痛恨战争,永远地痛恨战争"。[2] 明朝万历年间来华的意大利传教士利玛窦这样描述他当时所看到的中国:"在这样一个几乎具有无数人口和无限幅员的国家,而各种物产又极为丰富,虽然他们有装备精良的陆军和海军,很容易征服邻近的国家,但他们的皇上和人民却从未想过要发动侵略战争。他们很满足于自己已有的东西,没有征服的野心。在这方面,他们和欧洲人很不相同,欧洲人常常不满意自己的政府,并贪求别人所享有的东西。……我仔细研究了中国长达四千多年的历史,我不得不承认我从未见到有这类征服的记载,也没听说过他们扩张国界。"[3] 美国的汉学权威费正清也认为,"贬低兵士的做法在旧中国的

---

[1] 梁漱溟:《中国文化要义》,上海人民出版社2005年版,第141、142页。
[2] 林语堂:《吾国与吾民》,陕西师范大学出版社2002年版,第42—46页。
[3] [意] 利玛窦、金尼阁:《利玛窦中国札记》,何高济、王遵仲、李申译,中华书局1983年版,第58—60页。

价值体系中是根深蒂固的","像伊丽莎白女王时代或中世纪时代日本那样,在海上冒险劫掠,使国家靠海外所得而富强的时代,在中国历史上是找不出来的"①。对中国文化有精深了解的英国科学史家李约瑟同样指出,中国社会长期形成了一种尚文而不尚武的传统,"中国老话常说'好铁不打钉,好男不当兵',我觉得这句话确实代表着中国人一种永恒的价值标准"②。20世纪英国伟大的思想家罗素也说,"如果世界上有'骄傲到不肯打仗'的民族,那么这个民族就是中国。中国人天生的态度就是宽容和友好,以礼待人并希望得到回报。假如中国人愿意的话,他们将是世界上最强大的国家。但他们希望的只是自由而不是支配"③。中外学者的这些不带偏见、尊重基本历史事实的评论,真可谓切中肯綮,非常充分而真实地揭示了中华文明"贵和尚文"的核心价值理念及其和平主义性质。

◇（四）协和万邦、天下大同：中华文明的社会政治理想追求

由于中华民族有着深厚的文明以止和崇文重化的人文精神传统,所以她的视域绝不仅仅局限于民族国家的地域范围,而是自始就有着世界眼光和天下情怀。从中国人的世界眼光和天下情怀来讲,中国之

---

① [美]费正清:《美国与中国》(第四版),张理京译,世界知识出版社1999年版,第65、66页。

② [英]李约瑟:《四海之内：东方和西方的对话》,劳陇译,生活·读书·新知三联书店1987年版,第32页。

③ 何兆武、柳卸林主编:《中国印象：世界名人论中国文化》,中国人民大学出版社2011年版,第364页。

所以为中国,并非指一个具有某种固定边界之独立民族国家意义上的地理、政治和种族的概念,而主要是一个文明和文化的概念,更确切地说,中国主要不是一个政治实体,而是一个文明实体;不是一般意义上的"民族国家",而是一个"文明国家";是具有天下之"文明"典范意义的"礼仪之邦",因其"有礼仪之大""服章之美""文章之华",所以又称为华夏(《左传·定公十年》)。而且,正因为以文化或文明程度作为核心的标识,中国古人所严防的"华夷之别""夷夏之辨"并不是僵化的种族概念区分,而是开放的文化程度差异,所以孔子作《春秋》时,把采用夷狄习俗的中原诸侯列入夷狄,而对于习用了华夏礼俗的夷狄就承认他们是中国人。

总的来讲,"文明以止"或"文化中国"的信念内含着一种以华夏民族之礼义文明典范来引领、融合和统一不同民族或不同地域之间风俗习性之多样性差异,最终建立一种和平、统一的天下秩序的政治文化理想,用典型的中国话语来表达这一理想就是"协和万邦"和"天下大同",这可以说体现了古来中国人所心向往之的"平天下"的终极社会政治目标。

自先秦以来,历代思想家和政治家所心系的始终是关切天下兴亡、汲汲于追求平治天下的事功的社会理想与政治情怀。在中国古人的历史想象中,最能体现这种社会理想与政治情怀的便是上古圣王尧。《尚书·尧典》曾这样描述这位圣王:他恭敬职事、通达圣明、善治天下、深谋远虑、温和宽容;他严谨不懈、选贤让能,道德名望充满四方,达至于天地上下。他能够彰明大德,使九族亲爱和睦;九族亲爱和睦以后,又使王畿境内的百姓都均齐调一而各得其所,并进而显明自身的美德;百姓显明其美德以后,又协调亲和万邦诸侯;天下万民于是都化恶为善而变得友好和睦起来,普天下都处在一片春风和气之中。可见，在古人心目中，尧是一位能彰明自己俊伟博大的德行来合和天下万邦之民从而实现天下大同的理想统治者。换言之，正是尧这位伟大的圣王首先引领中国人实现了九族亲睦、百姓安乐、万邦协和、天下和平的社会理想与政治目标。

也正是本着上述社会理想与政治情怀，《礼记·礼运》篇更描绘了这样一幅"天下大同"的理想社会蓝图：

大道实行的时代，天下是公共的，大家推选贤能的人作领导，彼此之间讲究诚信、相处和睦。所以人们不只把自己的亲人当作亲人，不只把自己的子女当作子女，使老年人都能安度晚年，壮年人都有工作可做，幼年人都能健康成长，鳏寡孤独和残废有病的人，都能得到社会的照顾。男子各有职业，女子出嫁各有归属。对于财物，人们只是不愿让它白白地扔在地上，倒不必非藏到自己家里不可；对于气力，人们生怕不是从自己身上使出，倒不必只是为了自己。阴谋、奸邪被堵住而没有市场，盗窃、作乱、贼杀的现象都绝迹。所以，家家户户的大门只需从外面关上而不须闩上锁。这就叫大同。

《礼运》接着说圣人之所以能使整个天下团结得像是一个家庭，全体国民和同得像是一个人，即所谓"以天下为一家，以中国为一人"，并非凭着主观臆想，而必是通过体察人情，洞悉人义，明白人利，熟知人患，然后才能做到。正因为对人情、人义、人利、人患有着透辟而同情的了解，古来中国人所主张的大同并非抹去了不同民族和社会之间文化、习俗、生活方式与文明程度的差异的同一。相反，中华民族的文明理念主张客观理性地看待这些差异和多样性并予以充分的尊重，反对把本民族的文化强加于异族，追求在尊重差异和多样性的基础上保持一种和而不同、各得其宜的和谐共生关系，并努力传播和弘扬以仁为核心价值原则、以礼为基本秩序规范的文明生活范式。事实上,"一花独放不是春,百花齐放春满园"(《增广贤文》)与"各美其美,美人之美,美美与共,天下大同"(费孝通先生语)正是自古以来中国人一贯的价值信念。如《礼记·王制》说:"凡是安置百姓,必须考虑使百姓的生活习惯和当地的气候地势相适应。生在深山谷和长在大河边的人,生活习俗和性情自然就不一样:有的性格刚猛,有的性格温柔,有的性情急躁,有的性情迟缓,酸、甜、苦、辣、咸五味都各有偏爱,使用的工具器械也各有不同,穿的衣服也各有所好。政府应当注重对他们进行礼义教化,不必改变其风俗;同时应当注重统一政令,不必改变其习惯。中原民族与四方少数民族,共同构成五方民众,他们都有各自不同的习性,不可相互移易转换。而且,正因为中原、东夷、西戎、南蛮、北狄这五方的人民语言不通,嗜好不同,当他们要表达各自的意思,沟通各自的想法时,就需要有懂得双方语言的人来帮忙,所以翻译也很重要。"孟子也说:"事物的性质不齐一,这是很自然的。有的相差一倍五倍,有的相差十倍百倍,有的甚至相差千倍万倍。如果想人为地使它们完全一样,结果只会祸乱天下。"(《孟子·滕文公上》)《六韬·武韬·文启》也说:"(古代圣人)施行政治教化,顺应民俗民情;移风易俗,把邪僻转化为正直;虽然万国风俗不一致,但使人们都各安其所、各乐其业,人人爱戴其君主长上,这就叫作天下太平。"

《周易》当中有一卦叫"同人",从抽象的哲学义理层面阐发了实现大同的基本方式。这一卦的卦辞说:"同人于野,亨,利涉大川,利君子贞。""同人"是与人和同的意思,"野"是指郊野、边远地区,比喻广远,"同人于野"就是说同人的面要广要大要远,无所不同,这也就意味着与人和同要用心无私,不只是近处偏狭的同,而是至远处天下的同。能达到与天下人和同的程度,事情没有不亨通的,这正反映了儒家以天下为一家、以中国为一人的政治文明理念。"利涉大川",是说能与人同心,胸怀天下,把天下人都团结起来,就足以渡过任何艰难险阻。"贞"的意思就是正,"利君子贞"是说要与人和同,首先自身要正,要守君子之正道,不可行小人邪僻之道,阉然媚于世,只为博得人们的喜悦而与之同,这样的"同"只是私情私意的相合,而不是大同。所以,《象辞》接着说:"文明以健,中正而应,君子正也。唯君子为能通天下之志。""文明以健"的意思就是行刚健不用武力威势,而用礼义文明。这也就表明君子以文明刚健为德,通过文化示范与道德感化、和平传播与自愿接受的方式来实现天下的治平统一,而绝不用粗暴干涉和军事征服来强制他人认同和接受自己的文明形态。"中正而应"是指上下卦中间的阳爻和阴爻位置居中得正,象征君主与臣民各守正中之道,且上下应和。总而言之,刚健则公而无私,文明则烛照事理,中正则不偏不邪,这三种大德合而为一便是君子所行的正道,唯有这样才能使心志与天下人相交通,天下人也反过来与君子相应和,从而真正实现天下大同。

当然,天下大同只是中国人自古追求的一种最为远大优美的终极社会理想和政治目标,它的实现并不是一蹴而就的,相比大同,还有一种相对接近现实、更易于实现的社会理想和政治目标,那就是小康。《礼记·礼运》篇是这样描绘小康社会的:大道已经消失,天下成为一家一姓的私产。每个人都只敬爱自己的父母,只宠爱自己的子女。获得的财货只归自己所有,付出的劳动也是为了获取私利。统治者都实行君位世袭制,修造城池来加强防守,制定礼义作为社会的纲纪,用来确定君臣名位,使父子关系淳厚,兄弟关系和睦,夫妻关系和谐,并创设制度,划分田地和居住区,还崇敬勇敢和智慧的贤人,让他们为自己建功立业。所以阴谋机巧从此兴起,战争也随之产生。

大禹、商汤、周文王、周武王、周成王、周公这些人，因此成为三代的圣贤。这六位君子，没有不谨守礼义的。他们申明礼义的内涵，用来考察人们的信义；辨明罪过，倡导仁义礼让，为人们指明生活的常轨。如果有不遵守礼义规范的人，即使他是有权有势者，也要撤去他的职位，人们也会把他看作祸害。这就是所谓的小康社会。

除了大同、小康的社会理想之外，后世儒家学者还提出和描述过另外一种太平之治的社会理想和政治目标，如汉初学者韩婴在《韩诗外传》一书中曾经这样描绘太平时代的理想图景：人民服劳役不会超过和耽误农忙时节，青年男女到了结婚年龄都会按时结婚，孝子也都会按时奉养自己的父母。因此，外面没有久不结婚的大龄男子，内闱中也没有怨恨无夫的大龄女子；上面没有不慈爱子女的父母，下面没有不孝敬自己父母的子女；父子相亲相爱，夫妇相依相守；人们生活安定富足，享有充分的医疗条件，患有所医而无病无恙；天下和平，国家安宁。

无论是大同、小康，还是太平之治，表面看来，作为对古代黄金时代的一种历史描绘，体现了中国古人的一种崇古情结，并具有一种将上古三代之治过于美化和理想化的色彩。但这些社会政治理想，却为古来中国人审视和反思社会政治的现实状况提供了一种标准，对美好生活的向往和追求也不断激励着古来中国人努力去改革现实政治的弊端，改善人民的社会生活状况。在近代中国，天下为公、世界大同的理想更激发了一批又一批杰出而进步的思想家和政治家不断追求改良维新、变法图强和民主革命的无限热诚。全面建成小康社会、实现中华民族的伟大复兴更成为当下中国人民努力奋斗、追求实现的伟大梦想和理想目标。毋庸讳言，理想不能代替现实，理想也不可能一下子实现，但理想之所以为理想，就在于它是超越现实的，"理想只有在同我们保持一定距离时才会温暖我们的心"①；理想之所以为理想，就在于它为我们指明了努力奋斗的目标，尤其是给我们提供了一种据以批判反思不合理现状的标准和尺度，以及能够不断激发和推动我们前进的脚步。

综上所述，"文明以止"作为一种独具特色的精神品质赋予了中华文明自我克制、尊重他人、敬畏自然、和而不同的可贵美德，它正是中华文明在人类历史上相互竞争的多元文明世界中生生不息、积淀深厚、不断发展壮大的力量源泉。"贵和尚文"作为中华文明持久一贯的价值理念奠定了中华民族深厚的坚决反对武力扩张和霸权主义、充分尊重和深刻同情民生民命、主张通过内修文德以怀近来远和化善天下的人文传统，成为"文明以止"的文明发展理念的最好诠释与注解。"协和万邦""天下大同"体现的是中华民族天下主义的社会理想与政治情怀以及对以"明明德于天下"的方式实现人类共同的文明生活目标的永恒追求，它蕴含着一种至大至美、丰富而深厚的具有普世意义的社会理想与世界精神，指引着中华民族不断前进的道路与方向，激励着中华民族不断开拓进取，并将引领中华文化不断走向可久可大的未来前景。无论是"文明以止"的精神特性，还是"贵和尚文"的价值理念和"协和万邦""天下大同"的社会政治理想，贯穿其中的核心理念和人文精神乃是儒家传统所塑造的中国人以仁道为中心的忠恕精神。这是一种本源于孝亲之心的关心人、爱护人、体恤人的感情和态度，它强调在与其他人、其他文明相处时要坚持与人为善、成人之美，遵循"躬自厚而薄责于人"的反求诸己原则，把"己欲立而立人，己欲达而达人""己所不欲，勿施于人"作为一个

---

① [美] 乔·萨托利：《民主新论》，冯克利、阎克文译，东方出版社1998年版，第77页。

人"可以终身行之"(《论语·卫灵公》、《雍也》)的修身信条和不同文化与文明之间相互对话与学习的基本原则。可以说,它们都是中华文明留给世界的最可宝贵的精神财富。今天,假如我们想要克服无限膨胀的个人主义、摒弃强权扩张的普世主义和超越狭隘愚昧的人类中心主义,从而促进和推动本民族文化和人类文明的健康发展,我们就应重视中华文明的思想文化精华与精神特性中凸显的这些富有深刻智慧和无限教益的文化价值资源。

参考文献

一 古籍

孙星衍：《尚书今古文注疏》，中华书局2004年版。

孔安国传，孔颖达疏：《尚书正义》，北京大学出版社1999年版。

蔡沈：《书经集传》，见纪昀等编撰《四库全书》（第五八册），上海古籍出版社1987年版。

顾颉刚、刘起釪：《尚书校释译论》，中华书局2005年版。

程俊英：《诗经译注》，上海古籍出版社2012年版。

周振甫：《诗经译注》（修订本），中华书局2013年版。

王弼注，孔颖达疏：《周易正义》，北京大学出版社1999年版。

朱熹：《周易本义》，廖名春点校，中华书局2009年版。

高亨：《周易大传今注》，齐鲁书社1979年版。

孙诒让：《周礼正义》，王文锦、陈玉霞注释，中华书局2013年版。

杨天宇：《周礼译注》，上海古籍出版社2016年版。

徐元诰：《国语集解》，王树民、沈长云点校，中华书局2002年版。

杨伯峻：《春秋左传注》，中华书局2016年版。

杨伯峻：《论语译注》，中华书局2009年版。

钱穆：《论语新解》，生活·读书·新知三联书店 2002 年版。

李泽厚：《论语今读》，生活·读书·新知三联书店 2008 年版。

南怀瑾：《论语别裁》，复旦大学出版社 2012 年版。

李隆基注，邢昺疏：《孝经注疏》，金良年整理，上海古籍出版社 2009 年版。

杨伯峻：《孟子译注》，中华书局 2010 年版。

焦循：《孟子正义》，沈文倬校注，中华书局 2015 年版。

朱熹：《四书章句集注》，中华书局 2011 年版。

陈鼓应：《老子今注今译》，商务印书馆 2003 年版。

王弼：《老子道德经注》，楼宇烈校释，中华书局 2011 年版。

郭庆藩：《庄子集释》，王孝鱼点校，中华书局 2013 年版。

陈鼓应：《庄子今注今译》，商务印书馆 2007 年版。

黎翔凤：《管子校注》，中华书局 2004 年版。

孙诒让：《墨子间诂》，中华书局 2001 年版。

王先谦：《荀子集解》，中华书局 2013 年版。

梁启雄：《荀子简释》，中华书局 1983 年版。

蒋礼鸿：《商君书锥指》，中华书局 2014 年版。

王先慎：《韩非子集解》，中华书局 2013 年版。

许维遹：《吕氏春秋集释》，中华书局 2009 年版。

杨朝明、宋立林主编：《孔子家语通解》，齐鲁书社 2013 年版。

张纯一：《晏子春秋校注》，中华书局 2014 年版。

徐勇注译：《尉缭子 吴子》，中州古籍出版社 2010 年版。

陈曦译注：《孙子兵法》，中华书局 2015 年版。

黄朴民译注：《三略·六韬》，岳麓书社 2020 年版。

杨天宇：《礼记译注》，上海古籍出版社 2016 年版。

司马迁:《史记》,中华书局 1982 年版。

韩婴:《韩诗外传集释》,许维遹校释,中华书局 1980 年版。

刘向:《说苑校证》,向宗鲁校证,中华书局 1987 年版。

刘向:《新序校释》,石光瑛校释,中华书局 2017 年版。

贾谊:《新书校注》,阎振益、钟夏校注,中华书局 2000 年版。

何宁:《淮南子集释》,中华书局 1998 年版。

王利器:《盐铁论校注》,中华书局 2015 年版。

陈立:《白虎通疏证》,吴则虞点校,中华书局 1994 年版。

王充:《论衡校注》,张宗祥校注,上海古籍出版社 2010 年版。

王充:《论衡校释》,黄晖校释,中华书局 2017 年版。

班固:《汉书》,中华书局 2007 年版。

范晔:《后汉书》,中华书局 2012 年版。

葛洪:《抱朴子内篇校释》,王明校释,中华书局 1985 年版。

葛洪:《抱朴子外篇校笺》,杨明照校笺,中华书局 1991 年版。

杨伯峻:《列子集释》,中华书局 2013 年版。

房玄龄:《晋书》,中华书局 1974 年版。

刘昫:《旧唐书》,中华书局 1975 年版。

欧阳修、宋祁:《新唐书》,中华书局 1975 年版。

吴兢:《贞观政要集校》,谢保成集校,中华书局 2009 年版。

吴兢:《贞观政要》,骈宇骞译注,中华书局 2011 年版。

魏征:《群书治要》,沈锡麟整理,中华书局 2014 年版。

刘知幾:《史通通释》,浦起龙通释,王煦华整理,上海古籍出版社 2009 年版。

白居易:《白居易集》,顾学颉校点,中华书局 1979 年版。

欧阳修:《新五代史》,中华书局 1974 年版。

参考文献

范能濬编集：《范仲淹全集》，薛正兴校点，凤凰出版社 2004 年版。

李觏：《李觏集》，王国轩点校，中华书局 2011 年版。

周敦颐：《周敦颐集》，陈克明点校，中华书局 2009 年版。

程颢、程颐：《二程集》（下），王孝鱼点校，中华书局 2004 年版。

司马光：《涑水记闻》，邓广铭、张希清点校，中华书局 1989 年版。

司马光：《资治通鉴》，中华书局 1956 年版。

罗大经：《鹤林玉露》，王瑞来点校，中华书局 1983 年版。

黎靖德编：《朱子语类》，王星贤点校，中华书局 1986 年版。

陆九渊：《陆九渊集》，钟哲点校，中华书局 1980 年版。

李焘：《续资治通鉴长编》，中华书局 1985 年版。

脱脱等：《宋史》，中华书局 1977 年版。

宋濂等：《元史》，中华书局 1976 年版。

张廷玉：《明史》，中华书局 1974 年版。

中研院历史语言研究所校印：《明实录》（附校勘记），黄彰健校勘，中华书局 2016 年版。

邱濬：《大学衍义补》，林冠群、周济夫校点，京华出版社 1999 年版。

吕坤：《呻吟语》，王国轩、王秀梅译注，中华书局 2018 年版。

王夫之：《读通鉴论》，舒士彦点校，中华书局 2013 年版。

王夫之：《读四书大全说》，中华书局 2011 年版。

顾炎武：《日知录集释》，黄汝成集释，上海古籍出版社 2006 年版。

黄宗羲：《明夷待访录》，段志强注，中华书局 2011 年版。

唐甄：《潜书》，吴泽民编校，中华书局 2009 年版。

赵尔巽等：《清史稿》，中华书局 2015 年版。

赵翼：《廿二史札记校证》，王树民校证，中华书局 1984 年版。

赵翼：《陔余丛考》，栾保群点校，中华书局 2019 年版。

魏源：《魏源集》，中华书局2009年版。

纪昀等编撰：《四库全书》（第六〇二册），上海古籍出版社1987年版。

中华书局影印：《清实录》（第六册），中华书局1985年版。

纪昀：《阅微草堂笔记》，上海古籍出版社2016年版。

小横香室主人：《清朝野史大观》，上海科学技术文献出版社2010年版。

章学诚：《文史通校注义》，叶瑛校注，中华书局2014年版。

余继登：《典故纪闻》，中华书局1981年版。

官箴书集成编纂委员会编：《官箴书集成》，黄山书社1997年版。

二　专著

白钢主编：《中国政治制度史》（上下卷），天津人民出版社2002年版。

范文澜：《中国通史简编》（修订本）第一编，人民出版社1955年版。

费孝通：《费孝通论文化与文化自觉》，群言出版社2005年版。

何兆武、柳卸林主编：《中国印象：外国名人论中国文化》，中国人民大学出版社2011年版。

贺麟：《文化与人生》，商务印书馆1988年版。

金耀基：《中国民本思想史》，法律出版社2008年版。

梁启超：《梁启超论中国法制史》，商务印书馆2012年版。

梁启超：《先秦政治思想史》，东方出版社2012年版。

梁启超：《中国历史研究法》，上海古籍出版社1987年版。

梁漱溟：《中国人：理性早启的人生》，凤凰出版社 2009 年版。

梁漱溟：《中国文化要义》，上海人民出版社 2005 年版。

林存光：《政治的境界——中国古典政治哲学研究》，中国政法大学出版社 2014 年版。

林语堂：《吾国与吾民》，陕西师范大学出版社 2002 年版。

刘泽华：《中国传统政治思想反思》，生活·读书·新知三联书店 1987 年版。

吕思勉：《白话本国史》，上海古籍出版社 2005 年版。

牛润珍：《廉：清白正气的根基》，红旗出版社 2000 年版。

彭林：《礼乐人生——成就你的君子风范》，中华书局 2006 年版。

钱穆：《中国历代政治得失》（新校本），九州出版社 2012 年版。

钱穆：《中国历史精神》，台北联经出版事业股份有限公司 1998 年版。

夏曾佑：《中国古代史》，河北教育出版社 2003 年版。

萧公权：《中国政治思想史》，新星出版社 2005 年版。

熊十力：《中国历史讲话　中国哲学与西洋科学》，上海书店出版社 2008 年版。

徐复观：《中国人性论史·先秦篇》，上海三联书店 2001 年版。

严文明主编：《中华文明史》第一卷，北京大学出版社 2006 年版。

杨朝明主编：《孔子文化奖学术精粹丛书·庞朴卷》，华夏出版社 2015 年版。

［英］安德鲁·海伍德：《政治学》，张立鹏译，中国人民大学出版社 2006 年版。

［美］本尼迪克特·安德森：《想象的共同体——民族主义的起源与散布》，吴叡人译，上海人民出版社 2005 年版。

［美］狄百瑞：《儒家的困境》，黄水婴译，北京大学出版社 2009 年版。

［美］狄百瑞：《亚洲价值与人权——儒家社群主义的视角》，尹钛译，社会科学文献出版社 2012 年版。

［美］费正清：《美国与中国》（第四版），张理京译，世界知识出版社 1999 年版。

［美］顾立雅：《孔子与中国之道》，高专诚译，大象出版社 2000 年版。

［美］郝大维、安乐哲：《孔子哲学思微》，蒋弋为、李志林译，江苏人民出版社 2012 年版。

［德］黑格尔：《历史哲学》，王造时译，上海书店出版社 2001 年版。

［美］黄仁宇：《中国大历史》，生活·读书·新知三联书店 2013 年版。

［英］克莱夫·贝尔：《文明》，张静清、姚晓玲译，商务印书馆 1990 年版。

［英］李约瑟：《四海之内：东方和西方的对话》，劳陇译，生活·读书·新知三联书店 1987 年版。

［意］利玛窦、金尼阁：《利玛窦中国札记》，何高济、王遵仲、李申译，中华书局 1983 年版。

［德］马克斯·韦伯：《经济与社会》，阎克文译，上海人民出版社 2009 年版。

［美］曼纽尔·卡斯特：《认同的力量》（第二版），曹荣湘译，社会科学文献出版社 2006 年版。

［英］齐格蒙·鲍曼：《寻找政治》，洪涛、周顺、郭台辉译，上海人民出版社 2006 年版。

［英］齐格蒙特·鲍曼：《共同体》，欧阳景根译，江苏人民出版社 2003 年版。

［美］乔治·萨拜因：《政治学说史》，托马斯·索尔森修订，邓正来译，上海人民出版社 2008 年版。

［美］乔·萨托利：《民主新论》，冯克利、阎克文译，东方出版社1998年版。

［美］塞缪尔·亨廷顿：《文明的冲突与世界秩序的重建（修订版）》，周琪等译，新华出版社2010年版。

［美］施特劳斯：《什么是政治哲学》，李世祥等译，华夏出版社2011年版。

［德］乌尔里希·贝克：《风险社会》，何博闻译，译林出版社2004年版。

［法］谢和耐：《中国社会史》，耿昇译，江苏人民出版社1995年版。

［英］亚当·弗格森：《文明社会史论》，张雅楠等译，中国政法大学出版社2015年版。

［美］余英时：《士与中国文化》，上海人民出版社2003年版。

［英］约翰·麦克里兰：《西方政治思想史》，彭淮栋译，海南出版社2003年版。

［美］詹姆斯·罗德之：《柏拉图的政治理论，以及施特劳斯与沃格林的阐释》，张新刚译，上海三联书店2012年版。

索 引

爱民　36，40，41，44，49—51，53，55，118，132，152，163，174，193，194，200，203，205—211，221，242，248，251—253

霸道　44，108，109，112，244，262，292，293，302

白居易　189，190

鲍白令之　27，28

鲍宣　33

暴政　22，45，58，63，75—77，80，82，88，139，244

兵法　3，300

兵法之道　4

兵家　298

察吏于民　52，53

陈鼓应　86，87

程颐　54，136，171，207

持中贵和　12，254，259，260，277

崇德向善　111

从道不从君　131，133

楚庄王　39，64，65，151，295

大同　5，19，20，30，286—288，292，304—310

大禹治水　61—64

道德教化　5，25，41，102，114，168，185，190，269—271

道家　16，26，29，59，60，65，70，75—77，79，80，83，85，

索　引 **321**

86，88，89，197，260，292，295，299

道法自然　59，65—67，75，86，88，89

德教　32，113，114，143，148，168，185—187，190—192，271

德政　5，84，89—92，101，103，105，113，115，118，244

德治　18，93，115，118

德主刑辅　166，185，186，193，271

董仲舒　24，113—115，266

多元一体　276—278，280，282—285

法家　16，26，38，65，76，82，89，91，108，134，154，166，178—181，183，188，192，198，260，262，294

法辅礼治　178

法天合德　12，13，23—26，29，292

伐暴救民　297，298

非攻　43，65，297，300

焚书　81

冯友兰　66

富民　41，50，51，53，189，190

敷教在宽　268，269

贵和　12，254，255，259，260，277，287，294，303，304，310

贵中尚和　5

管仲　39，40，149—151，192，238

公正廉明　194

共同体　7，19，30，31，57，58，277—286

顾炎武　219，274，275

官箴政德　198，217

海瑞　202

韩非　65，91，134，179—181，183，188，198

汉文帝　13，31，83，85，182，190，222

汉武帝　53，85，113，154，228，230，245

黄宗羲　30，274—276

黄仁宇　60，61

和而不同　126，257，259—261，268，275，276，287，293，306，310

和同之辨　258，260，261

贾谊 31，32，52，53，77，84，140，190，244

兼爱 65，73，89，153，260，264，273，297

姜太公 4，36，147

谏议 120，122—129，131，133—138，140，230

教民 41，50，51，106，108，111，189

节用 43，197，210

节葬 43

敬德保民 18，35，242

居安思危 5，51，117，224，226，235—238，240，241，245—247，249，252

君道 7，78，120，125，126，135，225，245

君舟民水 49，51

君权神授 56

康乾之治 85

科举取士 141，154

科举制度 141，155—157，160—165

科举考试 157—164，221

孔子 2，4，17，22，25，40—44，54，65，76，94—96，98—103，109，110，113，114，128，129，133，140，141，143，146，148—150，152，168，171，174，175，177，185，186，188，189，195，196，200，211，214—216，219，227—229，236，237，240，255，260—264，267—272，275，289，290，296，301，302，305

坑儒 81

老子 29，65—70，72，74—76，86，87，197，198，216，235，240，262，272，295，300

礼崩乐坏 95，99，108，149，178

礼法合治 166，190—193

李觏 183，247

立君为民 49—51

李克 299

李斯 81，140，273

礼仪之邦 166，305

礼乐教化 73，166—168，176—178，191—193

廉政文化 194，196，198，220
刘邦 82，243，244，274
刘泽华 126
刘知几 232
鲁哀公 102，174，228，237
陆贾 77，243，244
陆九渊 270，271
伦理本位 282
伦理共同体 19
吕坤 211，212，217
吕思勉 83，84
孟子 9，10，22，29，44—50，53，65，76，103—113，129，130，133，149—152，172，189，197，199，208，214，227，236，237，264，265，296—298，302，307
民本思想 31，33，34，37，38，44，49，51—58
民贵君轻 44，51，54
民力可畏 52
民惟邦本 31，35，44，58
墨家 16，24，26，38，65，73，75，89，152，153，197，260，272，297，300

墨子 40，42—44，65，133，149，152—154，197，264，272，273，297
明德慎罚 18，36，37，92，185，193，257
明仁宗 117，118
明宣宗 118
内圣外王 89，90，94，96
齐桓公 39，105，109，124，150，151，227，238
齐宣王 9，10，47—49，105，130，151，152，239，273
齐威王 109，121，122，142
秦始皇 27，28，80—82，115，256
秦孝公 108
清静无为 67，68，75，80，82，85，88，117，198
清正廉洁 195，196，200—202
儒家 3，16，18，20，24，26，29，38，44，46，49，52，54，55，65，73，75—77，81，84，88—91，93，94，96，97，99，100，103，113，115，117，128—131，133—135，137，

141—143，148，149，153，154，161，163，166，168，170，175，176，183，185，188，189，191，192，194，196，197，222，226，243，254，255，259，260，262，264，265—268，271，272，275，279，292，294，296—299，301，308—310

儒学　3，117，159，163，264

仁宣之治　115，117

仁义为本　5，297—299

仁义之学　3，4

仁者无敌　49，108，264

仁政　9，44—49，54，89，90，93，103—109，111，113，115，118，136，150，190，192，244，264，288

商汤　21，35，45，90，117，124，138，147，232，243，297，302，309

尚贤　68，76，141，143，148—150，152—154

尚贤使能　149，152，153，197

商鞅　65，108，109，181，183，186，188

商纣王　91，139，236，241，243

慎到　76，274

慎战弭兵　294，295

史伯　258，260

史官文化　224，226—229，231，235，252

世界大同　5，20，30，309

世袭　6，21，22，27—29，99，146，155，308

师旷　125

视民如伤　208，209

实心爱民　200，205，207，209，210，251

舜　20—34，40，59，61，72，73，76，79，91，96，98，109，123，124，138，143—146，149，151，152，187，189，208，239，249，254，257，259，267—269，298

司马光　124，231，233

宋太祖　135，157，230，247

隋炀帝　140，155，238

太平之治　309

唐太宗　51，116，119，138，

140，182，190，230，245
汤武革命　21，35
唐甄　30
天命　6，9，11，12，14，15，18，24，25，35—37，54，57，91—93，135，144，145，230，241—243，245，250，251，257，266，267
天人关系　5，18，24，60，113，254，266，292
天人合一　70，75，257，293
天人三策　113
天下大同　287，288，292，304—308，310
天下和平　5，20，306，309
天下太平　97，117，178，275，307
天下为公　12，13，19，20，23，24，27—30，55，141，143，146，183，286，309
天下为家　20，21，146
天下一家　19，282，286
天与人归　22，23
万物一体　71，75
王霸　110，112

王道　44—50，89，103，106，108，109，111—113，136，139，191，226，244，259，288，292，293，302
王夫之　233，267，268，270，271，286
王珪　117
为官之道　194，198—200，217，221
魏惠王　142
魏文侯　299
魏武侯　90，91
魏源　124，236
魏征　116，117，119，183，187，225，230，245，246
为政以德　10，40，89，91，93，99，101，102，113，115，117—119，194，197
文化中国　226，281，305
文官制度　162，165
文教　141，142，165，243
文景之治　77，115，190，224，245
文明国家　305
文明理念　287，288，290，306，

308

文明实体　287，305

文明以止　12，287，290—294，304，305，310

文王　9，34，138，147，148，208，236，242，298，302，309

吴起　90，109

武王　9，21，34—36，45，90，92，124，138，147，148，241，243，295，297，298，309

无为而治　59，65，67，68，74—76，82—86，88，89

无为政治　59，76，77，82

无为主义　84

习近平　285

萧公权　19，69，99，110

小康　286，308，309

协和万邦　5，12，257，288，292，304，305，310

修己安人　89，94

修身　11，90，93，97，98，101，110，111，115，117，118，131，151，170，173，199，249，302，311

修文德　287，292，301—303，310

宣德之治　85

选官制度　154，155，161，162

选贤与能　141，143，146

薛瑄　201，211，222

荀子　49—51，103，110—113，131—133，149，152，168，169，172，191，197，265，266，298，301

晏婴　39，40，198，260

养民　14，54，91，106—108，111，118，189，257，271

杨士奇　118

杨震　195，196

尧　20—23，25，34，40，59，61，62，72，73，79，91，96，98，109，117，123，124，138，143—145，149，151，152，189，208，216，249，254，257，259，267，298，305，306

尧舜禅让　21，22

以德服人　44，109，293，301

以德致位　101，150，197

以法治国　134，181，183，192，

198

以和为贵 254，257，259，262，287，294

以力服人 44，109

以民为本 5，33，35，38—40，51—54，139

以民为天 38

以身作则 101—103，111，181

以史为鉴 5，224，226，232—234，241，242，247，248，251，252

因应时变 5

有容乃大 254，268，271，276，277，293

禹 20—23，34，35，40，59，61，62，64，79，90，91，123，138，143，145，146，149，208，211，232，239，257，259，267，269，298，309

与时偕进 5

与民同乐 44，46，47，51

与民一体 12

允执厥中 257，259，267

张英 256

赵翼 138，220

贞观之治 51，85，115，117，138，190，224，246

政治共同体 7，31，57，58

政制理想 13，19，23，24，28

政治文明 59，165，194，291，308

政治正当性 24，37，57，89，90

政治忧患意识 5，18，34，51，224，235，237—241，243，247，250，252

政治智慧 2，5，6，7，10—13，15，23，25，30，56—58，77，94，120，137，142，161，165，196，277，278，285

至德之世 74，75

子贡 41，102，219，255

治国理政 2，5，8，10—12，36—41，53，57，59，67，72，74—76，80，82，86，90，91，93，94，101—106，111，113，115，120，122，123，125，127，131，132，

135，136，140，141，145，148—150，152，154，163，165—167，178，190，193，194，196，198，205，250，254，259，266，267，269，271，273，274，291，296

治国之道　28，36，117，120，184，224，239，244

执两用中　259，268，269

治民化俗　173

自然无为　60，63，75，76，79，80，86，87

自然主义　70

执政为民　57

中国故事　4

中国智慧　1，4，12

中华民族　1，2，5，58，194，199，235，240，254，257，259，275—288，291，293，304，306，309，310

中华文明　2，65，224，235，280，287—290，292—294，303，304，310，311

中和　80，170，254，260，263，264，266，267

重民　38，40，44

周公　36，37，64，92，93，147，148，184，211，241—243，271，309

诸葛亮　192

朱熹　211，212，267，291

朱元璋　234，248—252

庄子　26，29，65，70—75，88

邹忌　121，122

尊王黜霸　108，109，112

尊贤使能　53，149，151

后　　记

这本小书是我多年前应天津某高校一家电子音像出版社的主动邀约而组织撰写的，书稿于 2016 年完成后就交给了出版社，并特别恳请恩师方克立先生为本书作序。方先生不仅欣然慨允，而且于酷暑百忙当中认真审读全书，不仅对书稿的修改完善提出了一些宝贵的指导性建议，而且在序中对本书的价值给予高度的肯定和赞赏。这不仅是我们的莫大荣幸，更是对我们的莫大鼓励和鞭策。方先生所作之序无疑为本书大为增色，而且亦确乎不负方先生的厚望，出版社拿我们的书稿成功申请到 2017 年度的国家出版基金项目立项。本以为本书一定能够很快地顺利出版，但令人大失所望的是，出版社却一拖再拖，一直拖到 2020 年，4 月底出版社还联系要本人校对清样并答应说年底可以出版，但出乎意料的是，9 月初竟收到了出版社破产解散而清算注销的通知。出版社黄了，自然我们的书也就出不成了，这着实令我们倍感遗憾和愤慨，而尤其令本人感到特别痛心和愧疚的是，恩师方克立先生也已于 4 月 21 日溘然仙逝，老人家生前十分关心本书的出版，却再也看不到本书的出版了。无奈之下，本人只好另找出版社。所幸中国社会科学出版社慨允出版本书，而且赵剑英社长还特别将本书纳入"理解中国丛书"出版计划当中。在本书即将付梓之际，我们首先要特别感谢恩师方克立先生的厚恩大德，并深切希望本书的出版可以告慰恩师的在天之灵！感谢山东省泰山学者人才工程项目专项经费的出版资助！感谢中国社会科学出版社和尼山世界儒学中心孔子研究院给予的大力支持以及本书责任编辑韩国茹给予的无私帮助和辛勤付出！

本书各部分作者具体如下：

导言和第一、二部分由林存光撰写；

第三、四部分由赵昊天、林存光撰写；

第五、十部分由孟冲、林存光撰写；

第六部分由孟冲撰写；

第七、九部分由杜德荣撰写；

第八、十一部分由杜德荣、林存光撰写。

最后，需要说明的是，本书是我与我指导的几位博士研究生杜德荣（井冈山大学政法学院讲师）、孟冲（山东政法学院公共管理学院讲师）和赵昊天（现任职于北京市委组织部）共同合作完成的一部集体作品，是在我们多年一起研读中国传统政治哲学与政治文化的基础上，对中国古代治国理政经验与智慧所做的一项初步的专题性研究工作。本书由我设计整体结构框架并列出具体纲目，在分工写作完成后，也由我负责统稿，对各部分进行了统一修改、补充和完善，在写作方式上则尝试将思想性与故事性、学术性与通俗性有机结合起来，力求能够做到深入浅出、雅俗共赏。这一尝试成功与否，敬请读者朋友批评指正！尤其是由于是集体作品，写作风格和写作水平难以做到完全统一，故难免存在诸多不尽如人意的地方；另外，由于受题材和内容的限制，我们的论述还仅仅局限于古代中国历史的范围，未能关照到中国人的政治智慧在当代的发展与实践，尤其是未能将习近平总书记关于治国理政历史经验与中国智慧的极富卓见的许多重要表述吸取进本书，实为一大遗憾。所有这些都应由我本人负责，希望将来能够有机会对本书作进一步的补充、修改、丰富和完善，以弥补相关缺陷和遗憾。

林存光

2022 年 2 月 12 日初稿

2022 年 5 月 16 日修改